LA CHINE
DANS LES PORTS
EUROMÉDITERRANÉENS

Collection « Inter-National »
dirigée par Denis Rolland, Joëlle Chassin
Françoise Dekowski et Marie-Hélène Touzalin

Cette collection a pour vocation de présenter les études les plus récentes sur les institutions, les politiques publiques et les forces politiques et culturelles à l'œuvre aujourd'hui. Au croisement des disciplines juridiques, des sciences politiques, des relations internationales, de l'histoire et de l'anthropologie, elle se propose, dans une perspective pluridisciplinaire, d'éclairer les enjeux de la scène mondiale et européenne.

Dernières parutions

Jean-François CLOUZET, *Le Léman Express ou la sécurité du Grand Genève*, 2022.
Pierre JOURNOUD, *La mer de Chine méridional au prisme du* soft power. *Nouvelles approches franc-vietnamiennes d'un vieux conflit maritime*, 2022.
Jean-Michel MARLAUD, *Dire l'indicible. Mémoires d'un ambassadeur de France au Rwanda (1993 - 1994)*, 2022.
Carmen ASCANIO-SÁNCHEZ, María Immaculada GONZÁLEZ-PÉREZ, Sara GARCIA-CUESTA, *Politiques d'égalité des genres dans les universités atlantiques d'Espagne et d'Afrique de l'Ouest*, 2022.
Salvador EZRAN, *L'humanitaire à l'épreuve de la prédation néolibérale. Zones de conflit de la Corne de l'Afrique (1982-2002)*, 2022.
Charalambos PETINOS, *La guerre du gaz en Méditerranée orientale. Les nouveaux pirates du Levant*, 2022.
Hugo PLASSAIS, *La Chine, un acteur responsable, révisionniste ou réformiste ? Les enjeux onusiens dans les livres blancs de la défense chinoise (1995-2020)*, 2022.
Joëlle DALÈGRE, *Un siècle de relations gréco-turques*, 2022.
Catherine LETERRIER, *Brésil – États-Unis. Pour mieux comprendre une relation complexe*, 2022.
Yves GOLDER, *Margaret Thatcher. Construction d'une image politique*, 2022.
Jean-Michel LACOMBE, *Le business de la démocratisation et la technique du coup d'État*, 2022.
Hervé BAUDU, *Les routes maritimes arctiques*, 2022.
Boris KOSSOY, *L'éphémère et l'éternel dans l'image photographique*, 2022.
Catherine DURANDIN, Cécile FOLSCHWEILLER, Irina GRIDAN (Dir.), *1918. Nation et révolution. Roumanie, Bessarabie, Transylvanie*, 2022.
Philippe MARCHESIN, *Développement solidaire et lutte contre les inégalités mondiales*, 2021.
Gildas LEMARCHAND, *Désarmement, Démobilisation et Réintégration au cœur des conflits armés sahéliens*, 2021.
Céline LOUÉ, *La France et les relations diplomatiques européennes dans la presse espagnole (1820-1833)*, 2021.
Laure-Hélène SWINNEN, *Le reggae et les femmes. Désaccords en nombre et en genre*, 2021.

Hugo Gonzalez

LA CHINE DANS LES PORTS EUROMÉDITERRANÉENS

Pékin, nouvelle Rome dans sa *Mare Nostrum* ?

Préface de Benoît Pouget

© L'Harmattan, 2022
5-7, rue de l'Ecole-Polytechnique, 75005 Paris

http://www.editions-harmattan.fr

ISBN : 978-2-14-031307-3
EAN : 9782140313073

« Chaque génération, sans doute, se croit vouée à faire le monde.
La mienne sait pourtant qu'elle ne le fera pas.
Mais sa tâche est peut-être plus grande.
Elle consiste à empêcher que le monde se défasse. »

Albert Camus

REMERCIEMENTS

Cet ouvrage est un mémoire d'étude qui fut le fruit de quatorze mois de travail en parallèle de ma première année de master à Sciences Po Aix-en-Provence. En conséquence, il m'a semblé plus qu'évident de remercier les personnes et entités m'ayant soutenu, conseillé et guidé afin que l'Idée devienne Matière, de la conception jusqu'à la rédaction finale.

Il m'est impossible d'entamer cette vague de remerciements autrement qu'en m'adressant à mon directeur de mémoire Monsieur Benoît Pouget, maître de conférences en Histoire contemporaine à Aix-Marseille Université, en délégation à l'Institut d'études politiques d'Aix-en-Provence. De la première visioconférence en juin 2021 jusqu'à la soutenance en septembre 2022, je retiendrai avant tout l'authenticité de l'engagement pédagogique de ce professeur. Bien qu'il fût peu aisé de choisir un directeur de mémoire parmi la myriade disponible, je ne regrette aucunement ma décision. Sa disponibilité, sa rigueur, ses larges connaissances historiques et géopolitiques, son expérience dans l'accompagnement d'étudiants déboussolés par l'immensité du chemin à parcourir, mais aussi son humour seront une source d'inspiration certaine afin d'abreuver mes projets futurs. Un grand merci, Monsieur.

Aussi, il me tenait à cœur de remercier deux professeurs enseignant à Sciences Po Aix, Messieurs Nicolas Badalassi et Banggui Jin. La qualité des cours que chacun a pu dispenser tout au long de ma formation au sein de notre Bonne maison m'a transmis une ossature de prérequis essentiels, qui m'a fait gagner un temps précieux, pour un exercice borné dans le temps. Je souhaitais par ailleurs remercier deux de mes camarades de promotion, Romane Segura et Luc Doutré, avec lesquels j'ai pu partager le même directeur de mémoire tout comme de nombreuses informations sur des sujets de fond et de forme relatifs au mémoire. Ces échanges ont assurément aidé à le faire naître.

Je remercie évidemment ma famille et mes proches de l'effet positif qu'a eu leur soutien. Il fut déterminant afin de m'assurer un environnement propice à la concrétisation de ces quelques pages. Enfin, j'ai une pensée pour toutes les entreprises ayant développé des outils facilitant grandement la recherche scientifique, notamment ceux permettant de travailler sur des sources brutes en mandarin, via la traduction instantanée.

Hugo Gonzalez

TABLE DES SIGLES ET ABRÉVIATIONS CLEFS

Abréviation	Signification
ANASE	Association des nations de l'Asie du Sud-Est
APL	Armée populaire de libération de la RPC
BAD	Banque asiatique de développement
BAII	Banque asiatique d'investissement pour les infrastructures
CCCC	*China Communications Construction Company*
CMA-CGM	Compagnie maritime d'affrètement – Compagnie générale maritime
CMG	*China Merchants Group*
COSCO	*China Ocean Shipping COmpany*
EVP	Équivalent Vingt-Pieds
GPMM	Grand port maritime de Marseille
IDE	Investissement direct à l'étranger
MoU	Mémorandum d'entente
MSC	*Mediterranean Shipping Company*
NDIT	Nouvelle division internationale du travail
NDRC	Commission nationale du développement et de la réforme de la RPC
OCS	Organisation de la coopération de Shanghai
OMC	Organisation mondiale du commerce
OTAN	Organisation du traité de l'Atlantique Nord
PCC	Parti communiste chinois
PECO	Pays d'Europe centrale et orientale
PPP	Partenariats publics-privés
RPC	République populaire de Chine
SAC	Administration de normalisation de la RPC
SASAC	Commission nationale d'administration et de supervision des actifs publics de la RPC
SLOC	Lignes de communication maritimes
SOA	Administration océanique d'État de la RPC
UE	Union européenne
ZEE	Zone économique exclusive

PRÉFACE

Si Xi Jinping est ressorti victorieux à l'issue du XXᵉ congrès du Parti communiste chinois qui s'est tenu au mois d'octobre dernier, qu'en est-il de l'état d'avancement des *Nouvelles routes de la soie* en cette fin d'année 2022 ?

Lancé en 2013 par les discours d'Astana (7 septembre) puis de Jakarta (3 octobre), le projet, également connu sous le nom de « Belt and Road Initiative » (BRI), a pour ambition de (re)positionner la Chine à l'articulation — sinon à l'impulsion — des principales routes maritimes et terrestres des échanges économiques[1]. Ensemble, ces dernières forment l'initiative « One Belt One Road » (OBOR). Gravée depuis 2017 dans le marbre de la Constitution du Parti communiste chinois (PCC), l'OBOR s'inscrit dans les logiques combinées de la dynamique du « Grand renouveau de la nation chinoise » et du « Rêve chinois » portée par Xi Jinping lors de son accession au pouvoir en 2012. Les objectifs assignés au projet superposent des enjeux nationaux (désenclaver les régions périphériques, réduire les déséquilibres de développement entre le littoral et l'intérieur du pays, sécurisation de l'accès aux matières premières, arrimer fermement le Xinjiang à la RPC) et de renforcer la puissance chinoise à l'échelle globale, sinon de « siniser » la mondialisation. Autrement dit, la « BRI est l'instrument majeur permettant d'articuler harmonieusement développement interne et acquisition du statut de première puissance mondiale à l'horizon 2049 »[2].

Le narratif déployé depuis lors par les autorités chinoises s'appuie sur la géographie et l'imaginaire revivifié des anciennes Routes de la soie, qui, des millénaires durant, ont connecté l'Extrême-Orient à l'Extrême-Occident de l'immense masse continentale eurasiatique[3]. La composante maritime de ces Nouvelles routes de la Soie est placée par Xi Jinping sous le patronage explicite de la figure tutélaire de Zheng He (1371-1433), grand amiral de la dynastie des Ming :

> « Au début du XVᵉ siècle, sous la dynastie des Ming, le célèbre navigateur chinois Zheng He a effectué sept longs voyages maritimes vers

---

[1] V. Niquet, « Les "routes de la soie" : décryptage d'une stratégie chinoise globale de retour à la puissance », *Revue Défense Nationale*, vol. no. 811, no 6, p. 62-69, 2018.
[2] B. Claverie, « La Belt and Road Initiative : l'Europe, terminus du "rêve chinois" ? », *Revue internationale et stratégique*, vol. 116, no 4, p. 21-32, 2019,
[3] P. Frankopan, *Les routes de la soie*, Paris, Nevicata, 2018 (édition originale 2015).

l'occident, une épopée encore vivante aujourd'hui. Si les exploits réalisés par ces explorateurs pionniers sont entrés dans l'histoire comme des légendes inscrites dans la pérennité, c'est parce qu'ils ont été accomplis non par des conquérants à dos de chevaux de bataille, avec des lances et épées ou à bord de navires équipés de canons meurtriers, mais par des émissaires de bonne volonté en caravanes de chameaux et à bord de bateaux chargés de trésors et porteurs d'amitié. Ainsi, de génération en génération, les voyageurs de la Route de la soie ont tissé des liens de coopération et construit des ponts de paix entre l'Orient et l'Occident »[1].

L'OBOR se décline d'abord en une stratégie d'investissements massifs dans les infrastructures portuaires dans la grande région indopacifique où la plupart des nations ont accueilli favorablement les fonds chinois. Ces prises de position capitalistiques offrent la possibilité pour la Chine d'exercer un effet de levier sur les politiques intérieures et étrangères des pays bénéficiaires ainsi endettés[2]. Par ailleurs, des questions se posent quant aux potentiels usages navals et militaires des emprises portuaires : « l'Inde et nombre de pays occidentaux perçoivent les projets chinois d'expansion portuaires lancés par les entreprises chinoises […] comme partie prenante de la stratégie du « collier de perles » dont l'objet est d'encercler l'Inde et de prendre le contrôle de l'Océan indien »[3]. L'établissement de la base de la marine de la République de Chine Populaire de Doraleh (Djibouti), visitée le 12 août 2022 par le porte-hélicoptères amphibie de type 071 *Changbai Chan*, marque s'il en était besoin, l'importance géostratégique de Djibouti : verrou septentrional de l'océan Indien, dernière balise de la mer Rouge, mais également première porte vers la Méditerranée.

Vers la Méditerranée convergent en effet les voies maritimes et terrestres de la BRI. Si « la Méditerranée est, a priori, hors de la zone de rayonnement directe de la Chine […] ce qui l'y intéresse […ͅ en priorité]

---

[1] Xi Jinping, *La gouvernance de la Chine* (II), Éditions en langues étrangères, 2018, p.633. Cité par Roxane Andrieux, « Les nouvelles routes de la Soie à l'aube du Grand Renouveau de la nation chinoise », mémoire de fin d'études sous la direction de Nicolas Badalassi, Sciences Po Aix, 2022.
[2] Nicholas Szechenyi, *China's Maritime Silk Road: Strategic and Economic Implications for the Indo-Pacific Region*, Washington, Center for Strategic and International Studies, 2018. Consulté le 13 novembre 2022 https://csis-website-prod.s3.amazonaws.com/s3fs-public/publication/180404_Szechenyi_ChinaMaritimeSilkRoad.pdf
[3] Hu Bo, *Chinese maritime power in the 21st century. Strategic planning, policy and predictions*, New York, Routledge, 2020, p. 187 (première édition 2016).

ce sont les potentiels économiques. »[1] La RPC projette dans l'espace méditerranéen une stratégie analogue de prise de position avec le groupe *Cosco* comme principal bras armé (2005 à Port-Saïd, 2009 au Pirée — position renforcée en 2016 —, Vado-Savone en 2016, à Valence et Bilbao en 2017). Le *Shanghai International Port Group* (SIGP) a jeté son dévolu sur le port d'Haïfa et s'est positionné sur le projet de port en eau profonde d'El Hamdania (Algérie), pour lequel l'*Exim Bank of China* assure une partie du financement.

L'observation de la montée en puissance des acteurs maritimes chinois dans l'espace méditerranéen est à l'origine de la réflexion que présente Hugo Gonzalez dans cet ouvrage tiré d'un mémoire de recherche soutenu à Sciences Po Aix en 2022. Cette étude est centrée sur le segment euroméditerranéen des *Nouvelles routes de la soie*, cadre général auquel l'auteur ne manque pas de se référer lorsqu'il s'agit de recontextualiser et de mettre en perspective les stratégies d'acteurs. Hugo Gonzalez cherche particulièrement à articuler les enjeux géoéconomiques liés aux activités maritimes à l'analyse des relations internationales. Les problématiques maritimes sont ainsi envisagées dans leurs multiples facettes (opérationnelles, organisationnelles, administratives, industrielles, politiques, géopolitiques). L'auteur ne fait pas l'impasse sur les glissements entre la compétition maritime et la dynamique contemporaine de (re)militarisation de l'espace méditerranéen, militarisation qui procède pour une part importante de forces navales concurrentes.

La lecture du travail d'Hugo Gonzalez, à l'heure où ces lignes sont écrites, vient percuter une situation internationale déstabilisée par les effets conjugués — non encore entièrement perçus ou avérés — du conflit russo-ukrainien, de la montée des tensions en Asie-Pacifique entre la Chine et ses concurrents dans la zone indopacifique et d'une crise économique annoncée comme terrible. En Chine, l'interminable confinement dû à une gestion autoritaire — et déficiente ? – de la crise de la Covid-19 interroge sur les capacités de la République populaire à soutenir son projet de mondialisation alternative. Des failles sont apparues sur la porcelaine du projet de *Nouvelles routes de la soie*[2]. Les pays

---

[1] Paul Tourret, « Les nouvelles routes de la soie en méditerranée, construction d'un mythe contemporain ou réalité préoccupante ? », *Confluences Méditerranée*, 2019/2 N° 109, p.19-31.
[2] D. Baillard, *Pourquoi les « routes de la soie » de Xi Jinping ont perdu de leur éclat*, Radio France Internationale, le 19.10.2022. Consulté le 13 novembre 2022 sur
https://www.rfi.fr/fr/podcasts/aujourd-hui-l-%C3%A9conomie/20221019-pourquoi-les-routes-de-la-soie-de-xi-jinping-ont-perdu-de-leur-%C3%A9clat

bénéficiaires sont surendettés et au bord de la faillite. Les infrastructures construites par les opérateurs chinois sont souvent de qualité médiocre, ou alors inachevées. Certains États souhaitent renégocier ou dénoncer des accords qui leur sont clairement défavorables. Les États européens quant à eux renforcent leur pilier otanien de défense, se projettent dans des politiques de relocalisation des activités de production et se préparent à un possible conflit dans l'Indopacifique. En l'état de la situation, il est donc bien difficile de discerner avec un niveau de confiance crédible quel sera l'avenir du segment européen des Nouvelles Routes de la Soie.

Benoît Pouget
Marseille, le 13 novembre 2022

AVANT-PROPOS

Dans un contexte où le très fantasmé projet chinois des nouvelles routes de la soie n'échappe pas au sensationnalisme médiatique, voire académique, ce mémoire se voit guidé par l'objectif dual d'analyser la construction de leur pan occidental ainsi que leurs perceptions et répercussions, sur l'Euroméditerranée. Focalisé sur l'espace portuaire, ledit mémoire est en particulier motivé à interroger la pertinence de l'allusion à la « sinisation » de cette sous-région du Vieux continent, au vu de l'accroissement des activités de certaines entreprises d'État du secteur maritime, ressortissantes de la RPC. Pour cela, de nombreux enjeux alimentent l'angle d'étude choisi, du degré de porosité liant le PCC à ces entreprises chinoises jusqu'à l'utilisation des activités commerciales en tant que vecteur de puissance, ce loin de la zone d'action historique de la Chine.

Cette analyse s'inscrit en phase avec la singularité des motivations politiques de l'actuelle génération dirigeante de la RPC, avec toute la profondeur historique qu'elle implique. En outre, il est question d'observer si ce que d'aucuns interprètent comme étant une stratégie globale d'influence économique prompte à forger les nouvelles voies de la mondialisation sous l'égide du PCC est avéré. Enfin, ce mémoire s'attache à déterminer si les Européens, hétérogènes et divisés, doivent craindre une ombre portée politique, voire militaire potentielle des acteurs chinois, par analogie avec la situation constatée chez certains ports asiatiques précédemment concédés à des géants chinois.

Avertissement

Nous basant parfois sur des sources émanant d'organes officiels de la RPC, nous avertissons le lecteur de la propension des dirigeants chinois à fréquemment supprimer/modifier des contenus précédemment publiés sur le *World Wide Web*.

En cas de consultation d'une référence électronique supprimée/modifiée depuis la rédaction du mémoire, nous conseillons au lecteur de s'orienter vers la *Wayback Machine* (https://web.archive.org/), l'archive numérique d'Internet. En y insérant l'adresse Internet de ladite référence, il pourra ainsi la consulter tel qu'elle existait avant suppression/modification.

INTRODUCTION

> « Cela n'a pas de sens que l'Europe construise une route parfaite entre une mine de cuivre sous propriété chinoise et un port également sous propriété chinoise. Nous devons nous montrer plus intelligents pour ces types d'investissements. C'est pourquoi nous présenterons bientôt notre nouvelle stratégie en matière de connectivité, le Portail mondial. »[1]

Le 15 septembre 2021, tels étaient les mots qui résonnaient au sein du bâtiment Louise-Weiss, siège de l'hémicycle du Parlement de l'Union européenne (UE). En ce jour, la capitale alsacienne a en effet été le théâtre du dixième discours sur l'état de l'Union, évènement jugé opportun par la présidente de la Commission de l'UE, Ursula von der Leyen, pour annoncer le lancement du projet « Portail mondial » (*Global Gateway*, en anglais). Il s'agit d'un signal clair de la lente et progressive prise de conscience par les hautes instances européennes de l'importance géostratégique de peser dans le réseau mondial d'infrastructures.

Officiellement, l'objectif est de faire de l'Europe un acteur de premier plan vers une meilleure connectivité des biens, des personnes et des services, dans le monde entier. Pour cela, il est par exemple évoqué un plan d'investissements de 300 milliards d'euros visant à pallier le déficit d'infrastructures dans les zones en besoin, pour *in fine* éperonner les échanges impliquant les pays européens. D'autres mesures composeraient aussi le Portail mondial, à l'instar du développement des technologies vertes européennes, tandis que le projet serait encadré par un strict respect des droits et libertés fondamentaux de l'Homme, mais aussi des souverainetés pour les pays impliqués.

Plus officieusement, le Portail mondial est aussi présenté médiatiquement comme un projet concurrent aux nouvelles routes de la soie chinoises (*Belt and Road Initiative,* BRI, en anglais), bien que le discours d'une soixantaine de minutes ne fasse que de très brèves allusions à la Chine. Lorsque nous évoquerons la « Chine », nous comprenons qu'il s'agira plus précisément de la République populaire de

---

[1] Von der Leyen, Ursula. « Discours sur l'état de l'Union de la présidente von der Leyen », *Commission de l'UE*, 2021. Consulté le 9 août 2022 sur https://ec.europa.eu/commission/presscorner/detail/fr/SPEECH_21_4701.

Chine (RPC), la Chine étant l'objet d'un combat de légitimité entre la Chine continentale communiste et la Chine insulaire, entre Pékin et Taipei. Il semble en tout cas idéaliste de penser que les Européens aient le désir d'ériger cette « nouvelle stratégie en matière de connectivité » tout en étant aveugles aux ambitions chinoises en la matière, estimées en milliards et à quatre chiffres, et que le sensationnalisme médiatique couvre déjà depuis plusieurs années[1] [2].

Alors, le regret que semble afficher Ursula von der Leyen dans son discours, au moyen de l'archétype du « port également sous propriété chinoise », traduit une inquiétude proportionnelle à la présence chinoise, actuelle et à venir, au sein des infrastructures européennes depuis plusieurs années, en l'occurrence portuaires. Preuve de la visibilité croissante des activités de la RPC en Europe : le pays s'incarne en la matière sous les traits de deux entreprises d'État, *China Ocean Shipping Company* (dit « COSCO ») et *China Merchants Group* (dit « CMG »), qui ont des participations, en 2022, dans seize terminaux sur quatorze ports européens **(voir annexe 1)**. Il faut d'ailleurs ajouter à ces chiffres les ports ayant aussi signé des protocoles d'accord avec la RPC. Il s'agit plutôt de ports de taille moyenne dont le but est d'être des portes d'entrée commerciales importantes. Par conséquent, de la Méditerranée à la côte Atlantique ; de la Manche à la mer du Nord, sans oublier les visées en mer Baltique[3], une stratégie de maillage méthodique paraît se déployer. Lorsque l'on quantifie cet appétit, la part des terminaux portuaires européens à conteneurs sous le contrôle d'entreprises d'État chinoises a explosé en une décennie : inférieur à 1 % en 2007, il est équivalent à 10 % en 2019[4]. Les entreprises d'État semblent avoir minutieusement lu la fiche d'information de la Commission européenne « Ports maritimes européens à l'horizon 2030 : les défis à venir ». Par son

---

[1] « Chine : un projet de « Nouvelle route de la soie » à 1000 milliards », *TV5MONDE*, 2017. Consulté le 9 août 2022 sur https://information.tv5monde.com/info/chine-un-projet-de-nouvelle-route-de-la-soie-1000-milliards-169601.
[2] « « Nouvelles routes de la soie » : en quoi consiste le titanesque projet chinois ? », *BFM Business*, 2019. Consulté le 9 août 2022 sur
https://www.bfmtv.com/economie/economie-social/monde/nouvelles-routes-de-la-soie-en-quoi-consiste-le-titanesque-projet-chinois_AV-201903250092.html.
[3] Suokas, Janne. « Chinese investors cancel plans for massive deep-water port in Sweden », *Find China Info*, 2018. Consulté le 9 août 2022 sur
https://findchina.info/chinese-investors-cancel-plans-for-massive-deep-water-port-in-sweden.
[4] Haralambides, Hercules. Merk, Olaf. « China's « Belt and Road Initiative » and Global Maritime Trade Flows », 2020, p. 11. Consulté le 9 août 2022 sur
https://doi.org/10.13140/RG.2.2.15591.80809.

biais en effet, on comprend que « les ports d'Europe sont les portes d'accès du continent », avec plus de 1 200 ports maritimes commerciaux habillant les 70 000 kilomètres de côtes de l'Union, pour un taux de marchandises extérieures à l'UE arrivant par les ports équivalant à 74 %[1].

Un tel rebond est possible grâce à la mise à disposition pour COSCO et CMG — pour ce qui nous concerne — d'un important capital au moyen d'institutions financières, de fonds et de banques publics liés au gouvernement central chinois[2]. C'est grâce à ce mécanisme que s'explique la présence progressive des entreprises d'État chinoises dans l'espace portuaire européen, initiée par deux opérations commerciales : le gain de l'appel d'offres pour deux concessions du port du Pirée et l'acquisition de deux opérateurs de terminaux, *Terminal Link* et *Noatum*[3]. Par conséquent, COSCO comme CMG peuvent racheter des concurrents ou opérer des offres agressives sur des concessions sources d'un intérêt pécuniaire, mais aussi politique. Pensons par exemple à l'intérêt constant de CMG à l'égard du terminal portuaire de Djibouti qu'il gère, dont la baisse du fret n'a pu éclipser l'intérêt stratégique pour la RPC de sa seule base navale outre-mer[4].

Toutefois, la majorité des investissements chinois ont une visée première de rentabilité. La nouvelle division internationale du travail (NDIT) a induit une asymétrie des zones de production au bénéfice, entre autres, de la RPC, ce qui a révélé sa fonction de premier « atelier du monde », et donc de premier exportateur mondial[5]. Le géographe Olivier Dollfus théorise cette organisation économique mondiale des moyens de production comme étant le « système-monde »[6], où le virage néolibéral

---

[1] « Ports maritimes européens à l'horizon 2030 : les défis à venir », *Commission de l'UE*, 2013. Consulté le 9 août 2022 sur https://ec.europa.eu/commission/presscorner/detail/fr/MEMO_13_448.
[2] Ekman, Alice (dir.) et al. « La France face aux nouvelles routes de la soie chinoises », *Institut français des relations internationales (IFRI), Centre Asie*, 2018, p. 20. Consulté le 9 août 2022 sur https://www.ifri.org/sites/default/files/atoms/files/ekman_ifri_france_routes_soie_2018.pdf.
[3] Haralambides, Hercules. Merk, Olaf. *Op. cit.*, pp. 11-12.
[4] Listre, Jean-Pierre. « Sonia Le Gouriellec. Djibouti. La diplomatie de géant d'un petit État », *Afrique contemporaine*, vol. 271-272, no. 1-2, 2020, pp. 327-331.
[5] « Classement des principaux pays exportateurs dans le monde en 2020 », *Statista*, 2022. Consulté le 9 août 2022 sur https://fr.statista.com/statistiques/662278/exportateurs-plus-importants-monde/.
[6] Dollfus, Olivier. « Système Monde et système Terre », *Espace géographique*, vol. 21, no. 3, 1992. pp. 223-229.

depuis les années 1980 aurait spécialisé l'économie de la RPC, caractérisée par une main-d'œuvre peu chère et abondante, vers la production de biens peu qualifiés et exportables. De ce constat, la question a désormais été d'acheminer, à moindre coût, les exportations mais aussi de sécuriser l'approvisionnement en matières premières. Parmi les différents modes de transport, le transport maritime s'est largement distingué. En l'espèce, le commerce maritime représente aujourd'hui 90 % du commerce mondial en volume transporté et 80 % en valeur[1]. Le potentiel de rentabilité des infrastructures maritimes paraît en conséquence supérieur à celui des infrastructures terrestres. Le port, réceptacle des exportations, devient alors la clef de voûte de l'organisation contemporaine du commerce international, dont l'expression clef est devenue l'intermodalité des échanges. C'est bien pour cela qu'il intéresse les entreprises chinoises.

Cet intérêt s'illustre par la concession en 2008 des terminaux II et III du Pirée à COSCO pour trente-six ans. Le succès de l'opération a engendré un « effet COSCO-Pirée », dont l'aura s'est élargie à l'ensemble des investissements chinois en Europe. En une décennie, l'entreprise d'État a montré sa capacité à revigorer des terminaux à conteneurs en mauvais état. Depuis le début de ses opérations en 2009, COSCO est ainsi parvenu à hisser Le Pirée à la quatrième place des ports européens en 2019, après Rotterdam, Anvers et Hambourg. C'est là une prouesse : depuis l'avènement de la conteneurisation en Europe à la fin des années 1960, c'est la première fois qu'un port à conteneurs méditerranéen rivalise structurellement avec ses homologues de la rangée nord-européenne (*Northern Range*, en anglais)[2]. En dépit de la négligence périodique des normes environnementales[3] ou de certaines pratiques visant à écarter toute contestation syndicale et salariale[4], l'effet COSCO-Pirée semble perdurer. Peuvent en témoigner les signes d'autres potentielles acquisitions liées à la gestion portuaire, comme pour Éleusis

---

[1] Nicolas, Françoise. « Commerce mondial : les nouvelles routes maritimes », *Institut français des relations internationales (IFRI) et Dessous des cartes*, 2020. Consulté le 10 août 2022 sur https://storymaps.arcgis.com/stories/7d3a7a1492564cb2aabea79287566745.
[2] Haralambides, Hercules. Merk, Olaf. *Op. cit.*, p. 11.
[3] Suokas, Janne. « Chinese investors cancel plans for massive deep-water port in Sweden », *Find China Info*, 2018. Consulté le 9 août 2022 sur https://findchina.info/chinese-investors-cancel-plans-for-massive-deep-water-port-in-sweden.
[4] Rafenberg, Marina. « Vent de fronde antichinois au port du Pirée », *Le Monde*, 2021.

en Grèce, ou encore Trieste et Gênes en Italie[1]. En effet, de plus en plus d'États européens, notamment les pays d'Europe centrale et orientale (PECO), franchissent le Rubicon en signant des mémorandums d'entente (MoU) avec la RPC — un accord bilatéral avec cette dernière —, et invitent *de facto* la BRI sur leur sol. Même, certains ont pu choisir de saisir la main tendue par le gouvernement chinois en intégrant le groupe « 17+1 » (redevenu aujourd'hui 16+1), observé comme une plateforme des investissements de Pékin pour les PECO[2]. Pourtant, l'UE — notamment son noyau dur à l'Ouest composé de la France, de l'Allemagne ou anciennement du Royaume-Uni — apparaît plus réticente à signer de tels accords, elle qui prône en priorité le respect des « règles et exigences en vigueur dans l'UE en matière de conditions financières, d'appels d'offres ou encore de responsabilité sociale et économique »[3]. Cette fracture se doit toutefois d'être nuancée ces dernières années, au vu de l'accroissement discret des participations britannique, française, allemande, espagnole et belge dans la Banque asiatique d'investissement pour les infrastructures (BAII). Celle-ci est souvent observée comme un puissant bras armé du projet BRI, avec en 2018, au moins soixante-quatre projets financés par son aide[4]. Au-delà des États, ce sont aussi des hauts fonctionnaires au sein d'organisations internationales de renom qui apparaissent séduits par la « solution chinoise », louant sa contribution pour l'humanité via la BRI. Pensons par exemple au directeur général de l'Organisation internationale du travail Guy Ryder, au président du Fonds international de développement agricole Gilbert Houngbo, ou bien aux nombreuses agences spécialisées des Nations Unies comme l'UNESCO, l'Organisation maritime internationale ou l'Organisation mondiale du tourisme et d'autres[5].

---

[1] Duchâtel, Mathieu. Duplaix, Alexandre Sheldon. « Blue China: Navigating the Maritime Silk Road to Europe », *European Council on Foreign Relations*, 2018, p. 17. Consulté le 9 août 2022 sur
https://ecfr.eu/publication/blue_china_navigating_the_maritime_silk_road_to_europe/.
[2] Freyssenet, Elsa. « Pékin pousse ses pions en Europe centrale et tente de rassurer l'UE », *Les Échos*, 2019.
[3] Pedroletti, Brice. « Europe : « le casse-tête chinois des « nouvelles routes de la soie » » », *Le Monde*, 2018.
[4] Renard, Mary-Françoise. « V. La stratégie internationale de la Chine », *L'économie de la Chine*, La Découverte, 2018, pp. 87-110.
[5] Charon, Paul. Jeangène Vilmer, Jean-Baptiste. « Les opérations d'influence chinoises. Un moment machiavélien », *Institut de recherche stratégique de l'École militaire (IRSEM)*, 2021, p. 211. Consulté le 9 août 2022 sur https://www.irsem.fr/rapport.html.

Cette arrivée de COSCO dans Le Pirée s'affiche donc comme un exemple éloquent de l'importance croissante de l'espace euroméditerranéen dans la BRI, désormais observé comme sa conclusion géographique, au vu du potentiel économique découlant du vaste marché de consommation qu'est le continent européen. L'erreur serait de ne prêter attention qu'au seul port du Pirée, ou même à l'espace portuaire européen en lui-même. Bien au-delà, il faut comprendre que, du fait de l'intermodalité du commerce mondial, le port du Pirée n'est qu'un élément de l'« avant-pays » (*Foreland*, en allemand) s'inscrivant au sein d'un large réseau d'infrastructures portuaires, routières, ferroviaires et aériennes servant à accéder à l'« arrière-pays » (*Hinterland*, en allemand)[1]. Dans l'UE, ce réseau porte le nom de « réseau transeuropéen de transport (RTE-T) », et se subdivise en cinq couloirs **(voir annexe 2)**. En conséquence, nous comprenons que les investissements de COSCO dans le port du Pirée lui ouvrent le couloir Orient/Est-Méditerranée, et l'accès aux marchés d'Europe orientale et centrale, dont la « Banane bleue ». Ceux dans le port de Valence permettent d'accéder à la « Banane dorée ». Ou encore, les investissements de CGM dans le port de Marseille-Fos lui ouvrent le couloir mer du Nord-Méditerranée, pour ainsi toucher tous les marchés de l'est français, jusqu'aux ports de Zeebrugge, Amsterdam et Rotterdam. En 2008, on peut penser rétrospectivement que la première pierre d'un édifice géopolitique en pleine construction a été posée : la portion occidentale des nouvelles routes de la soie. Elle se développe depuis. Il ne faut pas oublier que la Méditerranée est au cœur géographique d'un réseau portuaire allant des Amériques à l'Asie du Sud-est, filtré à l'est par le canal de Suez, et à l'ouest par le détroit de Gibraltar. Du point de vue chinois, elle serait l'aboutissement occidental d'une chaîne portuaire comprenant les ports de la côte est chinoise — Ningbo-Zhoushan, Shanghai, Quanzhou, etc. —, de Kyaukpyu en Birmanie, de Hambantota au Sri Lanka, de Gwadar au Pakistan, de Mombassa au Kenya et de Djibouti.

Observer l'Euroméditerranée comme l'un des maillons de la chaîne nous force à relire les grands théoriciens, notamment maritimes. Le dessein politique officialisé par le gouvernement chinois en 2013 est ainsi

---

[1] « Arrière-pays et avant-pays (hinterland, foreland) », *Géoconfluences*, 2021. Consulté le 9 août 2022 sur http://geoconfluences.ens-lyon.fr/glossaire/arriere-pays-et-avant-pays-hinterland-foreland. Le *foreland* désigne l'ensemble des pays desservis par les lignes ou dessertes régulières qui touchent un port ou un aéroport. A l'inverse, l'*hinterland* correspond à l'aire d'attraction et de desserte continentale d'un port. C'est le géographe français André Vigarié qui a proposé, dans les années 1960, la triptyque arrière-pays ; avant-pays ; port en position d'interface physique et organisationnelle.

le fruit de plusieurs influences. Même si depuis 1949, le Parti communiste chinois (PCC) suit les enseignements de Gengis Khan, conscient de la nécessité d'agir sur le front continental, il n'en néglige pas pour autant le front maritime. En ce sens, l'influence de l'amiral Zheng He, principal stratège de la dynastie Ming au XIVe siècle, est indispensable pour comprendre la double hélice de la BRI : terrestre et maritime. L'évocation de son aura pacifiste permet au discours officiel chinois d'entretenir l'image idyllique d'une nation aux intentions pacifiques, contrairement aux exactions européennes ayant conduit à la colonisation[1]. Pourtant, derrière le discours officiel pourrait se cacher, aussi, une ambition de réactualiser une « diplomatie de la canonnière » plus subtile, afin de faire du pays une thalassocratie mondiale transcendant l'Indopacifique de Zheng He. La lecture de l'œuvre d'Alfred Mahan complète cette idée, où l'intérêt du *sea power*[2] serait indispensable pour Pékin. Dominer sur et sous les mers est un gage de puissance, dont la négligence au XIXe siècle a participé au déclin chinois après la mise en œuvre de la même diplomatie de la canonnière contre elle, par les puissances occidentales. Alors, si le XVIIIe congrès du PCC a été l'occasion de hisser la « construction d'un pays maritime fort » (海洋强国, en chinois mandarin) au rang inédit d'objectif national, le XIXe s'est ouvert avec l'idée selon laquelle les politiques maritimes faisaient désormais pleinement partie des ambitions chinoises pour le monde. C'est pour cela que le gouvernement chinois s'efforce de mettre en œuvre ce qui est communément appelé la « stratégie des deux océans », afin de repousser la frontière maritime chinoise via la théorisation des « mers proches et éloignées »[3].

Voilà la raison principale pour laquelle il nous a semblé pertinent de focaliser notre mémoire sur l'espace portuaire euroméditerranéen : dans son rôle actuel et à venir à l'égard de cet édifice géopolitique imprégné d'une large vision historique. Pour ce faire, il faut précisément définir le théâtre de notre analyse. La Commission européenne définit l'« Euroméditerranée » comme une sous-région culturelle du continent subdivisée en deux blocs. D'une part, l'Arc latin regroupe huit régions continentales de l'Espagne, de la France et de l'Italie, depuis l'Andalousie jusqu'au Latium. D'autre part, la Méditerranée centrale regroupe les sept

---

[1] Lafargue, François. « Zheng He : Le Nouvel étendard de la diplomatie chinoise », *Institut Libre des Relations Internationales et des Sciences Politiques (ILERI)*, 2019. Consulté le 9 août 2022 sur https://www.ileri.fr/zheng-he-etendard-diplomatie-chinoise/.
[2] Mahan, Alfred. *The Influence of Sea Power upon History, 1660-1783*, 1890.
[3] Eudeline, Hugues. « La nouvelle puissance maritime de la Chine et ses conséquences », *Stratégique*, vol. 109, no. 2, 2015, pp. 169-196.

régions du *Mezzogiorno* italien et les régions grecques, jusqu'à l'île de Chypre[1]. Ne nous restreignant pas à l'Euroméditerranée selon l'acception de l'UE, nous faisons également le choix d'y inclure les pays Balkans méditerranéens, puisque ces derniers disposent eux aussi des caractéristiques communes précitées. Aussi, il peut sembler opportun de se pencher sur l'intérêt que la RPC pourrait tirer du conflit russo-ukrainien de 2022 en Euroméditerranée. Limité à des pistes de réflexion au vu du manque de recul qui est le nôtre, on peut envisager de réfléchir au potentiel des ports ukrainiens de Marioupol et Odessa, réputés pour leur poids dans l'exportation de blé, dans un contexte où la RPC manque de terres arables pour nourrir sa population.

Aussi, il reste important d'avoir à l'esprit que l'espace euroméditerranéen n'est que l'extrémité occidentale de la BRI. Il s'inscrit donc dans un ensemble géographique extérieur au cadre régional et historique de la RPC, ce qui peut la conduire à considérer l'Euroméditerranée comme un espace secondaire. Le professeur Alice Ekman, anciennement responsable au centre Asie de l'Institut français des relations internationales (IFRI) des activités en lien avec la Chine, rappelle ainsi que la politique étrangère de la RPC, notamment depuis Xi Jinping, est avant tout guidée par le concept de *dǐngcéng shèjì* 顶层设计 (« réforme de haut-niveau »). En d'autres termes, le gouvernement central définit *a priori* ses priorités géostratégiques pour les décliner *a posteriori* dans le monde, par régions hiérarchisées[2]. En l'occurrence, le ministère des Affaires étrangères chinois scinde le monde en huit zones, dont le bureau VIII — le dernier — traite l'Europe de l'Ouest, dont la France, l'Espagne, l'Italie et la Grèce[3]. Ce n'est donc pas l'Euroméditerranée qui fait la stratégie chinoise, mais bien la stratégie chinoise qui induit les actions en Euroméditerranée. Cela explique pourquoi les espaces portuaires asiatiques où les entreprises chinoises sont présentes ont une importance supérieure, étant en plus de leur fonction commerciale des relais de protection militaire œuvrant à la sécurisation des mers proches

---

[1] Millan, Bruce. « *Annexe : Perspectives transnationales du développement territorial européen* », *Coopération pour l'aménagement du territoire européen — Europe 2000 Plus*, Commission des Communautés européennes, Bruxelles, 1994. Consulté le 9 août 2022 sur https://urlz.fr/iV9m.

[2] Ekman, Alice. « La Chine en Méditerranée : une présence émergente », *Institut français des relations internationales (IFRI)*, 2018. Consulté le 10 août 2022 sur https://www.ifri.org/sites/default/files/atoms/files/ekman_chine_mediterranee_2018.pdf, pp. 8-9.

[3] Selon le site officiel du Département international du Comité central du PCC, https://urlz.fr/iOMA.

puis lointaines. Ce « collier de perles »[1] vise à dominer les routes ainsi que les points de contrôles militaires et économiques stratégiques, dont les ports. Pour l'heure, les ports euroméditerranéens ne sont pas au cœur — voire même des acteurs — de la politique navale de la RPC.

En outre, dans la « Vision pour la coopération maritime dans le cadre de la BRI » – le document exposant la stratégie officielle du gouvernement chinois pour la route maritime de la Soie – le mot « Europe » n'est seulement cité que deux fois, alors qu'est seulement évoqué, à demi-mot, un « passage économique bleu Chine – Océan indien – Afrique – Mer Méditerranée »[2]. Cette source primaire émanant du Conseil d'État de la RPC doit cependant être nuancée, ce dernier pouvant avoir un certain intérêt à minimiser l'importance de l'Europe, de la Méditerranée et de l'Occident dans un texte visible de tous. Car le PCC, qui a pu hériter du sobriquet « Miniver »[3] (« Ministère de la vérité », en référence au roman *1984* de George Orwell), n'en est pas à son coup d'essai en la matière. Pensons au cas archétypal de la censure s'étant abattue sur *Made in China 2025*, où l'agence de presse d'État *Xinhua*, qui a fait plus de 140 mentions du projet au cours du premier semestre 2018, n'en a plus fait une seule allusion au cours du second[4].

Essayer de comprendre la Chine contemporaine et ses ambitions en se restreignant aux déclarations officielles, sans y inclure le recul et la profondeur historique nécessaire, est la meilleure façon de produire une analyse partielle. L'importance croissante de la présence chinoise au sein de l'espace portuaire européen intervient dans un contexte où de nombreuses sphères sociales sous l'égide du PCC (éducation, armée, divertissements, etc.) remémorent constamment et depuis des décennies au peuple chinois le « siècle d'humiliation » qu'a été le XIXe siècle. Ce message est couplé à celui d'une revanche symbolique, d'un

---

[1] Manhas, Neeraj. « China's Policy of « String of Pearls » », *International Journal of Social Impact*, 2020. Consulté le 10 août 2022 sur https://www.researchgate.net/publication/344045564_China's_Policy_of_'String_of_Pearls'.
[2] « Full text of the Vision for Maritime Cooperation under the Belt and Road Initiative », *Xinhua*, 2017. Consulté le 10 août 2022 sur https://urlz.fr/iOMh.
[3] « Directives from the Ministry of Truth Archives », *China Digital Times*. Consulté le 10 août 2022 sur https://chinadigitaltimes.net/china/directives-from-the-ministry-of-truth/.
[4] « Exclusive: Facing U.S. Blowback, Beijing Softens « Made in China 2025 » Message », *Reuters*, 2018.

« rajeunissement national »[1] construit en opposition aux « bourreaux occidentaux ». Du mouvement d'autorenforcement issu des guerres de l'opium jusqu'à la fondation de la RPC, en passant par la révolution républicaine de Sun Yat-sen en 1912, cette humiliation serait l'une des « aspirations originelles » de la politique extérieure chinoise[2]. Depuis 1949, les dirigeants du PCC ont en effet longtemps présenté leurs efforts comme motivés à restaurer la Chine à une place prééminente dans le monde, perdue avec le déclin de la dynastie Qing.

Cette lecture de l'histoire a conduit les différents secrétaires généraux du PCC à élaborer des doctrines fondatrices du « socialisme à caractéristiques chinoises ». Il s'agit d'un agrégat de théories politiques représentant le marxisme-léninisme adapté au contexte de la Chine. On pourrait interpréter l'évolution décennale de la RPC en trois temps[3]. Sous Mao Zedong, la Chine « s'est levée et a recouvré sa souveraineté » (中国站起来了, en chinois mandarin) ; sous Deng Xiaoping et ses successeurs, la stratégie nationale consistait à « s'enrichir en faisant profil bas » (和平崛起, en chinois mandarin) ; sous Xi Jinping, la Chine cherche « le pouvoir et l'influence sur la scène internationale » (强起来, en chinois mandarin). Pour ce troisième temps que nous traversons présentement, c'est « la Pensée de Xi Jinping » — dont le « rêve chinois » correspond au volet international — qui guide l'action du gouvernement chinois. Possiblement développée avec son proche conseiller Wang Huning, ancien chef adjoint du Groupe dirigeant de la construction de la BRI[4], on pourrait comprendre pourquoi parmi les quatorze principes composant la Pensée figure le principe numéro treize « Destin humain commun »[5]. L'esprit de ce point, concentré dans le concept de « communauté de destin pour l'humanité », est martelé dans le discours officiel depuis 2013[6], substituant volontiers sa profondeur historique à une initiative gorgée de bienveillance et d'altruisme. En ce sens ont été nouées la « communauté de destin Chine-

---

[1] Le même concept a plusieurs noms, selon les traductions. En plus du « rajeunissement national », on parle aussi de « rejouvance nationale », de « grand rajeunissement de la nation chinoise » ou de « rêve chinois ».
[2] « Xi Jinping présente un rapport au XIXe Congrès national du PCC », *China Today*, 2017. Consulté le 10 août 2022 sur http://www.chinatoday.com.cn/french/spc/2017-10/18/content_748714.htm.
[3] Duchâtel, Mathieu. Duplaix, Alexandre Sheldon. *Op. cit.*, p. 8.
[4] « The meaning of the man behind China's ideology », *The Economist*, 2017.
[5] « His own words: The 14 principles of « Xi Jinping Thought » », *BBC Monitoring*, 2017.
[6] « Xi Jinping : Laissons le sentiment de communauté de destin commun s'enraciner profondément dans les pays voisins », *Ministère des Affaires étrangères de la RPC*, 2013. Consulté le 10 août 2022 sur https://urlz.fr/iONI.

Afrique »[1], la « communauté de destin des pays Mékong », la « communauté de destin Chine-Amérique latine » ou encore la « communauté de destin dans le cyberespace »[2]. Ambassadeurs, médias, hauts fonctionnaires chinois mais aussi instituts Confucius se mettent donc au service d'une vaste campagne promotionnelle, à l'aura vertueuse, de la communauté de destin à travers le monde.

La présence croissante des entreprises d'État chinoises dans les ports euroméditerranéens pourrait alors être appréhendée dans le grand ensemble des communautés de destin, dont la BRI serait l'un des principaux bras armés, une « priorité clef de la diplomatie des grandes puissances aux caractéristiques chinoises » (中国特色大国外交的重中之重, en chinois mandarin)[3]. Du moins, cette dernière épouse les mêmes logiques. Le gouvernement chinois a d'ailleurs choisi de fixer sémantiquement la « BRI », recommandant l'appellation d'« initiative » aux termes, désormais déconseillés, de « stratégie », de « projet », de « programme » et d'« agenda »[4]. L'esprit « OBOR » (*One Belt, One Road*, en anglais) doit être balayé. Le rapport de l'Institut de recherche stratégique de l'École militaire (IRSEM), publié par les chercheurs Paul Charon et Jean-Baptiste Jeangène Vilmer en octobre 2021, met en avant le concept de « pouvoir discursif » dans les opérations d'influence chinoises, suivant l'idée foucaldienne que s'emparer de la parole, c'est s'emparer du pouvoir ; s'emparer du pouvoir, c'est exclure la parole de l'autre[5]. Nous l'aurons compris, ce calcul sémantique pour refléter ce projet géopolitique suppose une nouvelle fois la volonté du gouvernement central de faire profil bas, en associant la BRI à une initiative bienveillante.

Pour le PCC, il n'est aucunement question de parler des bienfaits qu'elle aurait pour la Chine.

---

[1] « Amis de toujours et partenaires sincères – Souvenez-vous du voyage du président chinois Xi Jinping en Afrique », *Quotidien du peuple*, 2013. Consulté le 10 août 2022 sur http://cpc.people.com.cn/n/2013/0401/c64094-20980889.html
[2] « Xi Jinping : tous à bord de l'express de l'Internet », *Xinhua*, 2017. Consulté le 10 août 2022 sur https://urlz.fr/iONL.
[3] Duchâtel, Mathieu. Duplaix, Alexandre Sheldon. *Op. cit.*
[4] « Notre commission et d'autres départements concernés règlementent la traduction en anglais de l'initiative « Ceinture et Route » », *Commission nationale du développement et de la réforme (NDRC)*, 2015. Consulté le 10 août 2022 sur https://urlz.fr/iOO4. La NDRC et des entités gouvernementales chinoises ont standardisé la traduction de la BRI. En conséquence, l'usage du nom complet « Ceinture économique de la route de la soie et route de la soie maritime du XXIe siècle » est recommandé, tout comme son appellation abrégée « Initiative de la ceinture et de la route » (*Belt and Road Initiative* en anglais). Les acronymes « B&R » ou « BRI » peuvent être employés.
[5] Charon, Paul. Jeangène Vilmer, Jean-Baptiste. *Op. cit.*, p. 32.

Pour le PCC, il n'est aucunement question de lier la BRI au concept des « Trois guerres », cette forme de conflictualité non cinétique dont le but est de triompher sans combattre, par l'avènement d'un environnement mondial pro-Chine via des opérations d'influences[1], à la manière de Sun Tzu et son *Art de la guerre*.

Pour le PCC, il n'est aucunement question d'évoquer en quoi l'Initiative reflèterait la volonté pour Pékin de construire ses propres modalités et débouchés de la mondialisation.

Pour le PCC, il n'est aucunement question de laisser entendre une quelconque ambition d'offrir un modèle de contre-mondialisation différent de celui chapeauté par les États-Unis[2].

Pour le PCC, il n'est enfin aucunement question d'ébruiter la stratégie chinoise bicéphale de la BRI : d'une part, rééquilibrer les inégalités territoriales non résorbées depuis la colonisation européenne, entre les littoraux orientaux et les régions intérieures de l'Ouest. D'autre part, sécuriser les lignes de communication maritimes (*Sea lines of communication*, SLOC en anglais), idée probablement retenue de l'œuvre de l'historien naval Julian Corbett[3], pour assurer les importations en matières premières et les exportations de produits manufacturés.

Non, les valeurs vertueuses inondent plutôt le discours officiel, symbolisé par les « Vision et actions sur la construction conjointe de la ceinture économique de la route de la soie et de la route de la soie maritime du XXIe siècle » (共建丝绸之路经济带和21世纪海上丝绸之路的愿景与行动, en chinois mandarin) :

> « Les projets de connectivité de l'Initiative aideront à […] améliorer les échanges interpersonnels et culturels, et l'apprentissage mutuel entre les peuples des pays concernés, et leur permettre de se comprendre, de se faire confiance et de se respecter et de vivre dans l'harmonie, la paix et la prospérité. »[4]

Tout un « arsenal de slogans mélioratifs », selon le rapport de l'IRSEM précité, qui ne peut que susciter l'adhésion[5], accompagne ce discours de « paix » et de « prospérité ». On parle d'une BRI « verte, saine, intelligente

---

[1] Charon, Paul. Jeangène Vilmer, Jean-Baptiste. *Op. cit.*, p. 57.
[2] Charon, Paul. Jeangène Vilmer, Jean-Baptiste. *Op. cit.*, p. 150.
[3] Corbett, Julian. *Some Principles of Maritime Strategy*, 1918. Edition de 2009, Naval & Military Press Ltd.
[4] « Vision and Actions on Jointly Building Silk Road Economic Belt and 21st-Century Maritime Silk Road », *NDRC*, 2015. Consulté le 10 août 2022 sur https://urlz.fr/iON2.
[5] Charon, Paul. Jeangène Vilmer, Jean-Baptiste. *Op. cit.*, p. 150.

et pacifique »[1], tandis que toute la Chine paraît se trémousser en fredonnant les bienfaits d'un projet grâce auquel « les Sri Lankais ne s'inquiètent plus des factures d'électricité élevées », et en raison duquel « un garçon malaisien obtiendra un nouveau travail et se mariera avec son amour. »[2] Comme preuve de ce succès, le Groupe dirigeant de la construction de la BRI avance en 2021 que 139 pays seraient déjà tombés sous le charme de l'Initiative[3]. Cependant, ce chiffre doit être nuancé car le comptage se calque sur le nombre de mémorandums d'entente annoncés par le Groupe, qui inclut parfois des pays niant avoir signé un ou des accords avec elle. Il doit aussi l'être car le gouvernement chinois a tendance à gonfler ses chiffres en qualifiant de « partenaires de la BRI » les pays membres avérés ou potentiels de la BAII.

Ayant donc à l'esprit l'intérêt qu'aurait le gouvernement chinois à minimiser l'ambition d'une telle stratégie, la profusion des initiatives globales à l'instar du Portail mondial annoncé par Ursula von der Leyen est révélatrice de son incapacité à, malgré tout, contenir les peurs et réticences. Une initiative politique majeure visant à améliorer la connectivité économique entre l'Asie et l'Europe pour certains[4] ? Un projet prédateur à l'avantage d'une Chine coquetant avec une logique néo-impériale, qui requiert la poursuite de « l'urgence nationale » pour d'autres[5] ? Une initiative liée au projet d'intégration eurasienne qui l'épouserait « très harmonieusement »[6] ? Européens, Américains ou

---

[1] Site officiel de la BRI, hébergé par le gouvernement central de la RPC. Consulté le 10 août 2022 sur https://eng.yidaiyilu.gov.cn/ztindex.htm.
[2] New China TV. « Music Video: The Belt and Road, Sing Along 一带一路全球唱 », *YouTube*, 2017. Consulté le 10 août 2022 sur https://youtu.be/98RNh7rwyf8.
[3] Hillman, Jennifer. Sacks, David. « How the U.S. Should Respond to China's Belt and Road », *Council on Foreign Relations*, 2021. Consulté le 10 août 2022 sur https://www.cfr.org/report/chinas-belt-and-road-implications-for-the-united-states/. L'étude se base sur une liste proposée par le Groupe dirigeant de la construction de la BRI.
[4] Cosentino, Bianca, et al. « Étude réalisée pour la commission TRAN: La nouvelle route de la soie - débouchés et défis pour le transport européen », *Parlement de l'UE*, p. 128. Consulté le 10 août 2022 sur https://www.europarl.europa.eu/RegData/etudes/STUD/2018/585907/IPOL_STU(2018)585907_FR.pdf.
[5] « Letter to the Speaker of the House and the President of the Senate on the Continuation of the National Emergency with Respect to the Threat from Securities Investments That Finance Certain Companies of the People's Republic of China », *The White House*, 2021. Consulté le 10 août 2022 sur https://urlz.fr/iOMo.
[6] « Press statements following Russian-Chinese talks », *Presidency of Russia*, 2015. Consulté le 10 août 2022 sur https://web.archive.org/web/20220703132227/http://en.kremlin.ru/events/president/transcripts/49433.

Russes ont ainsi proposé leur propre projet. Le Portail mondial européen, la *Build Back Better* américaine ou l'Union économique eurasienne d'initiative russe sont autant de manifestations alternatives à une BRI précurseur. Surtout, elles témoignent de l'importance des infrastructures dans l'échiquier géopolitique du XXIe siècle, car elles sont essentiellement le fruit d'une posture en réaction, voire en opposition à une BRI chinoise antérieure et proactive.

Le temps du *tāo guāng yǎng huì* 韬光养晦 (« faire profil bas ») semble révolu : l'heure serait désormais au *fènfā yǒuwéi* 奋发有为 (« recherche de la réussite »).

L'état de l'Art sur les enjeux de la BRI est très fourni selon de nombreux angles d'études. Il est indéniable que l'envergure du projet initié par le président chinois Hu Jintao (2003-2013) a abondamment alimenté la littérature journalistique et académique. Toutefois, il s'est avéré plus complexe de dépasser l'approche générale et parfois exagérée de la BRI quand il s'est agi de se focaliser géographiquement — l'Euroméditerranée — et thématiquement — son espace portuaire. La littérature bibliographique francophone est plutôt rare en la matière, *a contrario* de celle anglophone et, dans une moindre mesure hispanophone, même si le peu de ressources trouvées révèle un intérêt certain.

Je pense en particulier au rapport très fourni « Les opérations d'influence chinoises. Un moment machiavélien » de l'IRSEM, publié par Paul Charon et Jean-Baptiste Jeangène Vilmer en octobre 2021. Il éclaire avec précision et rigueur l'origine des diverses tentatives d'ingérence de la RPC au sein des entreprises, organisations et institutions étrangères et occidentales afin de défendre ses intérêts. En dévoilant quels sont les concepts fondateurs, les acteurs et les actions soutenant ces opérations d'influence, il relate en 654 pages le basculement de la politique étrangère de la RPC, qui délaisse de plus en plus le *soft power* pour le *sharp power*. Je pense à la myriade de papiers dirigés par Alice Ekman, anciennement responsable au centre Asie de l'IFRI des activités en lien avec la Chine, qui fut notamment très utile pour comprendre toute l'architecture financière chinoise donnant une réalité à la BRI maritime. Aussi, je n'oublie pas les articles et ouvrages de qualité autour de la « puissance bleue » chinoise proposés par Mathieu Duchâtel, professeur spécialiste de la Chine et directeur du programme Asie à l'Institut Montaigne, que j'ai toutefois consultés avec recul, ce groupe de réflexion tendant à défendre des intérêts teintés de libéralisme. Enfin, il semble opportun de saluer les travaux d'Olaf Merk, expert du transport maritime à l'Organisation de coopération et de développement (OCDE). L'ensemble des études qu'il a menées sur notre sujet a été d'une aide précieuse, en particulier pour l'identification des effets de la BRI sur les flux commerciaux maritimes européens et mondiaux.

Toutefois, la rédaction de ce mémoire nous a opposés à certains biais et difficultés, que seule une consultation diversifiée de la bibliographie et des sources peut pallier. Le sensationnalisme médiatique et parfois académique a en effet cette propension à caricaturer les pays, voire à les personnifier dans un récit épique. L'homogène « Chine », citée à outrance, serait l'armure d'un Xi Jinping seul et prédateur. Même, ce dernier s'apprêterait à mettre en œuvre le « piège de Thucydide » contre des « États-Unis » déclinants, vieillis, dans une époque qu'ils ne dirigent plus en maîtres[1]. D'ailleurs, comme la littérature sur notre sujet émane beaucoup d'entités et chercheurs ressortissants de pays occidentaux dont le régime est présidentiel, voire présidentialiste, on retrouve également une limite, qui est celle de calquer ce type d'organisation pour la Chine continentale. Or, le pays étant un « État-Parti »[2], toute entité politique du pays est composée d'une structure duale, répartie entre l'État et le Parti communiste. Le PCC — l'une des plus vastes organisations politiques du monde, avec près de 90 millions de membres, 3,5 millions de sous-organisations locales et comités encadrant l'ensemble de la vie du milliard et demi d'habitants — est *de facto* le meneur incontestable de ce couple, sauf à Hong Kong et Macao. C'est donc de la fonction de secrétaire général du Comité central du PCC (中国共产党中央委员会总书记, en chinois mandarin) et de celle de président de la Commission militaire centrale du PCC (中央军事委员会, en chinois mandarin) que Xi Jinping tire son réel pouvoir, et non de la présidence de la RPC qui reste plus symbolique et cantonnée à un rôle diplomatique et représentatif à l'étranger[3]. Pour compléter cette dimension, la lecture de Hiroki Takeuchi, professeur agrégé de sciences politiques à l'université méthodiste du Sud au Texas, aide à éviter l'écueil de la trop grande personnification du pouvoir chinois. Ce dernier dénonce le regard souvent réservé à la RPC, comme si elle était une entité monolithique pilotée par le seul Xi Jinping, où

---

[1] Boniface, Pascal. « La France face à la Chine, que faire ? (3/4) », *Mediapart*, 2019.
[2] Muscat, Sabine. « In Xi's China, the party morphs into the state », *Mercator Institute for China Studies (MERICS)*, 2018. Consulté le 10 août 2022 sur https://merics.org/en/analysis/xis-china-party-morphs-state.
[3] Cours sur la Chine contemporaine dispensé de février à avril 2020 par Monsieur le professeur Banggui JIN, professeur à l'Institut d'études politiques d'Aix-en-Provence et membre de l'Institut de Recherches Europe-Asie de la faculté de droit de l'université Aix-Marseille.

bureaucraties et acteurs commerciaux ne seraient que des soldats inertes au garde-à-vous[1]. La BRI, loin d'être une stratégie centralisée et verticale, agglomère une multitude d'acteurs, tant chinois qu'étrangers, aux intérêts pluriels. Ainsi, la RPC est un mastodonte appuyé sur une jambe gauche publique et une jambe droite privée.

Concernant la jambe gauche, même si le Groupe dirigeant de la construction de la Ceinture et de la Route, créé en 2015, est officiellement l'entité mettant en œuvre la BRI[2], sa mission a amplement débordé parmi d'autres décideurs nationaux, provinciaux ou municipaux[3]. Xiaojun Li, enseignant-chercheur en sciences politiques à l'université de Colombie-Britannique au Canada, et Ka Zeng, professeur de sciences politiques et directeur des études internationales et mondiales à l'université de l'Arkansas aux États-Unis, nous ont aidés à avoir une vision exhaustive de l'acteur public. En ce sens, s'agglomèrent aux entités de l'État *stricto sensu* les fonds et institutions publics existants ou *ad hoc*, ainsi que les entreprises d'État « en -C »[4] — tels COSCO, *China Railway Construction Corporation*, *China Communications Construction Company* ou CMG —, ces géants publics très massivement soutenus par l'État. La jambe droite quant à elle ajoute à notre analyse une multitude d'entreprises privées indépendantes ou liées par un partenariat public-privé (PPP), indispensables à la tenue du projet, afin de combler le vide laissé par les investissements publics[5]. D'autres variables sont enfin à prendre en compte, tels la diversité d'acteurs étrangers avec lesquels les relations sont nouées, la sensibilité des secteurs de coopération, le contexte politique international, etc.

---

[1] Takeuchi, Hiroki. « The Belt Road and Beyond: State-Mobilized Globalization in China: 1998-2018 by Min Ye, New York, Cambridge University Press, 2020 », *The Developing Economies*, Wiley Online Library, vol. 58, no. 3, 2020, pp. 248-250. Consulté le 10 août 2022 sur https://doi.org/10.1111/deve.12236.

[2] « La première liste des dirigeants « un senior et quatre adjoints » de l'équipe de direction de la BRI est exposée », *Ifeng*, 2015. Consulté le 10 août 2022 sur https://news.ifeng.com/a/20150405/43488218_0.shtml.

[3] Ghiasy, Richard. Zhou, Jiayi. « The Silk Road Economic Belt: Considering Security Implications and EU-China Cooperation Prospects », *Stockholm International Peace Research Institute (SIPRI)*, p. 3. Consulté le 10 août 2022 sur https://www.sipri.org/sites/default/files/The-Silk-Road-Economic-Belt.pdf.

[4] Li, Xiajun. Zeng, Ka. « To Join or Not to Join? State Ownership, Commercial Interests, and China's Belt and Road Initiative », *Pacific Affairs*, vol. 92, no. 1, 2019. Consulté le 10 août 2022 sur https://www.academia.edu/35054271/To_Join_or_Not_To_Join_How_Chinese_Firms_View_the_Belt_and_Road_Initiative.

[5] *Ibid*.

Enfin, un dernier écueil, évité par la consultation de sources solides, permet de relativiser le regard grandiloquent, catastrophiste et parfois omniprésent de la BRI dans l'action internationale de la RPC. Je pense à l'attendu *S'éveiller à l'essor de la Chine. Politique étrangère et de sécurité européenne envers la République populaire de Chine* de Hugo Meijer, chercheur au CNRS à Sciences Po et fondateur de l'Initiative européenne pour les études de sécurité (EISS). On comprend grâce à lui que toute intervention dans le réseau infrastructurel mondial ne relève pas automatiquement de la BRI. Cette dernière reste évidemment l'une des nombreuses manifestations de cet intérêt chinois, sans en avoir pour autant l'exclusivité. La BRI n'est pas l'alpha et l'oméga de l'interventionnisme chinois à l'étranger, et il faut être prudent face aux sources et œuvres bibliographiques élevant la BRI comme une marque paratonnerre, où toute apparition à l'étranger s'intégrerait naturellement dans un plan global et raisonné.

Dès lors, comment l'accroissement de la présence chinoise dans les ports euroméditerranéens s'impose-t-il comme un outil d'exercice de la puissance loin de sa zone d'action historique, à travers des positions commerciales bien choisies ? En quoi les entreprises d'État appliquant la volonté géopolitique du gouvernement de la RPC alimentent-elles une stratégie globale d'influence économique, voire politique, via la portion extrême-occidentale des nouvelles routes de la soie ? Enfin, qu'est-ce que la mise en œuvre d'un tel dispositif par la RPC dit de la vulnérabilité et de la fragmentation du processus décisionnel européen, dans le cadre de l'UE comme dans celui des États souverains, face un secteur privé tenté à s'insérer dans une course à l'attractivité vis-à-vis des capitaux chinois ?

Afin de répondre à ce cortège d'interrogations, il conviendra d'analyser dans un premier temps les causes de la visibilité croissante des entreprises chinoises dans les ports euroméditerranéens **(partie 1)**. Dans un deuxième, nous nous attacherons à observer en quoi l'espace portuaire sud-européen incarne plus largement la conclusion géographique du volet maritime de la BRI, la Route, dont l'immersion dans une Europe hétérogène est accueillie différemment **(partie 2)**. Dans un troisième et dernier temps, il semble pertinent de relativiser l'importance de l'Euroméditerranée dans le dessein géopolitique du gouvernement chinois, la zone n'étant qu'un théâtre secondaire pour un pays traditionnellement étranger à toute « destinée manifeste » pour le monde, et qui voit en la puissance bleue un outil de pérennisation de ses intérêts nationaux **(partie 3)**.

PARTIE I
Une visibilité croissante de la présence chinoise dans les ports euroméditerranéens

Chapitre 1 : L'intérêt économique du réseau portuaire euroméditerranéen pour les entreprises chinoises

La fin des années 1990 témoigne d'une mutation déjà entérinée mais exacerbée de l'intégration de la RPC aux activités mondiales : d'un isolement relatif à une interdépendance basée sur un modèle exportateur. Entre autres, la *Go Out Policy* (走出去战略, en chinois mandarin), lancée en 1999, a fait de l'entreprise la clef de voûte de cette internationalisation de la présence chinoise, et tranche avec le discours plus occidental de la quête zélée de l'attractivité vis-à-vis des investissements étrangers[1]. Cette sortie des entreprises n'a pourtant pas été tous azimuts, et s'est aussi dirigée vers les ports, dont les entités européennes ont subi de grandes mutations (A). Mais pour ces entreprises, accéder à ces portes de la mondialisation et du continent, c'est aussi s'ouvrir l'*hinterland* européen et ses atouts (B).

1. *Entreprises chinoises : une sortie réfléchie de l'espace traditionnel chinois vers des ports euroméditerranéens en profonde mutation*

1.1. Investir dans les ports mondiaux pour réduire les coûts d'expédition des exportations

Nous le disions en introduction, la *Go Out Policy* s'articule dans un contexte où la NDIT et le système-monde du géographe Dollfus[2] ont induit une asymétrie des zones de production au bénéfice, entre autres, de la RPC. Le pays a donc bénéficié de nombreuses délocalisations en application de l'idéologie néolibérale et de la réponse pragmatique de Deng Xiaoping. Au fil des décennies, il a hérité du sobriquet d'« atelier du monde » tout comme du rang de premier exportateur mondial[3]. Pour maintenir son rang, le gouvernement chinois a souhaité sécuriser des SLOC stratégiques, afin d'assurer les importations en matières premières et les exportations de produits manufacturés. Le transport maritime

---

[1] Ekman, Alice. « Les nouveaux enjeux institutionnels de la politique étrangère chinoise », *Revue française d'administration publique*, vol. 150, no. 2, 2014, pp. 511-525.
[2] Dollfus, Olivier. *Op. cit.*
[3] Statista. *Op. cit.*

s'étant amplement distingué, concentrant 90 % du commerce mondial en volume transporté et 80 % en valeur[1]. Comparativement, le fret aérien ne transporte que deux millions de tonnes de marchandises[2]. Le rail n'est pas préféré pour les longues distances en raison des problèmes récurrents de congestion du trafic aux frontières, avec parfois même des systèmes ferroviaires à écartement différent[3]. *A contrario*, le transport maritime, bien que pénalisé par sa lenteur, se démarque par ses faibles émissions en CO_2 et sa très grande rentabilité, le prix du fret maritime ayant quasiment été divisé par deux, contrairement à la stabilité de ceux du fret aérien et routier[4].

L'investissement au sein des infrastructures entourant et supportant le commerce maritime s'est ainsi développé, au vu de l'intérêt géostratégique de contrôler les relais de communication. De plus, il faut noter que l'ère du commerce numérisé induit la nécessité pour les chaînes logistiques chinoises, si elles souhaitent conserver la première place, d'apparaître toujours plus réactives et agiles face à une demande de plus en plus exigeante. Dans cet esprit, le port s'impose comme réceptacle principal des exportations, et donc cœur battant du commerce mondial. C'est pour cela que les entreprises chinoises se constituent un socle d'infrastructures, notamment maritimes, promptes à réceptionner les exportations en partance des ports de Shanghai, de Tianjin, de Ningbo et de Zhoushan. Ce, afin d'assurer une connectivité fluide au moyen de schémas multimodaux irriguant une soixantaine de pays, soit près de cinq milliards de consommateurs potentiels[5].

Toutefois, il semble opportun de rappeler que les entreprises chinoises faisant vivre la *Go Out Policy* ont avant tout un impératif de profit. Alors, la logique est simple : puisque les coûts de production sont à la hausse en RPC au vu de la moyennisation grandissante de la population, il est nécessaire de réduire les coûts de transport et de logistique pour que les exportations restent le plus possible. Au pire, le rythme d'exportation doit être maintenu ; au mieux, il doit sans cesse

---

[1] Nicolas, Françoise, 2020, *op. cit.*
[2] *Ibid.*
[3] Duchâtel, Mathieu. Duplaix, Alexandre Sheldon. *Op. cit.*, p. 12.
[4] Nicolas, Françoise, 2020, *op. cit.*, citant Roué, Jean-Marc (dir.) et al. « Rapport annuel 2018-2019 », *Armateurs de France*, 2019.
[5] Verny, Jérôme. Oulmakki, Ouail. Blayac, Thierry. « Positionnement stratégique de la Chine en Méditerranée : le projet « Belt and Road Initiative » », *Les Cahiers Scientifiques du Transport*, no. 75, 2019, pp. 63-79. Consulté le 10 août 2022 sur https://afitl.msh-lse.fr/tl_files/documents/CST/N75/Oulmakki75.pdf.

croître[1]. Les entreprises chinoises ont donc tout intérêt à chercher à réduire les coûts liés à leur intervention dans les infrastructures gravitant autour du transport maritime. La variation des coûts de transport résulte de différents facteurs listés par Hercules Haralambides et Olaf Merk, respectivement professeur d'économie et de logistique maritimes, et expert du transport maritime au Forum international du transport à l'OCDE. Ils évoquent la mise à disposition d'infrastructures adéquates, notamment portuaires ; la distance entre lieu de production et lieu de consommation ; la connectivité aux réseaux intermodaux ; les procédures douanières ; l'adoption des technologies de l'information et de la communication (TIC) ; la gestion de la chaîne logistique ; l'intégration des petites et moyennes entreprises dans l'économie mondiale[2].

Parmi les éléments principaux influant sur les coûts de transport, la littérature économique converge plutôt pour placer l'état des infrastructures liées au commerce maritime, notamment portuaires, comme la variable la plus lourde. Il peut représenter jusqu'à 40 % des coûts de transport[3]. Ainsi, les économistes Nuno Limão et Anthony Venables ont calculé qu'il serait possible de réduire les coûts de transport de 30 à 50 % s'il y avait une amélioration conséquente de la qualité du réseau infrastructurel, notamment portuaire, du 75e au 25e centile[4]. Dans cette même logique, une autre étude dirigée par l'économiste Inmaculada Martinez-Zarzoso[5] avance qu'une amélioration de 10 % de l'infrastructure portuaire d'un pays recevant des exportations serait en mesure de réduire les coûts de transport de 1,4 %. Des études économiques complémentaires établissent également le lien entre la hausse de la qualité des infrastructures, notamment portuaires, et la baisse des coûts de transports, à l'instar de celle menée par les professeurs Gordon Wilmsmeier et Jan Hoffmann[6].

---

[1] Courmont, Barthélemy. « Quand la Chine investit dans les infrastructures », *Géoéconomie*, vol. 81, no. 4, 2016, pp. 159-175.
[2] Haralambides, Hercules. Merk, Olaf. *Op. cit.*, p. 7.
[3] *Ibid.*
[4] Limão, Nuno. Venables, Anthony. « Infrastructure, Geographical Disadvantage, Transport Costs and Trade », *The World Bank Economic Review*, vol. 15, no. 3, 2001, pp. 451-479. Consulté le 10 août 2022 sur http://hdl.handle.net/10986/17438.
[5] Martinez-Zarzoso, Inmaculada (dir.) et al. « Impact of Transport Costs on International Trade: The Case of Spanish Ceramic Exports », *Erasmus Center for Maritime Economics & Logistics*, vol. 5, 2003, pp. 179-198. Consulté le 10 août 2022 sur https://ideas.repec.org/a/pal/marecl/v5y2003i2p179-198.html.
[6] Wilmsmeier, Gordon. Hoffmann, Jan. « Liner Shipping Connectivity and Port Infrastructure as Determinants of Freight Rates in the Caribbean », *Erasmus Center for*

Dans le cadre de notre mémoire — et des questions le guidant —, il est important d'extraire des études précitées l'idée suivante. Détenir des parts au sein des terminaux portuaires étrangers pour la RPC et ses entreprises est un gage de réduction des coûts de transport. En cela, c'est l'une des options employées par le gouvernement de Pékin afin que la RPC se maintienne à un certain rang économique dans le monde.

1.2. Pourquoi l'Euroméditerranée ? Étude des mutations de l'espace portuaire européen pour comprendre l'intérêt chinois de s'y déployer

Depuis le début du XXIe siècle, il est possible d'observer une multiplication des atouts pour l'espace portuaire euroméditerranéen, au détriment de l'interface maritime nord de l'Europe. La qualité des travaux du professeur d'économie portuaire et maritime Theo Notteboom est amplement reconnue au sein de la communauté scientifique. En cela, il nous a semblé incontournable de nous appuyer sur le socle d'analyse qui est le sien, afin de baser notre réflexion. Ce dernier, dans une étude intitulée « *Concentration and the formation of multi-port gateway regions in the European container port system: An update* »[1], explique les mutations ayant affecté les ports européens depuis la fin des années 1990. En filigrane s'observent les causes justifiant l'appétit des entreprises d'État chinoises pour l'espace portuaire euroméditerranéen.

D'un point de vue commercial et politique, Theo Notteboom observe que la route commerciale Manche-Méditerranée-Suez-océan Indien-Malacca-mer de Chine méridionale-Détroit de Taïwan est progressivement devenue la plus importante au monde, en raison du succès de la libéralisation économique de la RPC. Ainsi, les exportations chinoises vers l'UE ont explosé, de 33 à 338 milliards entre 1999 et 2016, tandis que la Méditerranée représenterait près de 35 % des flux maritimes de conteneurs chinois vers le Vieux continent[2]. Cette

---

Maritime Economics & Logistics, vol. 10, 2008, pp. 130-151. Consulté le 10 août 2022 sur https://doi.org/10.1057/palgrave.mel.9100195.
[1] Notteboom, Theo. « Concentration and the Formation of Multi-Port Gateway Regions in the European Container Port System: An Update », *Journal of Transport Geography*, vol. 18, no. 4, 2010, pp. 567-583. Consulté le 10 août 2022 sur
http://projects.mcrit.com/foresightlibrary/attachments/Multiport_gateway_regions_Eur.pdf.
[2] Fabre, Guilhem. « Les nouvelles routes de la soie et la Grèce, tête de pont de la présence chinoise en Europe », *Revue de l'Institut des langues et cultures d'Europe, Amérique,*

évolution devrait d'ailleurs se poursuivre au vu des économies de transport réalisées. Guilhem Fabre, directeur de recherche au CNRS à l'unité spécialisée sur la France méditerranéenne, relate qu'un conteneur chargé à Shanghai coûte 100 dollars de moins si son port d'arrivée est méditerranéen, par rapport à un port nord-européen. Il ajoute que la durée de transport serait réduite d'une semaine alors que l'économie pour un porte-conteneurs pourrait aller jusqu'à deux millions de dollars[1]. Cela a eu pour conséquence de réorienter l'attention de nombreux ports à conteneurs européens de la côte atlantique vers Suez, accordant un rôle plus important à la Méditerranée dans l'accueil des flux commerciaux internationaux. Couplés à cela, les cinquième et sixième élargissements de l'UE après la fin de l'URSS — de 15 États membres en 1995 à 27 actuellement — ont fragilisé le cœur économique traditionnel de l'Europe des Six, au profit d'autres centres économiques : l'Europe centrale et orientale ; les pays nordiques ; l'Europe méridionale. L'Euroméditerranée a aussi pu bénéficier d'une attractivité importante.

D'un point de vue plus technique, les années 1990 ont aussi été le théâtre d'une réflexion globale afin de réaliser des économies d'échelles croissantes en jouant sur deux variables : la taille des porte-conteneurs et la rapidité des services de déchargement dans les ports. En effet, tout est fait pour dépasser la troisième génération de navires dits « Panamax » (1980-1988) – soit les dimensions maximales pour entrer dans les écluses du canal de Panama. L'arrivée des navires de quatrième génération dits « Post-Panamax » (1988-1996) puis de la cinquième dits « Post-Panamax Plus » (1996-2006), puis enfin de la sixième dits « Porte-conteneurs très larges » depuis 2006 témoignent du gigantisme inhérent à la mondialisation néolibérale. En mars 2022, le porte-conteneurs le plus grand est l'*Ever Arm* de l'armateur taïwanais *Evergreen*, et peut transporter 23 992 conteneurs EVP (Équivalent vingt pieds). Se pose de fait la question de la possibilité pour les ports du monde d'accueillir de tels géants du transport maritime, dont la longueur moyenne est de 400 mètres, pour un nombre de conteneurs supérieur à 9 000 EVP. Les ports européens se sont dotés d'un avantage de taille en bénéficiant de politiques et d'investissements visant à accélérer la rotation des porte-conteneurs et la productivité des terminaux. Par exemple, le développement de systèmes de grues automatisées et d'informations portuaires performants permet désormais d'absorber un volume

---

Afrique, Asie et Australie (ILCEA), no. 37, 2019. Consulté le 10 août 2022 sur https://doi.org/10.4000/ilcea.7492.
[1] *Ibid.*

conséquent de conteneurs en un temps très limité[1]. Ceci accorde un avantage aux centres de chargement côtiers en eau profonde, en l'espèce aux ports euroméditerranéens d'Achladi et du Pirée en Grèce ; d'Algésiras et de Vado en Espagne ; de Cagliari et de Gioia Tauro ; de Marseille-Fos en France ; ou encore de Rijeka en Croatie.

Du point de vue de la gouvernance portuaire européenne enfin, de profonds bouleversements tendent à expliquer l'attractivité croissante de la région, notamment pour les acteurs privés étrangers. Le principal apparaît dans un contexte de réformes portuaires drastiques en France, en Italie, en Espagne[2] ainsi que dans d'autres pays d'Europe orientale[3] et méridionale[4]. Guidées par un objectif d'accroissement de la compétitivité des ports concernés, ces réformes ont conduit à la progressive commercialisation, corporatisation et privatisation de plusieurs autorités portuaires européennes. L'une des conséquences majeures a été l'octroi d'une plus grande autonomie auxdites autorités[5]. En ce sens, une véritable politique de facilitation de l'attribution de sites portuaires à des opérateurs de terminaux privés a dominé le début des années 2000[6].

La convergence de ces différents arguments a fait de l'espace portuaire européen et sud-européen un terreau fertile pour les entreprises du secteur en quête de rendements sûrs et durables. Le symptôme le plus éloquent du phénomène est le progressif afflux d'opérateurs de terminaux extra-européens dans la zone, de DP World (Dubaï) à PSA (Singapour), sans oublier Hutchison Port Holdings (Hong Kong) et,

---

[1] Bourdin, Sébastien. Cornier, Thomas. « De la polarisation du trafic de conteneurs à la concentration spatiale : l'exemple des ports d'Europe et de la Méditerranée », *Les Cahiers scientifiques du transport*, 2015, pp. 27-56. Consulté le 10 août 2022 sur https://hal.archives-ouvertes.fr/hal-01473935/document.

[2] Castillo-Manzano, José I. Lopez-Valpuesta, Lourdes. Pérez, Javier J. « Economic analysis of the Spanish port sector reform during the 1990s », *Transportation Research Part A*, vol. 42, no. 8, 2008, pp. 1056-1063. Consulté le 10 août 2022 sur https://ideas.repec.org/a/eee/transa/v42y2008i8p1056-1063.html.

[3] Misztal, K. Zurek, J. « The privatization of Polish ports-the situation and outlook for the future », *Maritime Policy and Management*, vol. 24, no. 3, 1997, pp. 291-297.

[4] Goulielmos, Alexandros M. « Deregulation in major Greek ports: the way it has to be done », *International Journal of Transport Economics*, vol. 26, no. 1, 1999, pp. 121-149.

[5] Notteboom, Theo. Winkelmans, Willy. « Reassessing public sector involvement in European seaports », *Erasmus Center for Maritime Economics & Logistics*, vol. 3, no. 2, 2001, pp. 242-259. Consulté le 10 août 2022 sur https://doi.org/10.1057/palgrave.ijme.9100008.

[6] Pallis, Athanasios. Notteboom, Theo. De Langen, Peter. « Concession agreements and market entry in the container terminal industry », *Erasmus Center for Maritime Economics & Logistics*, vol. 10, no. 3, 2008, pp. 209-228. Consulté sur https://doi.org/10.1057/mel.2008.1.

pour ce qui nous concerne, COSCO et CMG (RPC). Mais, ces opérateurs de terminaux agissent dans un environnement agglomérant aussi des fournisseurs de services logistiques et des compagnies maritimes qui, au vu de l'intensification des échanges commerciaux, ont pu devenir des *mega carriers*. Il s'agit d'entreprises de transport de marchandises dont les activités transcendent le seul transport maritime, pour se diversifier vers le transport multimodal : aérien, ferroviaire ou routier. Alors, les ports européens sont de plus en plus soumis à des logiques de rapports de force. Ils doivent désormais traiter avec de grands clients portuaires disposant d'un fort pouvoir de négociation sur les opérations de terminaux et de transport, recourant par exemple à des alliances conjoncturelles ou structurelles afin de monter un port contre un autre[1].

2. *L'Euroméditerranée et son hinterland : un eldorado économique motivant les investissements chinois*

2.1. Une hausse des investissements chinois dans les ports sud-européens de type *gateway*

L'Institut MOBIS a élaboré en 2019 une carte faisant état des investissements chinois dans les ports méditerranéens, que voici :

---

[1] Olivier, Daniel. Slack, Brian. « Rethinking the port », *Environment and Planning A: Economy and Space*, vol. 38, no. 8, 2006, pp. 1409-1427. Consulté le 10 août 2022 sur https://doi.org/10.1068/a37421.

Illustration 1. Présence des entreprises chinoises dans les ports de la Méditerranée.

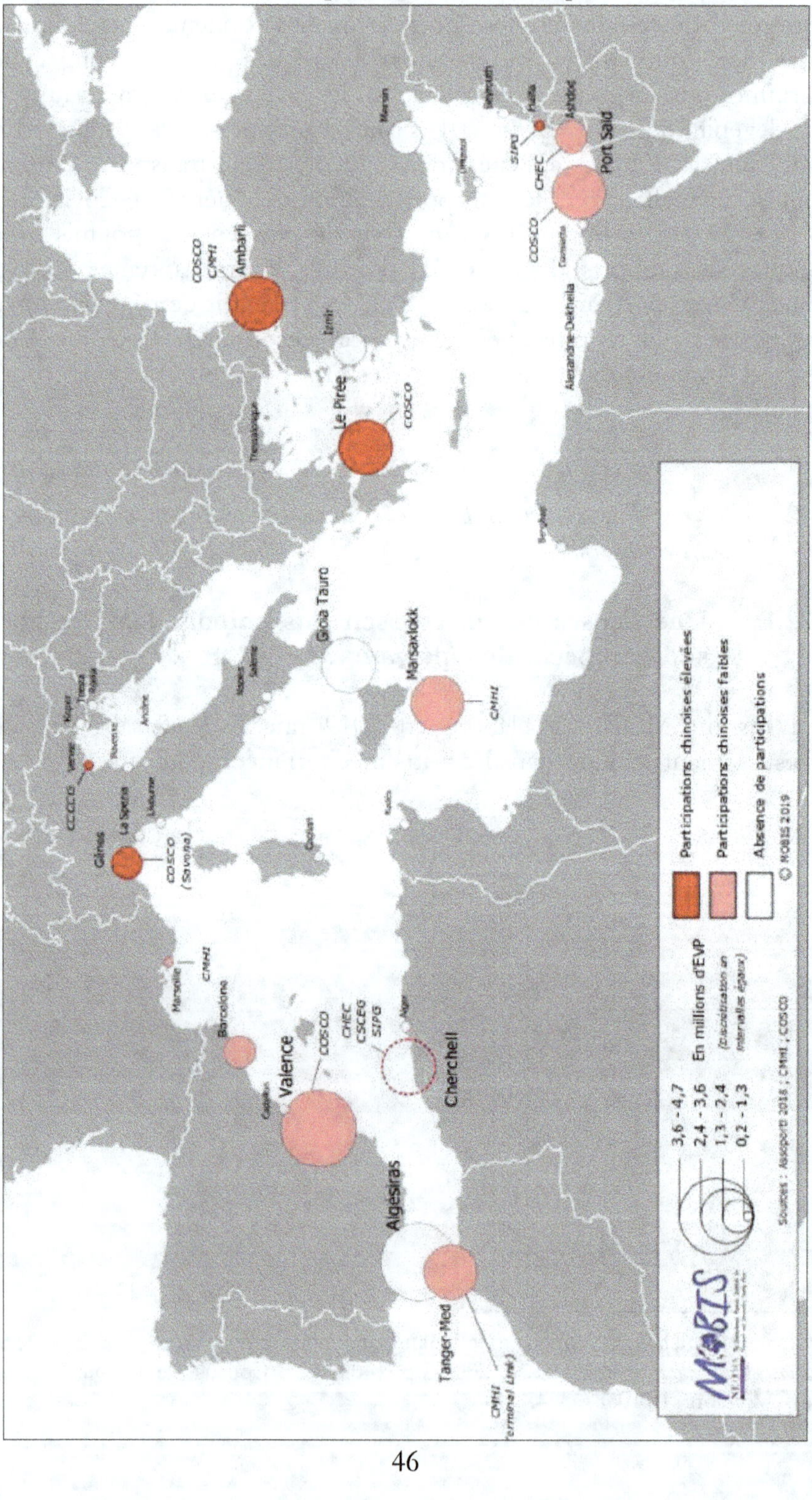

Source : Institut MOBIS, cité dans Verny, Jérôme. Oulmakki, Ouail. Blayac, Thierry. « Positionnement stratégique de la Chine en Méditerranée : le projet « Belt and Road Initiative » », *Les Cahiers Scientifiques du Transport*, no. 75, 2019, pp. 63-79. Consulté le 11 août 2022 sur https://afitl.msh-lse.fr/tl_files/documents/CST/N75/Oulmakki75.pdf.

S'il fallait établir un bref historique, l'interventionnisme des entreprises chinoises dans cet espace portuaire se déroule en quatre étapes[1]. Premièrement, il débute avec le port du Pirée en Grèce, en 2008, où COSCO obtient pour trente-six ans la concession de deux terminaux. En 2016, au vu du succès économique de l'opération, l'entreprise d'État chinoise devient actionnaire majoritaire du port. En 2013 ensuite, CMG — ce dernier apparaissant sous l'acronyme de son sous-groupe « CMHI », *China Merchants Holdings International* — rachète 49 % de *Terminal Links* à l'armateur français Compagnie maritime d'affrètement - Compagnie générale maritime (CMA-CGM). Le Chinois CMG s'introduit alors dans certains terminaux des ports de Marseille-Fos (France) et de Marsaxlokk (Malte). Troisièmement, les années 2015 et 2016 marquent une focalisation de COSCO sur l'Italie, qui détient désormais 49,9 % des parts du port de Vado-Savone. Parallèlement, voit le jour à Venise le projet VOOPS, un consortium sino-italien visant à construire un terminal offshore et un terminal de conteneurs, et auquel est associé l'entreprise d'État chinoise *China Communication Construction Company Group* (CCCCG)[2]. Quatrièmement enfin, l'année 2017 voit une deuxième acquisition d'un opérateur de terminal par COSCO se concrétiser, l'Espagnol *Noatum*. L'entreprise d'État détient désormais une participation majoritaire dans le principal terminal à conteneurs d'Espagne, ainsi qu'une part de 39 % dans le terminal à conteneurs de Bilbao et les interports de Madrid et de Saragosse[3].

Afin de comprendre l'intérêt croissant des entreprises chinoises — apparaissant sous la forme d'investissements —, il semble opportun de compléter notre propos. Le conteneur étant devenu l'unité intermodale de référence pour le commerce international comme nous le disions, les armateurs ont dû mettre en place une logistique basée sur la massification des flux autour de certains points stratégiques, dans le but de faire des économies d'échelle. Les conteneurs sont ensuite orientés

---

[1] Verny, Jérôme. Oulmakki, Ouail. Blayac, Thierry. *Op. cit.*
[2] *Ibid.*
[3] Haralambides, Hercules. Merk, Olaf. *Op. cit.*, p. 12.

par des liaisons *feeders*[1] vers d'autres ports spécialisés, vers les marchés nationaux[2]. Il s'agit de la distinction fondamentale entre les deux types de ports parsemant l'Euroméditerranée : respectivement, les ports de transbordement (dits *hub*) et les ports passerelles (dits *gateway*). Le site *The Geography of Transport Systems* définit le port de transbordement comme un nœud infrastructurel vers lequel convergent de multiples connexions entrantes et sortantes, au sein d'un même mode de transport. À l'inverse, un port passerelle implique le passage de marchandises d'un mode à l'autre (du maritime vers le terrestre ou vice-versa). Ainsi, un port de transbordement est de nature transmodale (au sein d'un mode), là où un port passerelle est intermodal (entre modes)[3]. Du fait de leur différence de nature, les ports de transbordement sont ces « points stratégiques » situés le long des principales routes maritimes du monde. Quant à eux, les ports passerelles orientent une large partie de leurs marchandises vers les zones adjacentes, généralement régionales, voire nationales.

Étant donné le caractère « libre » du conteneur maritime, la concurrence entre les ports voisins pour le transbordement de marchandises est particulièrement intense, ce qui rend les investissements portuaires plutôt risqués. *A contrario*, les marchandises transportées par les ports passerelles sont « captives » : les ports possèdent donc un degré important de pouvoir monopolistique, ce qui rend les investissements portuaires beaucoup plus sûrs[4]. Une fois que l'on saisit cette distinction et qu'on l'associe à l'état de l'espace portuaire euroméditerranéen, l'orientation des investissements chinois paraît bien plus limpide. Theo Notteboom a joint dans l'étude précitée[5] une carte révélant l'état du système européen des ports à conteneurs, ainsi que les régions logistiques de l'hinterland.

---

[1] *Géo Confluences* définit les liaisons *feeders* comme un ensemble de navires chargés du transbordement entre les grands navires de ligne (navires-mères) — qui font escale dans quelques grands ports — et les plus petits navires (dits *feeders*) – qui acheminent les marchandises vers des ports de plus petite taille.
[2] Verny, Jérôme. Oulmakki, Ouail. Blayac, Thierry. *Op. cit.*
[3] « Gateways and Hubs », *The Geography of Transport Systems*, 2017. Consulté le 10 août 2022 sur https://transportgeography.org/contents/chapter2/transport-and-spatial-organization/gateways-hubs/.
[4] Haralambides, Hercules. Merk, Olaf. *Op. cit.*, p. 9.
[5] Notteboom, Theo. 2010, *op. cit.*

Illustration 2. Système européen des ports à conteneurs et régions logistiques de l'hinterland.

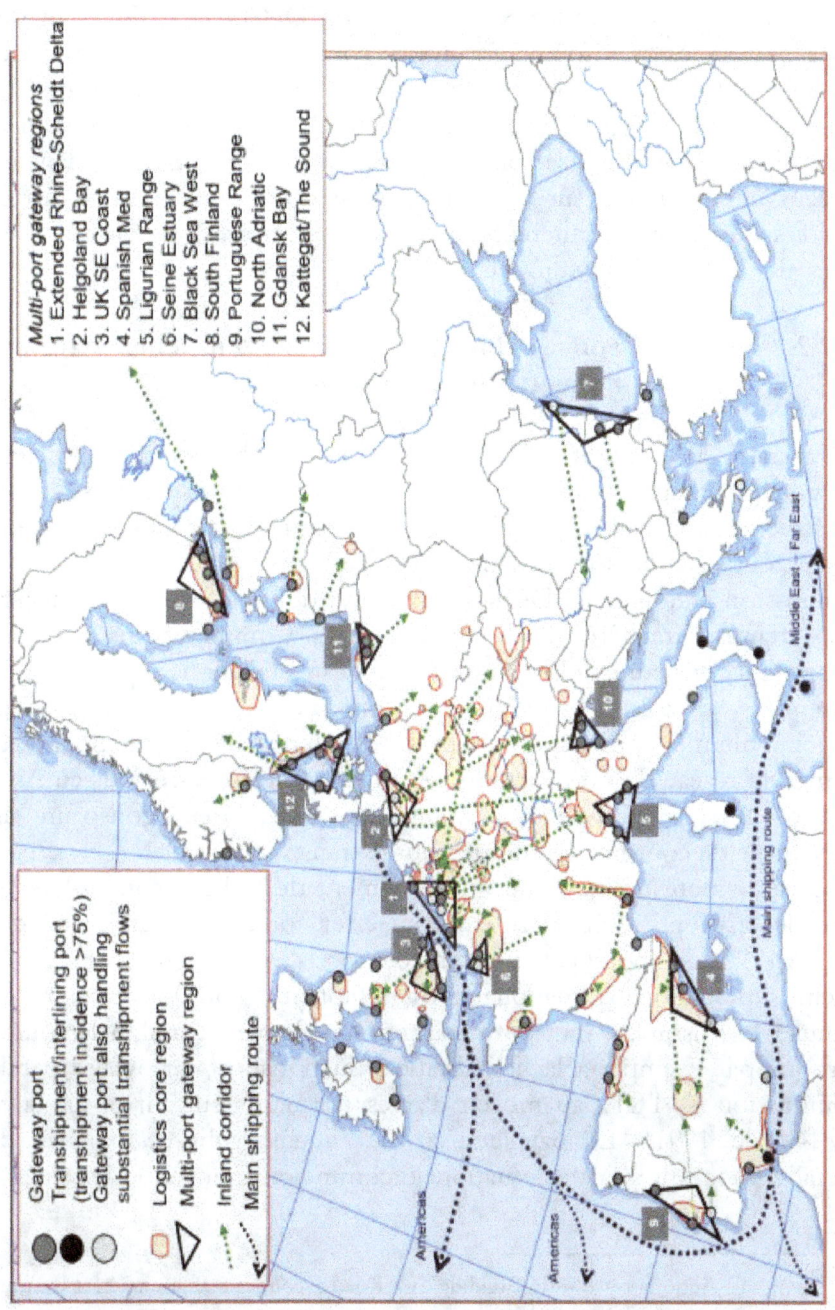

Source : Notteboom, Theo. « Concentration and the Formation of Multi-Port Gateway Regions in the European Container Port System: An Update », *Journal of Transport Geography*, vol. 18, no. 4, 2010, pp. 567-583. Consulté le 11 août 2022 sur http://projects.mcrit.com/foresightlibrary/attachments/Multiport_gateway_regions_Eur.pdf.

La découverte de cette carte permet de comprendre qu'une large partie des ports et terminaux investis par COSCO et CMG sont des ports passerelles purs (point gris foncé sur la carte) – ou mêlés à des activités mineures de transbordement (point gris clair sur la carte) : Le Pirée, Marseille-Fos, Vado-Savone, Gênes, Barcelone, Valence. Les entreprises d'État chinoises ont alors tout intérêt à s'y focaliser dans un objectif de rentabilité sûr comme nous le disions, mais aussi car les couloirs de transport inhérents aux ports passerelles sont la clef d'un accès aisé à l'hinterland européen.

2.2. Des entreprises chinoises qui projettent leur regard au-delà des infrastructures portuaires

En mars 2015 est diffusé le document exposant la stratégie officielle du gouvernement chinois pour la BRI : « Vision et actions sur la construction conjointe de la ceinture économique de la route de la soie et de la route de la soie maritime du XXIe siècle ». À travers lui, la commission nationale du Développement et de la Réforme, le ministère des Affaires étrangères et le ministère du Commerce insistent sur l'importance majeure de la « connectivité des installations ». Dès lors, les entreprises chinoises et étrangères sont invitées à « faire avancer conjointement la construction de passages interurbains internationaux et former un réseau d'infrastructures reliant toutes les sous-régions en Asie, et entre l'Asie, l'Europe et l'Afrique, pas à pas » et « construire un mécanisme de coordination unifié pour le transport complet. »[1]

Cette volonté politique du gouvernement de la RPC concorde avec celle de l'Europe. Cette dernière a en effet conduit, depuis la fin des années 1990, des politiques de transfert modal, que les gouvernements soient supranationaux, nationaux ou régionaux. L'idée était alors de stimuler la liaison du transport maritime au fleuve, au rail, à la route[2]. Pensons par exemple à la libéralisation du transport ferroviaire par la Commission de l'UE, au moyen d'actes normatifs suivant la directive 91/440 de 1991[3]. La batellerie a tout autant subi ces vagues de libéralisation, tant à l'échelle nationale comme en France, où le système

---

[1] « Vision and Actions on Jointly Building Silk Road Economic Belt and 21st-Century Maritime Silk Road », *NDRC*, 2015.
[2] Notteboom, Theo, 2010, *op. cit.*
[3] Gouvernal, Elisabeth., Daydou, Julien. « Container railfreight services in north-west Europe: diversity of organizational forms in a liberalizing environment », *Transport Reviews*, vol. 25, no. 5, 2007, pp. 557-571.

du « tour de rôle » a été aboli, qu'à l'échelle supranationale[1]. Plus globalement, la Commission est même guidée par un but précis : éliminer tout obstacle d'ordre administratif ou douanier qui entraverait la création d'un espace maritime européen[2], que ce soit via le programme Marco Polo ou les autoroutes de la mer[3].

Ainsi, le tandem liant la promotion d'une connectivité mondiale par le gouvernement chinois et le développement de politiques européennes visant à constituer un solide réseau multimodal sur le Vieux continent est une aubaine pour les entreprises chinoises. À travers le Réseau transeuropéen de transport (RTE-T), ce sont cinq couloirs infrastructurels auxquels la RPC peut accéder **(voir annexe 2)** : le couloir Baltique-Adriatique (sur l'annexe, en bleu foncé) ; le couloir méditerranéen (vert) ; le couloir Orient/Est-Méditerranée (marron) ; le couloir Scandinavie-Méditerranée (rose) ; le couloir mer du Nord-Méditerranée (violet). Les ports passerelles euroméditerranéens déjà dominés par COSCO et CMG (Le Pirée, Marseille-Fos, Vado-Savone, Gênes, Barcelone, Valence) apparaissent donc comme les différentes portes d'entrée, par l'interface sud-européenne, d'un marché de plus d'un demi-milliard de consommateurs. Par exemple, les ports de Valence et Barcelone desservent les régions adjacentes du bassin madrilène et la grande région de Catalogne[4]. Mais profitant du couloir Méditerranée du RTE-T, la voie ferroviaire peut servir à toucher le sud de la France, le nord de l'Italie, voire l'Europe centrale, jusqu'en Hongrie[5]. De même, les ports de Gênes et de La Spezia permettent aux entreprises d'État chinoises de s'enfoncer dans la grande région de Lombardie, et de prolonger les flux jusqu'à la Finlande, via le couloir Baltique-Adriatique. Enfin, il est possible de citer le cas du port de Marseille-Fos, qui peut

---

[1] Strandenes, Siri. Marlow, Peter. « Port pricing and competitiveness in short sea shipping », *International Journal of Transport Economics*, vol. 27, no. 3, 2000, pp. 315-335.
[2] « Communication from the Commission to the European Parliament, the Council, the European Economic and Social Committee and the Committee of the Regions — Communication and action plan with a view to establishing a European maritime transport space without barriers », *Commission de l'UE*, 2009, p. 6. Consulté le 10 août 2022 sur https://eur-lex.europa.eu/legal-content/FR/TXT/PDF/?uri=CELEX:52009DC0010&from=EN.
[3] Notteboom, Theo, 2010, *op. cit.*
[4] Verny, Jérôme. Oulmakki, Ouail. Blayac, Thierry. *Op. cit.*
[5] « Trans-European Transport Network », *Commission de l'UE*. Consulté le 10 août 2022 sur https://ec.europa.eu/transport/infrastructure/tentec/tentec-portal/site/maps_upload/Corridors_councilproposal.pdf.

affecter le littoral méridional de la mer du Nord jusqu'au Royaume-Uni, via le couloir mer du Nord-Méditerranée[1].

Plus largement enfin, l'investissement dans la connectivité mondiale, et en l'occurrence européenne, paraît être un cercle vertueux. En effet, au vu de la floraison des problèmes logistiques entachant les impératifs de fiabilité et de capacité requis par les régions européennes cibles des flux, une grande flexibilité de l'acheminement est nécessaire. Pour ces régions, il est dans leur intérêt de nouer des partenariats solides avec plus d'un port passerelle, voire plus d'une région disposant de plusieurs ports passerelles[2].

---

[1] *Ibid.*
[2] Notteboom, Theo. 2010, *op. cit.*

Chapitre 2 : Le port du Pirée, « tête du dragon » de la stratégie chinoise en Euroméditerranée

Afin d'illustrer la visibilité croissante de la présence chinoise dans les ports euroméditerranéens, permise par son important potentiel économique aux yeux des entreprises chinoises, nous faisons le choix, pour cette partie, de focaliser notre étude sur le port du Pirée, concédé à COSCO, et ses conséquences. En effet, ce dernier représente à certains égards un étendard alléchant du savoir-faire des entreprises d'État chinoises, qui s'efforce de masquer les frustrations et critiques qu'il engendre (A). Cette concession, parfois observée comme l'une des plus fructueuses privatisations du siècle, génère aujourd'hui un « effet COSCO-Pirée », qui séduit et se répand (B).

1. *Une vitrine alléchante quoiqu'imparfaite du savoir-faire des entreprises d'État chinoises*

1.1. La concession du port autonome du Pirée au Chinois COSCO : historique d'une privatisation réussie

Afin d'étudier la position pionnière occupée par le port du Pirée dans la construction d'une constellation portuaire servant les intérêts de la RPC, il semble indispensable de revenir à certains éléments de contextualisation. Même si le transport maritime est historiquement inhérent à l'identité hellénique, les autorités politiques grecques contemporaines semblent avoir été incapables d'ériger un espace portuaire incontournable en Méditerranée eu égard des atouts géomorphologiques du pays[1]. La crise économique et financière internationale de 2008 est venue parachever cette incapacité. La Grèce ayant été touchée de plein fouet[2], le gouvernement a cherché à alléger le fardeau financier issu de la récession mondiale. En conséquence, le besoin imminent de réforme dans le domaine portuaire et la tendance

---

[1] Dedousis, Apostolos. « The impact of Piraeus' port privatization on port performance and port competition in the Mediterranean Sea », *Erasmus Center for Maritime Economics & Logistics*, 2016.
[2] Venizélos, Evángelos. « Crise grecque et zone euro », *Commentaire*, vol. 159, no. 3, 2017, pp. 555-564.

européenne à une libéralisation économique toujours plus intense a eu raison de la forte opposition des syndicats de dockers et d'une partie de la classe politique grecque[1]. Le gouvernement Kóstas Karamanlís II a alors accepté de coopérer avec COSCO, premier armateur chinois, aujourd'hui présent dans 105 pays, avec une couverture directe de 329 ports pour une flotte de 420 navires[2]. Encouragé par des prêteurs institutionnels comme la Commission européenne, la Banque centrale européenne et le Fonds monétaire international (FMI)[3] [4], il a remporté un appel d'offres d'un montant de 3,5 milliards d'euros fin 2008, pour deux concessions du port du Pirée, le grand port d'Athènes, premier centre industriel du pays, pour une durée de trente-six ans[5]. C'est donc à *Piraeus Container Terminal* (PCT), une filiale appartenant à 100 % à COSCO, que revient la tâche de fournir des services de chargement/déchargement et de stockage pour les conteneurs d'importation et d'exportation transitant par le port du Pirée[6].

Si en 2013, COSCO avait déjà investi plus de 200 millions d'euros dans des rénovations, l'année clef pour Le Pirée est 2016. C'est au cours de celle-ci que le Premier ministre grec Alexis Tsípras signe le contrat de concession du port, détenu désormais à 67 % par le groupe maritime chinois. La signature est très symbolique, car elle est le signe clair des différents succès de COSCO : en 2008, Le Pirée ne transportait que 400 000 conteneurs ; en 2014, ce nombre a presque octuplé pour atteindre 3,16 millions, dont 80 % sont l'œuvre de COSCO[7]. Depuis l'arrivée du géant chinois, Le Pirée bat des records, au point que l'investissement a pu se classer parmi les privatisations grecques les plus réussies du début du XXIe siècle. Entre 2006 et 2016, Le Pirée est passé du onzième port méditerranéen au troisième rang en matière de trafic de

---

[1] Fabre, Guilhem. *Op. cit.*
[2] « COSCO Shipping Lines Reaffirms Its Commitment to Valenciaport », *Port de Valence*, 2021. Consulté le 10 août 2022 sur https://www.valenciaport.com/en/cosco-shipping-lines-reaffirms-its-commitment-to-valenciaport/.
[3] Dedousis, Apostolos. *Op. cit.*
[4] Le Corre, Philippe. « Chapter 10 : Chinese Investments in European Countries: Experiences and Lessons for the « Belt and Road » Initiative », in Mayer, Maximilian. *Rethinking the Silk Road. China's Belt and Road Initiative and Emerging Eurasian Relations*, 2018, p. 165.
[5] Kefalas, Alexia. « Comment Cosco bouscule Le Pirée et toute la Grèce », *Le Figaro*, 2011.
[6] Selon le site officiel de *Piraeus Container Terminal* (PCT), https://www.pct.com.gr/content.php?id=1.
[7] Le Corre, Philippe, 2018, *op. cit.*

conteneurs[1]. En 2018, il brigue la deuxième place, derrière celui de Tanger Med au Maroc. Même, certaines sources estiment que 80 % des échanges commerciaux entre la RPC et les pays européens convergeraient vers le port grec, alors que cet accroissement de l'activité aurait permis la création de 2 000 emplois durables[2].

Pour l'heure, les exécutifs grecs comme chinois souhaitent encore profiter de ce partenariat symbiotique gagnant-gagnant. Pour le gouvernement grec, il n'est aucunement envisagé de s'affranchir du seul investisseur ayant rénové en profondeur son espace portuaire jusqu'alors tombé en désuétude. Nous nous souvenons de la présence de l'ancien premier ministre Alexis Tsípras au Deuxième forum des nouvelles routes de la soie pour la coopération internationale en mai 2019, en RPC. De même, nous avons en tête le déroulement de tapis rouge opéré par l'actuel premier ministre Kyriákos Mitsotákis à la venue du président chinois Xi Jinping en novembre 2019, qui déboucha sur la signature de seize contrats de coopération économique entre les deux pays[3]. Du côté du gouvernement chinois, le rang enviable auquel le port du Pirée a pu accéder depuis l'arrivée de COSCO est un argument publicitaire de crédibilité et d'efficacité de son savoir-faire. Surtout, il avalise la lente restructuration déjà en œuvre des entreprises d'État impliquées dans le commerce maritime. Progressivement, l'idée est en effet d'investir les activités entourant le transport maritime *stricto sensu*, notamment les infrastructures portuaires. Par cette mutation, elles s'assurent ainsi un retour sur investissement prévisible et stable que n'offre pas le transport maritime, dépendant des cours du pétrole[4]. L'ancien président-directeur général de COSCO, Xu Lirong, estimait en 2016 dans un entretien que le retour sur investissement « peut être compris entre 8 % et 10 %, voire plus », et « aide[rait] également la Chine à ouvrir d'importants canaux stratégiques » dans le cadre de la « Belt and Road »[5]. COSCO n'a donc pas d'intérêt à lâcher l'eldorado que représente pour elle le port du Pirée.

---

[1] Rafenberg, Marina. « Pour Pékin, la « nouvelle route de la soie » passe par Athènes », *Le Monde*, 2017.
[2] « Grèce : le port du Pirée en plein boom grâce à la Chine », *Franceinfo*, 2019.
[3] Seibt, Sébastian. « Xi Jinping à Athènes : pourquoi la Chine continue à cajoler la Grèce », *France 24*, 2019.
[4] Duchâtel, Mathieu. Duplaix, Alexandre Sheldon. *Op. cit.*, p. 13.
[5] « Xu Lirong a dévoilé en exclusivité la stratégie de développement de China COSCO Shipping : De la confrontation passive à la participation active à la compétition internationale », *21st Century Business Herald*, 2016. Consulté le 10 août 2022 sur https://web.archive.org/web/20200814050753/http:/epaper.21jingji.com/html/2016-02/29/content_33055.htm.

1.2. Un succès économique en demi-teinte, à relativiser au regard des critiques socio-environnementales et des faibles retombées locales

En dépit des chiffres et pourcentages exceptionnels précités, les critiques relatives à la gestion du Pirée par PCT se multiplient. Même si COSCO se pare d'avoir hissé Le Pirée au sommet des ports euroméditerranéens et créé plus de 2 500 emplois directs[1], trois critiques se distinguent par leur redondance.

Premièrement, il est reproché au géant d'avoir dissocié les évolutions salariales et les protections juridiques de ses employés des profits considérables qu'il dégageait. Ainsi, les protestations et grèves sont de plus en plus récurrentes, et les pancartes « COSCO Go Home » de moins en moins cachées[2]. Sont surtout pointées du doigt les conditions de travail, douteuses et dangereuses. Le volume horaire jugé abusif s'articule avec une précarisation croissante des employés, avec un gel des salaires. L'interdiction des revendications syndicales s'ajoute au recours croissant au *dumping* social par PCT, où l'on va préférer recruter des manutentionnaires occasionnels insuffisamment formés, pour réduire les coûts. Le qualificatif « fatiguant » est même plutôt de mise lorsqu'il s'agit pour les ouvriers portuaires de décrire leur travail. Tandis que l'opposition socialiste dénonce ces conditions de travail par la voix du parti de gauche Syriza, le gouvernement du parti Nouvelle Démocratie s'efforce de souligner le caractère crucial de l'investissement de COSCO pour l'économie et la position géostratégique de la Grèce. L'idée de l'exécutif grec est en effet de ne pas de se mettre à dos ses partenaires chinois, déjà « agacés car ils rencontrent beaucoup de résistances locales, des problèmes de bureaucratie »[3]. Fort de ces divisions, l'employeur asiatique se retrouve alors en position de force face aux employés locaux, les faisant chanter en agitant la menace du licenciement[4].

Deuxièmement, la présence chinoise au Pirée est aussi abondamment critiquée pour sa négligence à l'égard de l'environnement dans lequel elle évolue. Qu'il s'agisse des propriétaires des chantiers navals du dème de Perama — qui administrent le terminal conteneur du Pirée —, des élus locaux ou plus globalement des riverains, il existe une certaine unanimité

---

[1] Rafenberg, Marina. « Au Pirée, la colère gronde pendant la visite du ministre des affaires étrangères chinois », *Le Monde*, 2021.
[2] Le Corre, Philippe, 2018, *op. cit.*
[3] Rafenberg, Marina. « Vent de fronde antichinois au port du Pirée », *Le Monde*, 2021.
[4] Tsimitakis, Matthaios. « China's Cosco under Fire after Fatal Accident in Piraeus Port », *Euractiv*, 2021.

locale pour condamner les exactions de PCT, et derrière, celle de l'entreprise d'État[1]. Pensons à ses desseins expansionnistes perpétuels, dont on dénonce l'appétit insatiable via une myriade de projets d'extension, d'élargissement, d'agrandissement du port, au mépris de la biodiversité locale. C'est par exemple dans ce cadre qu'en avril 2019, le Comité national grec d'archéologie est parvenu à empêcher l'un de ces projets, estimé à plus de 600 millions d'euros, qui négligeait la présence de vestiges historiques[2].

Troisièmement enfin, il existe chez les ouvriers et les syndicats grecs un sentiment partagé de ne pas bénéficier des vertus de ce qui leur est vendu comme étant « le premier port de Méditerranée ». À la vision d'infrastructures en mauvais état, beaucoup s'interrogent sur ce fossé entre l'accroissement des profits de COSCO et l'état réel de leur lieu de travail. Routes en mauvais état, entrepôts non alimentés en électricité et en eau, toilettes manquantes : la colère des ouvriers s'oriente vers les cadeaux faits aux investisseurs chinois, à leur détriment. Selon eux, l'entreprise chinoise n'aurait qu'une seule obsession : l'augmentation exponentielle infinie du trafic de conteneurs[3].

Ces trois critiques ont été exacerbées depuis la deuxième concession de 2016, qui a modifié les modalités de gestion du port par COSCO, désormais bénéficiaire d'un quasi-monopole sur le port grec. Même si cette concession résulte aussi, en théorie, d'une procédure d'appel d'offres, la pratique affiche qu'elle est avant tout le fruit d'un accord politique antérieur. Bailleurs de fonds européens et chinois auraient en effet fait pression sur Athènes pour que COSCO détienne 51 % des parts du port pour 280,5 millions d'euros, et à terme 16 % supplémentaires finalement acquis à la fin de l'année 2021. Les négociations sino-grecques ont même pu être apparentées à celles menées dans les pays en développement[4] [5]. Alors que l'entreprise d'État chinoise n'était jusqu'alors qu'opérateur portuaire, l'accord de concession a fait d'elle, désormais, son propriétaire, son régulateur et son gestionnaire. Seul le terrain ne lui a pas été légué, comme un ultime

---

[1] Rafenberg, Marina. « Au Pirée, la colère gronde pendant la visite du ministre des affaires étrangères chinois », *Le Monde*, 2021.
[2] Konstandaras, Nikos. « Who Is Playing Politics With the Port of Piraeus? », *New York Times*, 2019.
[3] Rafenberg, Marina. « Vent de fronde antichinois au port du Pirée », *Le Monde*, 2021.
[4] O'Dea, Christopher R. « Ships or State? », *Naval War College Review*, vol. 72, no. 1, 2019, pp. 56-88. Consulté le 10 août 2022 sur https://www.jstor.org/stable/10.2307/26607111.
[5] Fabre, Guilhem. *Op. cit.*

bastion de la souveraineté grecque sur Le Pirée, qui a encore le pouvoir de mettre un terme à la concession selon certaines conditions. Mais dans les faits, la discrétion et l'autonomie dont fait preuve le PCT remplacent souvent le contrôle public, avec un pouvoir discrétionnaire de taille qui interroge[1].

2. *Un effet COSCO-Pirée qui séduit et se répand*

2.1. Les alliances de transporteurs maritimes comme caisses de résonnance pour Le Pirée

Il est souvent fait mention d'un « effet COSCO-Pirée » pour faire allusion à l'accroissement des parts de marchés des ports méditerranéens dans le fret conteneurisé en Europe depuis la fin des années 2000. Les chiffres l'avalisent sans ambiguïté. Entre 2000 et 2008 a été constatée une diminution non négligeable des parts de marché des ports méditerranéens, au profit des ports nord-européens : de 41 % au début de la décennie à 37 % à son crépuscule. Or, depuis le commencement des activités de COSCO via PCT dans la région en 2009, leurs parts de marché se sont hissées à 43 % en 2018, principalement en raison de la forte croissance du Pirée[2] :

---

[1] Haralambides, Hercules. Merk, Olaf. *Op. cit.*, pp. 10-15.
[2] *Ibid.*

Illustration 3. Parts de marché Nord-Sud dans les volumes des ports à conteneurs continentaux européens (1980-2018).

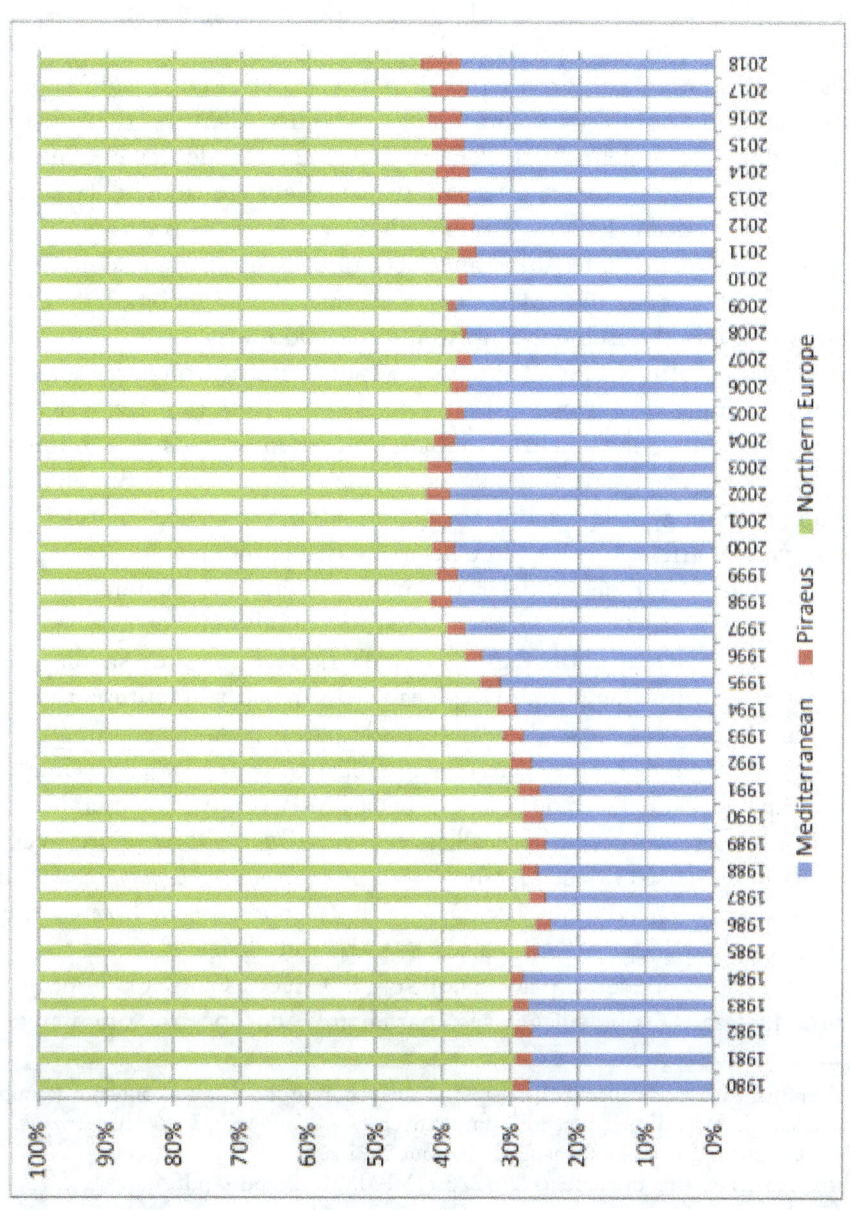

Source : Haralambides, Hercules. Merk, Olaf. « China's « Belt and Road Initiative » and Global Maritime Trade Flows », 2020, p. 13. Consulté le 11 août 2022 sur https://doi.org/10.13140/RG.2.2.15591.80809.

Pour cause, l'investissement de COSCO a modernisé les équipements et l'infrastructure du port, ce améliorant drastiquement sa productivité et sa compétitivité afin d'attirer à lui les grandes compagnies de transport[1]. Un exemple archétypal est celui de l'amélioration du temps de rotation des navires, faisant du Pirée le port le plus compétitif en la matière parmi ses principaux homologues euroméditerranéens (Algésiras, Gioia Tauro, Marsaxlokk et Valence). Il s'agit d'un argument de taille dans une organisation du commerce international basée sur la réactivité, la fluidité, et la rapidité des échanges. Par de telles prouesses, le port a su depuis 2009 témoigner d'une croissance continuellement supérieure à ses concurrents régionaux. Mais ces éléments sont incomplets et ne répondent pas entièrement à notre interrogation, à savoir celle d'étudier la réalité de l'effet COSCO-Pirée. La réponse ne se trouve pas dans les autres terminaux européens à participation chinoise. En effet, les investissements sont soit trop faibles, soit orientés dans des terminaux déjà matures, disposant donc d'un potentiel d'expansion et de rentabilité limité, comme c'est le cas du terminal Noatum à Valence[2]. La clef pour observer cet effet COSCO-Pirée nécessite deux prérequis.

Le premier est de rappeler qu'en plus d'être un manutentionnaire portuaire, COSCO reste le premier armateur chinois, et que le géant occupe une place de choix dans le secteur. Le second est de savoir que le transport maritime agglomère des géants du transport maritime mondial au sein d'alliances. Ainsi, dans la seconde partie de la décennie 2010, les quatre plus grandes au monde étaient l'alliance *Ocean Three* ; la CKYHE aussi appelée *Green Alliance* ; la G6 et la 2M. COSCO est membre des deux premières. Au sein de l'alliance *Ocean Three*, elle coopère avec la Française CMA-CGM et l'Arabe *United Arab Shipping Company*. Au sein de la *Green Alliance*, elle coopère avec la Japonaise *K-Line*, la Sud-Coréenne *Hanjin* et les Taïwanaises *Yang-Ming* et *Evergreen*[3].

En raison de cette place acquise en Grèce, COSCO a alors pu entraîner dans son sillage ses partenaires européens, orientaux et

---

[1] Psaraftis, Charilaos. Pallis, Athanasios. « Concession of the Piraeus container terminal: turbulent times and the quest for competitiveness », *Maritime Policy and Management, vol. 39, no.* 1, 2012, pp. 42-43. Consulté le 10 août 2022 sur http://martrans.org/documents/2012/prt/MPM2012-Psaraftis.pdf.
[2] Haralambides, Hercules. Merk, Olaf. *Op. cit.*, pp. 10-15.
[3] Vanderpotte, Alicia. *Alliances maritimes et autres formes de coopérations stratégiques entre les compagnies maritimes (évolution et avenir)*, 2015, p. 84. Consulté le 10 août 2022 sur https://pole-transports-facdedroit.univ-amu.fr/sites/pole-transports-facdedroit.univ-amu.fr/files/public/vanderpotte_alicia_-_alliances_maritimes_et_autres_formes_de_cooperations_strategiques_entre_les_compagnies_maritimes_-_2015.pdf

asiatiques, en incitant à recentrer leurs activités autour du Pirée[1]. Dans le cadre de l'alliance *Ocean Three*, prolongée en 2019 jusqu'en 2027, la place du Pirée a été revue. Parmi les douze lignes constituant l'alliance (services « Asie-Europe » et « Asie-Méditerranée »), six accordent désormais au Pirée une place de choix[2]. On observe un phénomène similaire du côté de la *Green Alliance*, où Le Pirée est désormais une étape dans deux des cinq trajets du service « Asie-Europe du Nord », et dans trois des quatre itinéraires du service « Asie-Méditerranée »[3].

Enfin, Le Pirée a pu bénéficier des partenariats de transport déjà noués avec des firmes transnationales par les alliés de COSCO. En cela, il a pu lentement attirer à lui des marchandises initialement acheminées vers des plateformes portuaires concurrentes. C'est le cas de l'entreprise HP — tête de proue mondiale de l'industrie informatique dont les sites de production sont massivement situés en RPC — qui a choisi de transférer une grande partie de ses activités de distribution de Rotterdam vers Le Pirée. En signant l'accord tripartite HP-Trainose-COSCO en mars 2013, en présence de l'ancien Premier ministre grec Antonis Samaras[4], l'intérêt stratégique du Pirée est clairement visible, tant pour les acteurs politiques qu'économiques. Le port grec dispose en effet de grands atouts pour accéder aux marchés sud et méso-européens, sans oublier la Russie, l'Ukraine et la Bulgarie via la mer Noire, voire plus largement l'Afrique méditerranéenne. Dans l'élan inauguré par HP, d'autres grandes entreprises ont ensuite annoncé délocaliser leurs activités vers le port hellénique, participant à insuffler cet effet COSCO-Pirée. Pensons à Huawei fin 2013[5], à ZTE — un grand équipementier chinois de télécommunications —, à Samsung Electronics, à Dell,

---

[1] Fabre, Guilhem. *Op. cit.*
[2] Deiss, Hervé. « L'Ocean Alliance refond ses services pour une meilleure desserte portuaire », *Ports et corridors*, 2019. Consulté le 10 août 2022 sur https://portsetcorridors.com/2019/locean-alliance-refond-ses-services-pour-une-meilleure-desserte-portuaire/.
[3] « CKYHE Alliance to Reorganize Europe Service Network », *COSCO Shipping*, 2016. Consulté le 10 août 2022 sur
https://lines.coscoshipping.com/home/News/detail/14581140477125900251/500000 00000000231.
[4] Malsang, Isabel. « Le port du Pirée attire les multinationales », *L'Antenne*, 2013. Consulté le 10 août 2022 sur https://www.lantenne.com/Le-port-du-Piree-attire-les-multinationales_a9255.html.
[5] « China's Giant Huawei Invests in Greece's Piraeus Port », *MarineLink*, 2013. Consulté le 4 août 2022 sur http://www.marinelink.com/news/invests-greeces-piraeus361990.aspx.

Lenovo, Ikea ou encore LG[1]. Et tout est fait pour alimenter cet effet, de la mise en place d'une zone franche gérée par le PCT dans le but d'assembler et terminer les produits importés[2], jusqu'à la proposition du gouvernement grec d'exonérer de la taxe sur la valeur ajoutée les produits importés utilisant Le Pirée comme plaque tournante de distribution[3].

2.2. Un effet catalysé par la porosité des secteurs investis par les entreprises chinoises

Le succès de COSCO au sein du port du Pirée a aussi envoyé un signal fort aux investisseurs chinois du potentiel de rentabilité de la Grèce. En ce sens, les chercheurs Plamen Tonchev et Polyxeni Davarinou ont pu observer la présence chinoise dans le port comme un « investissement d'ancrage » ayant pour conséquence d'attirer des investissements chinois plus divers et extra-portuaires. Ils ont dégagé cinq secteurs clefs dits *Big Five* ciblés par lesdits investissements : les infrastructures de transport, l'énergie, les télécommunications, l'immobilier et le tourisme[4].

Il semble intéressant de s'attarder à développer le domaine de l'énergie. Pensons au deuxième plus gros investissement chinois en Grèce d'une valeur de 320 millions d'euros, opéré par la *China State Grid International Development Ltd*, plus grande société de transport et de distribution d'électricité au monde. Par cette opération, l'entreprise d'État chinoise accapare 24 % des parts de l'opérateur grec de transport d'électricité, s'offrant un accès privilégié à un réseau de plus de 11 000 kilomètres de câbles de haute tension à travers le pays. Pensons

---

[1] Van der Putten, Frans-Paul. « Chinese Investment in the Port of Piraeus, Greece: The Relevance for the EU and the Netherlands », *Clingendael – Netherlands Institute of International Relations*, 2014, pp. 16-17. Consulté le 10 août 2022 sur https://www.clingendael.org/sites/default/files/pdfs/2014%20-%20Chinese%20investment%20in%20Piraeus%20-%20Clingendael%20Report.pdf.

[2] Lennane, Alex. « Hewlett Packard-Cosco deal spurs optimism in Greek logistics », *The Loadstar*, 2013. Consulté le 10 août 2022 sur https://theloadstar.com/hewlett-packard-cosco-deal-spurs-optimism-in-greek-logistics/.

[3] « Turning Greece into Transit Trade Hub », *Greek News Agenda*, 2013. Consulté le 4 août 2022 sur https://greeknewsagenda.gr/articles/archive/8-blogs/2541-turning-greece-into-transit-trade-hub.

[4] Tonchev, Plamen. Davarinou, Polyxeni. « Chinese Investment in Greece and the Big Picture of Sino-Greek Relations », *Institute of International Economic Relations*, 2017, p. 74. Consulté le 4 août 2022 sur https://idos.gr/wp-content/uploads/2017/12/Chinese-Investment-in-Greece_4-12-2017.pdf.

aussi au cas de l'entreprise d'État *Shenhua*, plus grand producteur de charbon de RPC, qui a acquis en 2017 une participation de 75 % dans quatre parcs éoliens grecs développés par la société grecque *Copelouzos Group*[1] [2]. De même, le domaine des télécommunications est également empreint d'une hausse de la présence chinoise. On peut penser à l'entreprise d'État chinoise ZTE, qui fournit des équipements en Grèce ainsi que des services de gestion de réseau, de données volumineuses et de téléphonie mobile[3]. Pour finir, il est possible d'évoquer le secteur touristique qui subit la même dynamique. Depuis 2009 par exemple, au Pirée, le développement d'infrastructures à grande échelle est à l'ordre du jour, afin de faire de la région un point central pour une grande partie de l'industrie des croisières en Méditerranée orientale[4]. Le port pourrait accueillir 14 navires de croisière simultanément, alors que la zone accueillerait des hôtels cinq étoiles après que COSCO a signé en 2017 des accords avec la *China Eastern Airlines* pour affréter plus de vols Chine-Grèce[5].

Pour expliquer en partie cette floraison d'investissements chinois traduisant l'effet COSCO-Pirée, l'étude de Plamen Tonchev et Polyxeni Davarinou souligne un point crucial : l'existence d'une « coopération étroite entre les investisseurs chinois actifs dans différents secteurs » que l'on peut imputer à « la façon chinoise de faire des affaires » – comme une traduction du chinois *guanxi* 关系. La nature privilégiée des relations liant les différents protagonistes chinois à l'étranger serait une variable incontournable pour toute personne désireuse de comprendre l'accroissement de la présence chinoise en Grèce, et plus globalement en Euroméditerranée. En ce sens, il y aurait une porosité entre les différents secteurs, portée par une informalité et une confiance entre les différents investisseurs[6]. Elle participerait à expliquer la plus facile pénétration de l'esprit COSCO-Pirée dans celui des investisseurs chinois, et ainsi d'observer la prise du Pirée comme la première étape d'un dessein stratégique plus global en Europe.

---

[1] Tonchev, Plamen. Davarinou, Polyxeni. *Op. cit.*, p. 18.
[2] Qianqian, Liu. Davarinou, Polyxeni. « Sino-Greek Economic Cooperation: COSCO's Investment in the Port of Piraeus », *IDS Bulletin*, vol. 50, no. 4, 2019. Consulté le 4 août 2022 sur https://bulletin.ids.ac.uk/index.php/idsbo/article/view/3065/3045.
[3] Tonchev, Plamen. Davarinou, Polyxeni. *Op. cit.*, p. 19.
[4] Psaropoulos, John. « Greece's Pivot toward China », *The New Athenian*, 2017. Consulté le 4 août 2022 sur http://www.thenewathenian.com/2017/07/greeces-pivot-toward-china.html.
[5] Tonchev, Plamen. Davarinou, Polyxeni. *Op. cit.*, p. 21.
[6] Tonchev, Plamen. Davarinou, Polyxeni. *Op. cit.*

Chapitre 3 : Concurrencer la *Northern Range* en cherchant à déplacer le cœur des échanges maritimes en Europe

Selon Henning Völpel, directeur de l'Institut d'économie internationale de Hambourg (HWWI), si la *Northern Range* — l'amas de ports européens concentrés le long de la façade maritime au sud de la mer du Nord — incarne présentement le cœur des échanges en Europe, rien n'indique qu'elle maintiendra cette position à moyen, voire à long terme[1]. Pour cause, les atouts géographiques de la Méditerranée, entourée par Gibraltar à l'Ouest et Suez à l'Est, n'ont pas échappé aux entreprises chinoises, qui semblent souhaiter développer la potentialité de la zone. En cela, les initiatives chinoises vis-à-vis des ports de Trieste et de Valence interrogent sur un éventuel dessein de faire émerger une constellation portuaire en Méditerranée (A), même si l'importance du géant — aux pieds d'argile ? — qu'est Le Pirée, pour la RPC et ses entreprises, relativise ce projet (B).

1. *Trieste et Valence : étapes d'une constellation portuaire chinoise en Méditerranée ?*

1.1. L'intérêt croissant du nord de l'Italie et des trois « bananes » économiques

Comme Le Pirée, le port de Trieste est, depuis le lendemain de la Seconde Guerre mondiale, un port en déclin. Cette image contraste avec la position acquise par la ville portuaire au XIXe siècle, sous les Habsbourg, à savoir celle de quatrième ville impériale après Vienne, Budapest puis Prague. Pourtant, Trieste dispose d'importants atouts, que les entreprises d'État chinoises COSCO et CMG ont décelés. Gardons à l'esprit, comme l'a évoqué l'ancien sous-secrétaire du ministère italien du Développement économique, Michele Geraci, que les infrastructures de la péninsule sont en crise depuis longtemps, tandis que

---

[1] Völpel, Henning. «« We're Shifting our Paradigms »», *Evonik*, 2017, pp. 46-47. Consulté le 4 août 2022 sur https://corporate.evonik.com/downloads/publications/magazine/evonik-magazine-1-2017-en.pdf.

Pékin semble proposer aux pays du monde le plan économique le plus ambitieux de l'histoire contemporaine pour le secteur[1]. En complément de leurs investissements dans les ports passerelles du Pirée, de Marseille-Fos, de Vado-Savone, de Gênes, de Barcelone ou de Valence, le nord de la péninsule italienne captive, au niveau du *hub* adriatique de la région de Trieste. Le port en lui-même propose divers avantages pour les entreprises chinoises. De l'aveu du président de *Trieste Marine Terminals* Fabrizio Zerbini,

> « un porte-conteneurs entrant en Méditerranée depuis l'Extrême-Orient par le canal de Suez atteint les ports du nord de l'Adriatique quatre à cinq jours plus vite que les ports du nord-ouest de l'Europe. C'est une dizaine de jours plus rapide aller-retour, selon la vitesse. »[2]

Ces données sont corroborées par les travaux déjà mentionnés de Guilhem Fabre, directeur de recherche au CNRS à l'unité spécialisée sur la France méditerranéenne, selon lesquels un conteneur chargé à Shanghai coûte 100 dollars de moins et arrive près d'une semaine plus tôt si son port de destination est méditerranéen, par rapport à un nord-européen[3]. Par ailleurs, le port franc dispose d'un fond marin de 18 mètres de profondeur, en faisant l'un des deux uniques ports méso-méditerranéens en eau profonde apte à accueillir des porte-conteneurs de la septième génération. Sa distance, à 1 300 milles du canal africain pèse également. On peut aussi ajouter les potentiels et importants privilèges fiscaux pour les opérateurs chinois de s'installer dans la région[4].

Mais ce qui séduit surtout les entreprises chinoises et fait la singularité du port de Trieste s'incarne dans sa position géographique. L'Adriatique supérieure présente en effet l'intérêt de se situer à la croisée de trois zones économiques majeures en Europe : la « Banane bleue », la « Banane dorée » et la « Banane verte » **(voir annexe 3)**. La première s'étend du nord-ouest de Londres jusqu'à Milan, en passant par

---

[1] « Comment la Chine relance la route de la soie en Méditerranée », *Observatoire Français des Nouvelles Routes de la Soie*, 2018. Consulté le 4 août 2022 sur https://observatoirenrs.com/2018/12/14/comment-la-chine-relance-la-route-de-la-soie-en-achetant-des-ports-en-mediterranee/.

[2] « Der neue Blick nach Europa – von Süden », *Deutsche Verkehrs-Zeitung (DVZ)*, 2019.

[3] Fabre, Guilhem. *Op. cit.*

[4] Vincenti, Giacomo. « The Port of Trieste into the Belt and Road: Results of an International Debate », *European Guanxi*, 2022. Consulté le 4 août 2022 sur https://www.europeanguanxi.com/post/the-port-of-trieste-into-the-belt-and-road-results-of-an-international-debate.

l'Allemagne ; la seconde, de Carthagène jusqu'au nord de l'Italie ; la troisième, de la Baltique polonaise jusqu'au nord de l'Adriatique. Elles sont des viviers industriels, d'entrepreneuriat, d'innovation et de consommation en Europe, et présentent en cela un intérêt stratégique indéniable. L'*hinterland* que chacune des bananes abrite est une aubaine exceptionnelle pour tout investisseur souhaitant occuper une place incontournable dans la mondialisation contemporaine. Par exemple, détenir le port de Trieste, c'est permettre aux géants chinois d'étendre leur influence vers l'Europe occidentale, en continuant à prolonger le réseau de transport Ambari-Pirée.

L'importance régionale et continentale du port de Trieste devrait d'ailleurs continuer de s'accroître à l'avenir, au vu des projets infrastructurels entrepris dans son *hinterland*. Pensons par exemple à l'expansion prévue de l'axe ferroviaire Baltique-Adriatique via le tunnel autrichien de base du Semmering et celui du Koralm, dont la région devrait retirer de nombreux avantages environnementaux et logistiques. Le second tunnel mentionné devrait permettre réduire le temps de connexion entre certains points de trois heures avant-projet à quarante-cinq minutes après[1]. Ces deux tunnels, ancrés sur le sol autrichien, sont donc majeurs pour l'évolution structurelle du port de Trieste, tandis que « 90 % du pétrole provient du port de Trieste »[2] : le maintien de bonnes relations entre l'Italie et l'Autriche est donc une priorité pour les deux pays.

Les mémorandums d'entente (MoU) signés entre l'exécutif chinois et la coalition gouvernementale liant le Mouvement cinq étoiles à la Ligue en mars 2019 ont fait de l'Italie le premier pays du G7 à la BRI. Ils sont un signal clair des vues du tandem chinois gouvernement-entreprises à l'égard de la zone, pour concrétiser son dessein géopolitique qu'est celui de la construction de la portion occidentale des nouvelles routes de la soie. Rappelons toutefois que les projets maritimes esquissés dans les MoU et prolongés en septembre 2019 à Shanghai, dont le développement de la plateforme logistique du port de Trieste par l'entreprise d'État *China Communications Construction Company* (CCCC) n'ont finalement pas abouti. L'accord d'exploitation du port italien a en effet été décroché par l'Allemand *Hamburger Hafen und Logistik AG*

---

[1] « Koralmbahn », ÖBB-*Infrastruktur*. Consulté le 4 août 2022 sur https://infrastruktur.oebb.at/de/projekte-fuer-oesterreich/bahnstrecken/suedstrecke-wien-villach/koralmbahn.
[2] « Hafen Triest auf Wachstumskurs: Neue Bahnverbindung nach Rostock », *Trend*, 2018. Consulté le 4 août 2022 sur https://www.trend.at/newsticker/hafen-triest-auf-wachstumkurs--neue-bahnverbindung-nach-rostock-10415162.

(HHLA), CCCC se restreignant à participer au projet Trihub[1] — grâce auquel, malgré tout, la capacité annuelle de manutention du port devrait passer de 10 000 à 25 000 trains.

Malgré cet échec, cela n'éclipse en rien la volonté qu'a été celle de la RPC d'investir en Italie du Nord et à Trieste, et de consolider son influence en Euroméditerranée. De même, rien ne semble indiquer avec certitude que les trois années suivant la signature desdits MoU, en dépit de ce contrecoup, soient représentatives de l'évolution à venir de la coopération sino-italienne dans le cadre de la BRI maritime. Ainsi, les liaisons logistiques entre la Turquie et le port de Trieste, loin d'être négligeables pour la BRI[2], tout comme la coopération directe et privilégiée entre Trieste, la localité luxembourgeoise de Bettembourg et la province chinoise du Sichuan, n'ont pas disparu.

1.2. Le port de Valence : l'ambition de bâtir un Pirée 2.0 ?

Il faut être honnête : le niveau des investissements chinois dans l'autre grand pays euroméditerranéen, l'Espagne, est plus limité qu'en Italie. En effet, il est équivalent à seulement un tiers des niveaux atteints pour la Botte, sur la période 2000-2018. Les capitaux chinois ont davantage été orientés vers d'autres domaines : énergie, environnement, agroalimentaire, football, hôtellerie et BTP. Les autorités politiques espagnoles, quoique moins offensives que la France et l'Allemagne, restent encore timides à l'idée de signer un MoU[3].

Toutefois, l'expert du transport maritime au Forum international du transport à l'OCDE Olaf Merk rappelle en 2020 que, parmi l'ensemble des ports européens dans lesquels COSCO et CMG ont investi, Le Pirée et Valence représentent plus de la moitié de la capacité des terminaux sous leur contrôle. Ajoutons que ceux-là sont les seuls ports euroméditerranéens où COSCO détient des participations majoritaires :

---

[1] Ghiretti, Francesca. « Demystifying China's Role in Italy's Port of Trieste », *The Diplomat*, 2020. Consulté le 4 août 2022 sur
https://thediplomat.com/2020/10/demystifying-chinas-role-in-italys-port-of-trieste/.
[2] « P&O Ferrymasters Launches New Intermodal Services Linking Turkey To Rotterdam And Zeebrugge Hubs Via Trieste », *Hellenic Shipping News Worldwide*, 2019. Consulté le 4 août 2022 sur https://www.hellenicshippingnews.com/po-ferrymasters-launches-new-intermodal-services-linking-turkey-to-rotterdam-and-zeebrugge-hubs-via-trieste/.
[3] Castets, Rémi. « Stratégies chinoises sur les rives Nord de la Méditerranée », *Revue Défense Nationale*, vol. 822, no. 7, 2019, pp. 126-129.

67 % au Pirée, 51 % à Valence[1]. Ces deux cas rompent avec la posture traditionnelle de l'entreprise, généralement habituée — par volonté ou par incapacité — à investir sous la forme de participations minoritaires, avec *de facto* une influence habituellement faible, voire nulle, sur la gouvernance des ports[2]. Pour la partie qui nous intéresse donc, le port espagnol de Valence occupe une place singulière dans l'architecture portuaire européenne de la RPC.

Le port de Valence est tombé dans le giron chinois après l'acquisition de l'opérateur espagnol *Noatum* en 2017. Cette transaction a permis à COSCO de s'implanter en Espagne, au sein du principal terminal à conteneurs du pays, bien qu'il soit encore tôt pour tirer des conclusions tranchées sur ces investissements — sans compter l'impact de la crise COVID. Par la détention de *Noatum*, COSCO a également récupéré une participation à hauteur de 39 % dans le terminal à conteneurs de Bilbao, ainsi que dans les interports de Madrid et de Saragosse[3]. Cette opération a été rendue possible par une diversification de l'implication chinoise dans les ports européens entre 2008 et 2019, d'abord initiée par la concession, puis étendue sous la forme d'acquisition de terminaux, puis d'opérateurs, puis de transporteurs **(voir annexe 4)**. Ceci intervient dans un contexte de forte concurrence en Méditerranée de l'Ouest, notamment entre le port espagnol de Valence — sans oublier Algésiras — et le port marocain de Tanger Med. Ce dernier a dépassé Valence en 2019, se hissant au premier rang parmi les ports méditerranéens après de très gros efforts financiers de CMG, qui intervient dans le port nord-africain via l'opérateur *Terminal Link* dont, on s'en souvient, l'entreprise d'État chinoise a acheté 49 % des parts à CMA-CGM il y a près de dix ans[4]. Malgré ce dépassement, le port de Valence conserve un poids considérable en Euroméditerranée. En interne, dans un rayon de 350 kilomètres autour du port seraient générés près de 50 % du PIB du pays tout comme la moitié de l'emploi

---

[1] Merk, Olaf. « China's Participation in European Container Ports: Drivers and Possible Future Scenarios », *Revue internationale et stratégique*, vol. 117, no. 1, 2020, pp. 41-53.
[2] Institut Montaigne. « Investissements portuaires, entre commerce et intérêts de puissance », *China Trends*, 2019, p. 1. Consulté le 4 août 2022 sur https://www.institutmontaigne.org/documents/china-trends/China-trends-2-FR-web.pdf.
[3] Merk, Olaf. *Op. cit.*
[4] Tanchum, Michaël. « La COVID-19 et la ruée vers les corridors de transport commercial transméditerranéens : défis et opportunités », *Centre d'Études des Transports pour la Méditerranée Occidentale (CETMO)*, 2020, p. 3. Consulté le 4 août 2022 sur https://www.cetmo.org/wp-content/uploads/2021/09/CETMO_COVID-19Tend_MTanchum_FR.pdf.

espagnol[1]. Sous une focale plus internationale, le port de Valence — avec Algésiras et Las Palmas — aurait profité de la tendance récente de l'industrie maritime : celle de l'intégration et de la spécialisation croissantes des routes maritimes via des navires *feeders* qui convergent vers de grands ports de transbordements intermédiaires, pour devenir l'un des ports les plus dynamiques d'Europe[2]. Pour cause : en 2018, Valence a enregistré le débit de conteneurs le plus élevé au monde, avec 5,18 millions de tonnes[3]. D'ailleurs, d'après les estimations des chercheurs Vicent Esteban Chapapría et de José Serra Peris dans une étude de décembre 2021, le chiffre d'affaires du port devrait doubler dans les trente prochaines années, par le traitement de 5,2 millions EVP en 2018 pour 10,5 millions en 2050[4].

Alors, avec Le Pirée à l'est et Valence à l'ouest, la RPC enserre le bassin euroméditerranéen, étreinte qu'elle parachève si l'on regarde le bassin méditerranéen dans son ensemble, avec Port-Saïd en Égypte, à la sortie du canal de Suez, et Tanger Med au Maroc, à l'ouverture du détroit de Gibraltar. Grâce à l'interventionnisme de ses entreprises d'État, la RPC affiche donc sa volonté de peser dans l'ensemble de la région pour donner une réalité à la BRI maritime en Europe, en Afrique du Nord et au Levant[5].

Enfin, il convient de souligner que la présence chinoise est sollicitée par le port de Valence. On se souvient de la visite, en juillet 2021, du directeur général de l'antenne espagnole de COSCO, Wan Kun, auprès du président de l'Autorité portuaire de Valence, Aurelio Martínez. Cette réunion a été l'occasion pour chaque protagoniste de réitérer son ambition

---

[1] Serry, Arnaud. Kerbiriou, Ronan. « Spanish Container Ports Integration in the Maritime Network », *Journal of Maritime Research*, vol. 17, no. 3, 2020, pp. 6-7. Consulté le 4 août 2022 sur

https://upcommons.upc.edu/bitstream/handle/2117/329684/02_Serry.pdf.

[2] *Ibid.*

[3] Wang, Jinghao. *Impact of the Belt and Road Initiative on Port the Route*, World Maritime University in the People's Republic of China, 2020, p. 18. Consulté le 4 août 2022 sur https://commons.wmu.se/cgi/viewcontent.cgi?article=1277&context=msem_dissertations.

[4] Chapapría, Vicent Esteban. Peris, José Serra. « Vulnerability of Coastal Areas Due to Infrastructure: The Case of Valencia Port (Spain) », *Land*, vol. 1344, no. 10, 2021, p. 6.

[5] Haralambides, Hercules. Merk, Olaf. « The Belt and Road Initiative: Impacts on Global Maritime Trade Flows », *International Transport Forum Discussion Papers*, 2020, p. 10. Consulté le 4 août 2022 sur

https://www.itf-oecd.org/sites/default/files/docs/belt-road-initiative-maritime-trade-flows_1.pdf.

« d'améliorer la ligne Valence-Teruel-Saragosse, une infrastructure clef en Espagne pour COSCO qui garantit la connexion du terminal ferroviaire Zaragoza Plaza avec les deux terminaux maritimes, situés dans les ports de Valence et Bilbao, et renforce la connectivité du corridor cantabrique-méditerranéen. »[1]

Rappelons l'intérêt pour COSCO de bénéficier du réseau infrastructurel de l'*hinterland* espagnol, sachant que les ports de Valence — et même de Barcelone — desservent les régions adjacentes du bassin madrilène et la grande région de Catalogne[2]. Avec le couloir Méditerranée du RTE-T, la voie ferroviaire peut même être prolongée afin de desservir la France méridionale, l'Italie du Nord et s'étendre jusqu'à la Hongrie[3].

2. *Un dispositif chinois en Euroméditerranée centré sur un Pirée aux nombreuses limites*

2.1. Des ports « imposants mais faibles » face à la concentration des activités autour du Pirée

Dans le deuxième numéro de la série d'articles *China Trends*[4], Viviana Zhu, chargée d'études Asie à l'Institut Montaigne, estime que les ports chinois déployés dans le monde sont confrontés à un excès de quantité au détriment de la qualité, idée condensée dans une formule régulièrement employée par les médias chinois : ils sont « imposants mais faibles » (大而不强, en chinois mandarin)[5]. Nous l'avons vu, en dépit des contestations locales, l'investissement de COSCO dans les terminaux du Pirée est un des plus grands redressements du début du siècle. Si cela

---

[1] « COSCO Shipping Lines Reaffirms Its Commitment to Valenciaport », *Port de Valence*, 2021. Consulté le 4 août 2022 sur https://www.valenciaport.com/en/cosco-shipping-lines-reaffirms-its-commitment-to-valenciaport/.
[2] Verny, Jérôme. Oulmakki, Ouail. Blayac, Thierry. *Op. cit.*
[3] « Trans-European Transport Network », *Commission de l'UE*. Consulté le 4 août 2022 sur https://ec.europa.eu/transport/infrastructure/tentec/tentec-portal/site/maps_upload/Corridors_councilproposal.pdf.
[4] Selon le site de l'Institut Montaigne, *«China Trends cherche à comprendre la Chine en s'appuyant sur des sources en langue chinoise. À une époque où la Chine structure souvent l'agenda des discussions internationales, un retour aux sources de la langue chinoise [...] permet une compréhension plus fine des logiques qui sous-tendent les choix de politiques publiques de la Chine. »*
[5] Institut Montaigne. *Op. cit.*, p. 11.

reste indéniable, force est de constater que subsiste depuis la décennie 2010 une asymétrie d'intérêt — et donc d'investissements — entre le port d'Athènes et les autres euroméditerranéens. Pour l'heure donc, aucun port investi par COSCO ou CMG n'a suivi le modèle du Pirée : les investissements sont soit trop peu élevés, soit dirigés vers des terminaux déjà matures, avec un potentiel d'expansion et de rentabilité limité, comme le cas du terminal *Noatum* à Valence[1], que nous venons de voir. De même, les échanges avec la RPC transitent bien majoritairement, en Euroméditerranée, par Le Pirée puis par Valence, et irriguent de manière totalement inégale les autres terminaux à participation chinoise :

---

[1] Haralambides, Hercules. Merk, Olaf. *Op. cit.*, p. 12.

Illustration 4. Participations des entreprises d'État chinoises dans les terminaux à conteneurs européens en 2019.

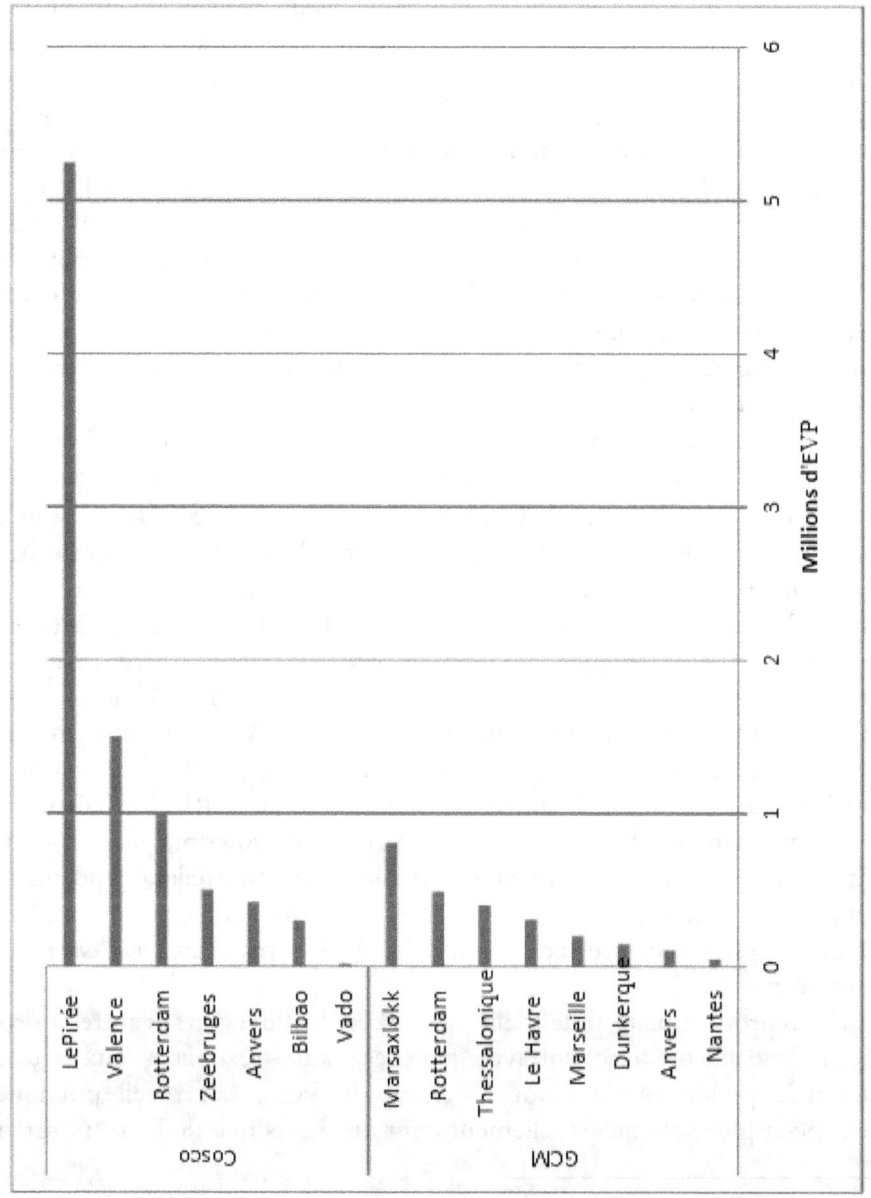

Source : Haralambides, Hercules. Merk, Olaf. « China's « Belt and Road Initiative » and Global Maritime Trade Flows », 2020, p. 11. Consulté le 11 août 2022 sur https://doi.org/10.13140/RG.2.2.15591.80809.

À cela, il convient d'ajouter le ralentissement économique chinois depuis janvier 2019, prolongé par la crise mondiale de la maladie à coronavirus 2019, qui eut pour conséquence un certain recentrage sur l'économie nationale du pays. Ces évènements créent en effet de l'incertitude relative au développement futur de ports en Europe, ainsi que de nombreuses interrogations visant à savoir si l'économie de la RPC peut soutenir la croissance rapide des réseaux de transport. Depuis le pic d'activité de 2016-2017 en termes d'acquisitions portuaires en Europe, on constate un ralentissement continu en la matière[1]. L'exemple archétypal a déjà été évoqué, avec l'accord d'exploitation du port de Trieste accordé à l'Allemand HHLA au détriment du géant chinois CCCC. Certains commentateurs ont pu interpréter cet échec comme le signe d'une RPC n'ayant plus les moyens de sa politique des nouvelles routes de la soie[2].

Le retour des investissements chinois au niveau de 2016-2017 devrait donc dépendre de l'orientation et des priorités de la politique étrangère de la RPC, principalement dictée par le *dǐngcéng shèjì* 顶层设计, soit le concept selon lequel le gouvernement central définit *a priori* ses priorités géostratégiques pour les décliner *a posteriori* dans le monde, par régions hiérarchisées. Selon la place attribuée à l'Europe du Sud, et les intérêts politiques et économiques que Pékin espère y extraire, on peut imaginer un accroissement des investissements. Mais vraisemblablement, cette place devrait rester la même malgré la crise COVID, aucun signe ne semblant témoigner d'un regain de vigueur prompt à déstabiliser le poids du Pirée dans la stratégie euroméditerranéenne de la RPC. Finalement, on peut même se demander si cette dernière ne se complaît pas, pour l'heure et après quelques tentatives d'ériger une constellation portuaire chinoise en Méditerranée alternative à la *Northern Range*, d'un seul et puissant port d'entrée connectant la Route maritime à l'*hinterland* européen.

La reproductibilité potentielle du succès du Pirée vers d'autres ports pourrait d'ailleurs être entravée par des causes exogènes aux seules volontés politiques du Comité central du PCC. Un réveil politique européen plus zélé qu'actuellement, tant des États que de l'UE, pourrait

---

[1] Zhang, Ganyi. « Quelles leçons tirer des investissements chinois dans les ports européens ? », *Upply*, 2019. Consulté le 4 août 2022 sur https://market-insights.upply.com/fr/quelles-lecons-tirer-des-investissements-chinois-dans-les-ports-europeens.

[2] « La France peut-elle contribuer au réveil européen dans un XXIe siècle chinois ? », *Sénat français*, 2021. Consulté le 4 août 2022 sur http://www.senat.fr/rap/r20-846/r20-8464.html.

par exemple altérer les plans géopolitiques de la RPC via ses entreprises d'État dans le sud de l'Europe. Le groupe de réflexion *Clingendael China Centre*, financé à 75 % par le gouvernement des Pays-Bas, évoquait dans un rapport de 2019 destiné à l'exécutif néerlandais deux données de plus en plus connues des Européens : la concurrence déloyale des acteurs chinois dans le secteur portuaire et la présence économique chinoise pouvant se muer en levier d'influence politique. Une vérification bien plus effective des modalités de leurs investissements était donc fortement recommandée[1].

2.2. La question de la soutenabilité de la position du Pirée

Un aspect peu abordé lorsqu'il est fait mention du Pirée est la question de sa soutenabilité. Centralisant les fantasmes, son succès est encore aujourd'hui majoritairement traité comme un fait acté. Or, l'irréversibilité n'est pas acquise aux entreprises chinoises dans les ports euroméditerranéens. Les deux terminaux grecs concédés à COSCO en 2008 pour trente-six ans ne le sont pas *ad vitam æternam*. Les bouleversements et renouvellements politiques inhérents aux régimes démocratiques, comme la Grèce actuelle, rendent complètement instable la stratégie de long terme qu'est la BRI. Cette dernière repose en effet sur une dépendance vis-à-vis des partenariats noués avec les nombreux pays partis au projet, ayant chacun des intérêts à poursuivre, et dont il est fortement possible que certains se détournent dans les années et décennies à venir[2]. Dans le même esprit, le Sénat français pointe dans un rapport de septembre 2021 « La France peut-elle contribuer au réveil européen dans un XXIe siècle chinois ? » le problème croissant d'adaptation des autorités chinoises gérant les ports euroméditerranéens aux politiques suivies par les États et l'UE. Au Pirée, plusieurs inquiétudes sont pointées, qui sont autant d'arguments gonflant les rangs grecs et européens contestant la présence chinoise sur le Vieux continent : légère conscience environnementale, négligence des normes sécuritaires, absence de retombées économiques locales ; absence d'investissements dans les infrastructures de transport desservant le port, pourtant prévus avec l'appel d'offres ; absence de rénovation des

---

[1] Van der Putten, Frans-Paul. « European seaports and Chinese strategic influence: The relevance of the Maritime Silk Road for the Netherlands », *Clingendael — Netherlands Institute of International Relations*, 2019, pp. 23-26. Consulté le 4 août 2022 sur https://www.clingendael.org/sites/default/files/2019-12/Report_European_ports_and_Chinese_influence_December_2019.pdf.
[2] Qianqian, Liu. Davarinou, Polyxeni. *Op. cit.*

chantiers navals également prévue, etc.[1] Un exemple plutôt illustratif de la relation — loin d'être idyllique — entre COSCO et les autorités grecques est celui du plan d'investissement de COSCO au Pirée de février 2019. Entre autres, il incluait la construction d'un centre commercial au sein du terminal de croisière, entrant en contradiction nette avec les intérêts des magasins commerciaux gravitant autour du port Pirée. La délégation de COSCO à Athènes s'est alors entretenue avec des responsables politiques grecs afin d'outrepasser les réticences du Comité grec de planification et de développement des ports (ESAL) et le Conseil archéologique central de Grèce. COSCO n'ayant pas eu gain de cause, cela pourrait conduire l'entreprise à revoir son implication dans le pays, au vu des obstacles normatifs que l'entreprise d'État chinoise y rencontre[2].

Enfin, le partenariat entre COSCO et Le Pirée, et plus globalement le modèle de contre-mondialisation que propose la RPC via ses nouvelles routes de la soie, est vecteur d'incertitudes sur beaucoup de plans, étant donné qu'aucun spécialiste de la question ne peut aujourd'hui affirmer deux choses :
- si le régime politique en vigueur en Chine durera — et en conséquence, ses prétentions néo-impériales ;
- si la RPC sera en mesure de tenir tête sur le long terme au modèle américain, en acquérant puis surtout maintenant sous son influence les points stratégiques de la mondialisation, comme l'ont fait les États-Unis depuis 1945.

---

[1] Sénat français. *Op. cit.*
[2] Qianqian, Liu. Davarinou, Polyxeni. *Op. cit.*

PARTIE II
L'espace portuaire sud-européen :
conclusion géographique d'une BRI accueillie
différemment en Europe

Chapitre 1 : L'installation dans les ports euroméditerranéens comme composante d'un ambitieux projet politique : la BRI

La présence chinoise croissante dans les ports d'Europe du Sud peut être étudiée dans le cadre de la BRI, d'où son évocation dans l'introduction. Source de fantasmes et de craintes ; terrestre et maritime, elle puise dans un imaginaire collectif ayant autrefois animé le supercontinent eurasiatique, les routes de la soie, aujourd'hui repris au compte du gouvernement chinois (A). Mais, si ce dernier a l'initiative du projet, ce sont bien des entreprises directement ou indirectement contrôlées par lui qui donnent au versant chinois de la BRI une réalité, profitant du soutien politique et financier de Pékin (B).

1. *Réactualiser l'esprit des routes de la soie à l'initiative de l'exécutif chinois*

1.1. Définition d'un projet géopolitique pensé et impulsé par le gouvernement chinois

« La Ceinture économique de la route de la soie et la Route de la soie maritime du XXIe siècle » (丝绸之路经济带和21世纪海上丝绸之路, en chinois mandarin), abrégée BRI, est un projet géopolitique dont l'objectif est de réactualiser à notre époque le réseau pluriséculaire d'échanges matériels et idéels qui reliait jusqu'au XVe siècle le Pacifique à la Méditerranée, connu sous l'appellation de « routes de la soie »[1]. Peter Frankopan, historien et directeur du Centre de recherches byzantines à l'université d'Oxford, est l'auteur de l'ouvrage mondialement salué par la critique *Les routes de la soie : L'histoire du cœur du monde*. Son travail d'universitaire nous dévoile l'apport pour le monde qu'a été ce réseau, ce « centre du monde » selon son expression, par lequel certaines des plus grandes puissances se fondèrent : les empires perse, mongol et ottoman, ou encore le califat de Bagdad[2]. Dans son ouvrage suivant, *Les nouvelles routes de la soie : L'émergence d'un nouveau monde*, il explique en quoi la RPC aspire à édifier de nouvelles routes de la soie afin d'en exploiter un

---

[1] « Vision and Actions on Jointly Building Silk Road Economic Belt and 21st-Century Maritime Silk Road », *NDRC*, 2015.
[2] Frankopan, Peter. *Les routes de la soie : L'histoire du cœur du monde*, 2015.

potentiel que l'histoire aurait rejeté, et faire que si « tous les chemins menaient jadis à Rome », « aujourd'hui, ils mènent à Pékin. »[1] Mais certaines structures ministérielles chinoises ont déjà clairement évoqué l'appétit expansionniste de la BRI : « l'Initiative [...] couvre, sans s'y limiter, la zone de l'ancienne route de la soie. »[2] Aujourd'hui donc, la BRI prend principalement la forme d'investissements orientés vers la renaissance de cette connectivité pluricontinentale ; mais il serait erroné de ne la réduire qu'à cette seule dimension. Jonathan Hillman, directeur du projet *Reconnecting Asia* au Centre d'études stratégiques et internationales de Washington, estime que

> « la BRI ne se limite pas aux routes, aux chemins de fer et à d'autres infrastructures matérielles. C'est aussi un moyen pour la Chine d'écrire de nouvelles règles, d'établir des institutions qui reflètent les intérêts chinois et de remodeler l'infrastructure « douce » »[3].

En ce sens, la mise en place de nouvelles institutions internationales visant à financer les projets la constituant ainsi qu'à résoudre les différends commerciaux ne peut être écartée de l'analyse qui est la nôtre. Afin d'avoir un effet sur les théâtres terrestres et maritimes, la BRI se décompose en deux hélices : la « Ceinture économique de la route de la soie » (*The Belt* en anglais) et la « Route maritime de la soie du XXIe siècle » (*The Road* en anglais).

La Ceinture, annoncée en 2013 par le président chinois Xi Jinping lors d'un discours à l'université Nazarbayev du Kazakhstan[4], est une zone économique liant les pays de la route traditionnelle de la soie, de l'Extrême-Orient jusqu'à l'Europe, en passant par l'Asie centrale et la Russie, le sous-continent indien, le Proche et Moyen-Orient, et pouvant même connaître certaines extensions en Afrique et en Amérique latine.

---

[1] Frankopan, Peter. *Les nouvelles routes de la soie : L'émergence d'un nouveau monde*, 2018.
[2] « Vision and Actions on Jointly Building Silk Road Economic Belt and 21st-Century Maritime Silk Road », *NDRC*, 2015.
[3] Kuo, Lily. Kommenda, Niko. « What Is China's Belt and Road Initiative? », *The Guardian*, 2018.
[4] « President Xi Jinping Delivers Important Speech and Proposes to Build a Silk Road Economic Belt with Central Asian Countries », *Ministry of Foreign Affairs of PRC*, 2013. Consulté le 4 août 2022 sur
https://web.archive.org/web/20200405195320/https://www.fmprc.gov.cn/mfa_eng/topics_665678/xjpfwzysiesgjtfhshzzfh_665686/t1076334.shtml.https://web.archive.org/web/20200405195320/https://www.fmprc.gov.cn/mfa_eng/topics_665678/xjpfwzysiesgjtfhshzzfh_665686/t1076334.shtml.

Six couloirs économiques constituent la Ceinture[1], qui reposerait principalement sur le développement de liaisons ferroviaires et routières. Pour autant, la prédominance de la médiatisation de la Ceinture — symbolisée par la mise en fonction de la ligne ferroviaire Chongqing-Duisbourg — ne doit pas éclipser l'importance du volet maritime de la BRI, la Route, également annoncée en 2013 lors d'un discours de Xi Jinping au Parlement indonésien[2]. À la différence d'un nombre conséquent de projets terrestres cantonnés au stade de la planification, la RPC a déjà donné une réalité concrète au pan maritime de la BRI :

> « La Route maritime de la soie du XXIe siècle est conçue pour aller de la côte chinoise à l'Europe en passant par la mer de Chine méridionale et l'océan Indien d'un côté, et de la côte chinoise à travers la mer de Chine méridionale jusqu'au Pacifique Sud de l'autre. »[3]

Elle s'incarne via trois types d'activités : des projets d'envergure dans les infrastructures portuaires ; des investissements financiers dans la gestion portuaire ; des acquisitions de sociétés de gestion de conteneurs[4]. D'un point de vue historique pour le gouvernement de Pékin, il s'agirait d'un signe de l'importance de ne plus négliger l'espace maritime, en renouant avec la doctrine de l'amiral Zheng He, principal stratège naval de la dynastie Ming au XIVe siècle.

Nous le voyons, la BRI a une origine éminemment politique, émanant avant tout de la volonté du Comité permanent du bureau politique du PCC, plus haute instance exécutive de la RPC. Comme évoqué en introduction, l'orientation politique irriguant l'Initiative est couplée à des valeurs de bienveillance particulièrement promue dans « Vision et actions sur la construction conjointe de la Ceinture économique de la route de la soie et de la Route de la soie maritime du XXIe siècle », le texte de référence concernant le projet. Par son biais, la Commission nationale du développement et de la réforme (*National Development and Reform Commission*, NDRC en anglais) — soit l'agence de niveau ministériel qui

---

[1] « Belt and Road: One Masterplan. Six Economic Corridors of Power », *Standard Chartered*, 2019. Consulté le 4 août 2022 sur https://www.sc.com/en/feature/one-masterplan-six-corridors/.
[2] Wu, Jiao. Zhang, Yunbi. « Xi in call for building of new 'maritime silk road' », *China Daily*, 2013. Consulté le 4 août 2022 sur http://usa.chinadaily.com.cn/china/2013-10/04/content_17008940.htm.
[3] « Vision and Actions on Jointly Building Silk Road Economic Belt and 21st-Century Maritime Silk Road », *NDRC*, 2015.
[4] Duchâtel, Mathieu. Duplaix, Alexandre Sheldon. *Op. cit.*, p. 13.

conçoit et supervise la planification économique —, et les ministères des Affaires étrangères et du Commerce de la RPC sont « autorisés » par le Conseil des affaires de l'État à définir les cinq grands principes guidant la BRI. Il s'agit de la « coordination des politiques », de la « connectivité des infrastructures », du « commerce sans entrave », de l'« intégration financière » et de la « compréhension mutuelle des peuples »[1].

1.2. Flous et limites d'un caméléon géopolitique

En octobre 2018, l'IFRI a émis l'étude « La France face aux nouvelles routes de la soie chinoises », dirigée par le professeur Alice Ekman[2]. Sa conclusion, qui se veut suggestive et adressée aux gouvernements français et européens, pointe notamment les caractères profondément ambigu et flou de la BRI, dont il est complexe de clairement appréhender les ambitions, le cadre, les institutions la régissant ou encore la conformité aux règles fondamentales du droit international.

En effet, on peut noter qu'entre l'annonce du projet par le dirigeant chinois Xi Jinping en septembre 2013 et la publication du premier plan d'action relatif à la BRI en mars 2015[3], dix-huit mois se sont écoulés. Présenter un projet géopolitique de cette ampleur sans l'avoir minutieusement théorisé et précisé en amont marque l'essence volontairement confuse que l'exécutif chinois souhaite donner au projet. En l'absence de colonne vertébrale, il est bien plus aisé pour le gouvernement chinois de modeler son discours aux failles et espérances pointées par les acteurs intéressés. Cela a l'avantage pour la diplomatie chinoise de « répandre l'impression que la BRI n'est pas juste un plan conçu et imposé par la Chine de manière unilatérale mais bien une « initiative » commune », guidée par un modèle alternatif de coordination internationale. De cette idée, il est donc majeur de retenir l'aspect évolutif de l'initiative : la BRI n'est en rien un projet figé et stable[4].

Dans la continuité du flou que nous évoquons, nous voyons que la BRI est en continuelle expansion, tant géographique que sectorielle. D'un point de vue géographique, on peut s'interroger sur le fait qu'à ce jour, aucune liste exhaustive fournie par les autorités chinoises ne

---

[1] « Vision and Actions on Jointly Building Silk Road Economic Belt and 21st-Century Maritime Silk Road », *NDRC*, 2015.
[2] Ekman, Alice (dir.). « La France face aux nouvelles routes de la soie chinoises », *op. cit.*
[3] « Vision and Actions on Jointly Building Silk Road Economic Belt and 21st-Century Maritime Silk Road », *NDRC*, 2015.
[4] Ekman, Alice (dir.). « La France face aux nouvelles routes de la soie chinoises », *op. cit.*, p. 20.

dévoile — sans aucune ambiguïté — l'ensemble des États participants, des itinéraires précis et des projets achevés et en cours, pour une BRI annoncée voici près de dix ans. Les différents ministères de la RPC avancent qu'en plus des pays traditionnels de la route de la soie, l'Initiative peut aussi « englob[er] des pays avec un énorme potentiel de développement économique »[1], sans plus de précision. C'est pour cela qu'en dépit des conjectures cartographiées, on peut observer avec étonnement que le Bureau d'information du Conseil des affaires d'État ait qualifié la RPC d'« État-proche de l'Arctique » et qu'il prévoie une « route polaire de la soie », dans son livre blanc de 2018 *La politique arctique de la Chine*[2]. D'un point de vue sectoriel, la dimension immatérielle du projet est en pleine croissance — contrairement à l'essence matérielle du projet de 2014-2015 — et embrasse désormais des champs aussi divers que la finance, le tourisme, la justice, le cyberespace, la police ou encore l'éducation[3]. Pour preuve, se tiennent annuellement des conférences au sujet d'une « route digitale de la soie », dont la cinquième eut lieu à Pékin, en septembre 2021[4]. De même, depuis 2016 ont été mis en place des cursus de masters BRI, afin de former les étudiants qui, plus tard, conduiront les projets constituant l'initiative. Il existe même des *Silk Road Schools*, bien qu'il soit complexe d'en évaluer le contenu éducatif, et qu'on puisse penser que leur floraison ait pu utiliser la marque BRI dans des visées publicitaires et d'obtention de subventions[5].

Même, le flou inhérent au projet se poursuit dans les entités le conduisant : il n'y a pas d'institution centralisatrice dirigeant la BRI. Le Groupe dirigeant de la construction de la Ceinture et de la Route, créé en

---

[1] « Vision and Actions on Jointly Building Silk Road Economic Belt and 21st-Century Maritime Silk Road », *NDRC*, 2015.
[2] « Full text: China's Arctic Policy », *State Council of PRC*, 2018. Consulté le 4 août 2022 sur http://english.www.gov.cn/archive/white_paper/2018/01/26/content_281476026660 336.htm.
[3] Martin, Valentin. *Entre émerveillement et appréhension : (Dès) Union européenne face aux Nouvelles Routes de la Soie*, 2019, p. 71. Consulté le 4 août 2022 sur https://dumas.ccsd.cnrs.fr/dumas-02280869/.
[4] « The 5th Digital Belt and Road Conference/Big Data for SDGs Sessions », *International Forum on Big Data for Sustainable Development Goals Website*, 2021. Consulté le 4 août 2022 sur
https://fbas2021.scimeeting.cn/en/web/index/11233_809514_29306_#:~:text=The %205th%20Digital%20Belt%20and%20Road%20Conference%20(DBAR%202021)%2 0will,UN%20SDGs%20in%20the%20region.
[5] Martin, Valentin. *Op. cit.*, pp. 62-64.

2015[1], apparaît davantage comme une structure *ad hoc* fantoche et symbolique, puisque la gestion de la BRI a amplement débordé parmi d'autres décideurs nationaux, provinciaux, régionaux ou municipaux[2]. Même s'il est composé de cadres politiques de haut niveau, le Groupe est en pratique totalement dépendant de la volonté de la NDRC, et donc du Comité permanent. Ainsi, on voit que les cinq membres le composant depuis 2018 ont tous, au moins, une double casquette : le chef d'équipe Han Zheng est aussi vice-premier ministre de la RPC et membre du Comité permanent du PCC. Les quatre chefs adjoints Yang Jiechi, Hu Chunhua, Xiao Jie et He Lifeng sont respectivement ministre de la NDRC ; vice-premier ministre de la RPC et membre du Politburo du PCC ; secrétaire général du Conseil des affaires d'État conseillant le Premier ministre chinois Li Keqiang ; directeur de la NDRC[3]. Hiroki Takeuchi, professeur agrégé de sciences politiques et directeur du programme *Sun and Star* à l'université méthodiste du Sud au Texas, nous montre en quoi l'Initiative, tout comme la gestion globale de la RPC, est en fait loin d'être hypercentralisée et verticale. Certains spécialistes reconnus par leurs pairs parlent davantage d'un « autoritarisme fragmenté »[4], parmi lequel l'« État-Parti »[5] serait divisé en plusieurs factions. Ces dernières, étant chacune formée autour d'un cadre-dirigeant du PCC, supporteraient différents points de vue politiques tranchés en fin de compte par le Comité permanent. Mais il ne faut pas sous-estimer le poids des luttes factionnalistes et des désaccords politiques entre cadres, faisant que certaines concrétisations de la BRI ne sont parfois que la face émergée d'un compromis politicien. Takeuchi énonce ainsi que

> « la mise en œuvre réelle de la politique est fragmentée, car chaque acteur des bureaucraties chinoises et des groupes d'intérêts clefs auto-interprète et réinterprète la stratégie centrale pour rechercher ses propres intérêts. »[6]

---

[1] « La première liste des dirigeants « un senior et quatre adjoints » de l'équipe de direction de la BRI est exposée », *Ifeng*, 2015. Consulté le 4 août 2022 sur https://news.ifeng.com/a/20150405/43488218_0.shtml.
[2] Ghiasy, Richard. Zhou, Jiayi. *Op. cit.*, p. 3.
[3] « Han Zheng a présidé la réunion du Groupe dirigeant pour promouvoir la construction de « la Ceinture et la Route » », *Xinhua*, 2018. Consulté le 4 août 2022 sur http://www.gov.cn/guowuyuan/2018-05/25/content_5293741.htm.
[4] Brødsgaard, Kjeld Erik. *Chinese Politics as Fragmented Authoritarianism: Earthquakes, Energy and Environment, Routledge*, 2017.
[5] Muscat, Sabine. *Op. cit.*
[6] Takeuchi, Hiroki. *Op. cit.*

Cependant, si son corps évolue, son cœur reste le même : le développement mondial des infrastructures. Selon Alice Ekman, les déclarations officielles de l'exécutif chinois à l'endroit de l'étranger martèlent inlassablement la promotion de l'interconnectivité, pour quatre principaux types d'infrastructures. Premièrement, le transport (routes, chemins de fer, ports, aéroports, etc.) ; deuxièmement, l'énergie (oléoducs, gazoducs, raffineries, centrales électriques, etc.) ; troisièmement, les télécommunications (câbles optiques transfrontaliers, bandes passantes d'information satellitaire, etc.) ; quatrièmement, les zones industrielles spéciales (sur le modèle des zones économiques spéciales de Deng Xiaoping).

Ainsi, le qualificatif « trouble » peut désigner la BRI, tant toute action chinoise à l'étranger est susceptible de s'y inscrire, d'y être inscrite *ex post* ou d'en être désinscrite. On peut rejoindre le désarçonnement du spécialiste des relations sino-africaines Winslow Robertson, qui avertit que l'expression « BRI » a pu devenir une marque, avec la banalisation de son emploi, qui le pousse finalement à conclure : *« Qui détermine ce qu'est un projet BRI ou un pays BRI ? Personne n'est sûr. Tout et rien est BRI. »*[1] Cette difficulté de labellisation rend très complexe l'évaluation des coûts globaux de l'initiative, et il n'est possible de se fier qu'à des estimations. Un chiffre plutôt crédible est celui apporté par la Banque asiatique de développement (BAD), oscillant entre 22 550 et 26 000 milliards de dollars pour la période 2016-2030[2].

2. *Concrétiser le volet maritime de la BRI via des entreprises d'État massivement soutenues*

2.1. L'architecture financière soutenant la BRI

Avant de pouvoir comprendre la croissance de la présence chinoise dans les ports d'Euroméditerranée, et *in fine* comment COSCO et CMG disposent d'une telle agilité, il paraît incontournable de décrire dans un premier temps l'état du dispositif de financement des entités participant à la BRI. Le champ médiatique, notamment occidental, tire depuis des années le fil du sensationnalisme lorsqu'il est question des nouvelles

---

[1] Kuo, Lily. Kommenda, Niko. *Op. cit.*
[2] « Les nouvelles routes de la soie », *Direction générale du Trésor français*, 2018, p. 2. Consulté le 4 août 2022 sur https://www.tresor.economie.gouv.fr/Articles/1f64b246-7e41-4284-8de5-b079aecb5b7e/files/7fb43132-5583-4e63-917a-8e2a505c909a.

routes de la soie[1] [2]. Malgré les exagérations passagères, il n'en pas moins vrai qu'une architecture financière chinoise — qui ne connaît pas la frontière entre monde politique et monde financier — supporte les ambitions de la BRI. Pour cela, l'étude de l'IFRI, sur laquelle nous nous sommes déjà reposés, constate que la RPC s'appuie sur quatre sources de financement, qui prennent principalement la forme de prêts[3]. Parmi ces quatre et sur la base des données disponibles, les deux premières sources ci-après assureraient 81 % du financement de la BRI **(voir annexe 5)**.

Premièrement, les banques institutionnelles chinoises (*policy banks* en anglais), à l'instar de la puissante *China Development Bank* (CDB), sous la tutelle du ministère des Finances, ou l'*Exim Bank* (CHEXIM), sous celle du Conseil des affaires d'État. Historiquement, les financements accordés par ces banques sont presque exclusivement adressés à des entreprises d'État chinoises qui, nous le verrons dans la partie suivante, sont le cœur battant de la BRI.

Deuxièmement, les quatre banques commerciales d'État chinoises — l'*Agricultural Bank of China* (ABC), la *Bank of China Limited* (BOC), la *China Construction Bank* (CCB) et l'*Industrial and Commercial Bank of China* (ICBC).

Troisièmement, les institutions multilatérales, comme la Banque de développement des BRICS, celle de l'Organisation de la coopération de Shanghai (OCS) ou surtout la BAII. Si l'on s'attarde sur cette dernière, on observe aujourd'hui qu'elle est un acteur marginal dans le financement de la BRI, ne pouvant qu'assurer un accompagnement. Elle utilise exclusivement la voie du cofinancement, en partenariat avec d'autres institutions financières, notamment la Banque mondiale et la BAD[4]. Pour autant, toujours selon l'IFRI, le choix du cofinancement représente le meilleur moyen pour la BAII d'acquérir, à terme, une légitimité. Déjà, sa création même en 2014 est un succès éclatant pour la RPC, qui a rapidement bénéficié de soutiens, dont pour la zone qui nous intéresse, l'Espagne, la France, l'Italie et la Grèce. D'aucuns estiment d'ailleurs que la motivation originelle de cette institution est de renforcer le rôle du PCC dans la gouvernance mondiale, en érigeant une institution

---

[1] « Chine: un projet de « Nouvelle route de la soie » à 1000 milliards ». *TV5MONDE*, 2017.
[2] « « Nouvelles routes de la soie » : en quoi consiste le titanesque projet chinois ? », *BFM Business*, 2019.
[3] Ekman, Alice (dir.). « La France face aux nouvelles routes de la soie chinoises », *op. cit.*, p. 20.
[4] Ekman, Alice (dir.). « La France face aux nouvelles routes de la soie chinoises », *op. cit.*, pp. 41-42.

de poids face au FMI afin de construire ses propres canaux de la mondialisation[1]. Ainsi, son siège est à Pékin ; Jin Liqun, de nationalité chinoise, en est le président ; la RPC détient 50 % du capital et dispose d'un pouvoir de veto[2].

Quatrièmement enfin, des fonds d'État chinois, dont le plus connu est le Fonds des routes de la soie, directement rattaché aux instances gouvernementales et basé à Shanghai. Il participe au financement de la BRI sous la forme du financement par actions — c'est-à-dire que des entreprises vendent des actions à des investisseurs pour lever des capitaux[3]. Le fonds fut initialement doté de 40 milliards de dollars, et est depuis lors financé par les banques institutionnelles chinoises ainsi que par les fonds d'État chinois de la *State Administration of Foreign Exchange* (SAFE) et de la *China Investment Corporation* (CIC). En outre, on peut aussi penser au *Silk Road Gold Fund*, basé à Xi'an, et au *China Insurance Investment Fund*, créé par des compagnies d'assurances chinoises[4].

Toutefois, la myriade d'acteurs impliqués dans le financement du projet ne doit pas laisser circuler l'idée reçue selon laquelle la capacité financière de la RPC serait sans bornes. Même si la puissance d'entités comme la CDB est très élevée, un financement unilatéral de la BRI n'est pas soutenable. Dans un contexte de ralentissement de la croissance économique chinoise, de détérioration des résultats bancaires et de diminution des réserves de change[5], le pays doit se tourner vers d'autres mécanismes : l'émission d'obligations, l'inclusion de partenaires étrangers, les financements privés[6].

Enfin, il faut avoir conscience que les ambitions parfois pharaoniques des projets d'infrastructures de la BRI, notamment sur le continent asiatique, peuvent conduire à un endettement important, issu des prêts à répétitions attribués par les institutions citées ci-dessus. Cette donnée appelle à réfléchir sur les problèmes de la charge de la dette pour les pays débiteurs. Pèse sur ces derniers la possibilité d'une dépendance excessive vis-à-vis du créancier chinois. Dans la littérature, on parle même de

---

[1] Renard, Mary-Françoise. *Op. cit.*
[2] *Ibid.*
[3] Selon la Banque de développement du Canada, https://www.bdc.ca/en/articles-tools/entrepreneur-toolkit/templates-business-guides/glossary/equity-financing.
[4] Renard, Mary-Françoise. *Op. cit.*
[5] Garcia-Herrero, Alicia. « China Cannot Finance the Belt and Road Alone », *Thought Leadership Brief*, no. 17, HKUST, Institute for Emerging Market Studies, 2017. Consulté le 4 août 2022 sur hkust-iems-tlb17-garcia-herrero.pdf.
[6] Ekman, Alice (dir.). « La France face aux nouvelles routes de la soie chinoises », *op. cit.*, p. 44.

« diplomatie du piège de la dette », soit l'idée selon laquelle les institutions financières de la RPC, premier prêteur bilatéral au monde, adosseraient intentionnellement leurs crédits excessifs à des garanties en nature, comme des concessions sur une mine ou un port étrangers, afin d'être sûres d'en obtenir des droits ultérieurement[1]. Cette diplomatie serait l'une des manifestations implicites de la stratégie chinoise dite du « tranchage du salami » selon l'expression du journaliste et sous-traitant du Commandement des opérations spéciales des États-Unis Robert Haddick. Elle consisterait en *« la lente accumulation de petites actions, dont aucune n'est un casus belli, mais qui s'additionnent au fil du temps vers un changement stratégique majeur »*[2]. Encore aujourd'hui, la première agence de presse du PCC, *Xinhua*, récuse toute accusation du recours de ce type de diplomatie ou de stratégie par le gouvernement central[3]. En tout cas, pour l'heure et la zone d'étude qui est la nôtre, aucun pays euroméditerranéen ne se trouve dans une situation aussi critique[4].

2.2. Des moyens conditionnés par le politique avant d'être alloués à COSCO et CMG

Après cette présentation globale de la BRI et des flous qui lui sont inhérents, on observe que si l'impulsion de l'initiative est essentiellement d'origine politique, ce sont des entreprises sous le contrôle étroit du gouvernement de Pékin qui lui donnent une réalité, profitant d'un soutien politique et financier conséquent. Pour témoigner du rôle clef de voûte de ces entreprises au sein des nouvelles routes de la soie, on peut relater la formule ternaire du gouvernement chinois : la BRI sera « dirigée par le gouvernement, orientée vers les entreprises [principalement d'État]

---

[1] « How Will China Respond When Low-Income Countries Can't Pay Their Debts? », *Washington Post*, 2020.

[2] Haddick, Robert. « Salami Slicing in the South China Sea », *Foreign Policy*, 2012. Consulté le 4 août 2022 sur https://foreignpolicy.com/2012/08/03/salami-slicing-in-the-south-china-sea/.

[3] « No evidence of China's engagement in « debt-trap diplomacy » », *Xinhua*, 2021. Consulté le 4 août 2022 sur http://www.xinhuanet.com/english/asiapacific/2021-02/24/c_139764009.htm.

[4] Hurley, John. Morris, Scott. Portelance, Gailyn. « Examining the Debt Implications of the Belt and Road Initiative from a Policy Perspective », *Center for Global Development Policy Papers*, no. 121, 2018. Consulté le 4 août 2022 sur https://www.cgdev.org/sites/default/files/examining-debt-implications-belt-and-road-initiative-policy-perspective.pdf.

et basée sur le marché »[1]. De même, des déclarations de certaines grandes figures de l'administration chinoise ont avalisé cette pensée. Pensons notamment à Xiao Yaqing, ancien directeur de la Commission de supervision et d'administration des actifs publics (SASAC) entre 2016 et 2019 — en clair, le responsable de la gestion des entreprises d'État chinoises — qui assurait que le gouvernement soutiendrait pleinement les entreprises publiques pour qu'elles s'engagent au sein de la BRI[2]. En ce sens, l'exécutif chinois apparaît davantage comme un superviseur que comme un acteur de premier plan.

Ces entreprises sont aisément reconnaissables : elles sont des géants publics du monde de la construction « de taille mondiale cherchant à s'internationaliser »[3] via la BRI, choisis par le gouvernement, qui sont de fait très actifs le long de la Ceinture et de la Route. Leur acronyme commence souvent par la lettre « C ». Les professeurs en science politique Ka Zeng et Xiaojun Li citent les plus impliqués : *China Ocean Shipping Company* (COSCO), *China Railway Group* (CREC), *China Railway Construction Corporation* (CRCC), *China National Gold Group Corporation* (CNGC), *China Merchants Group* (CMG), *China Communications Construction Company* (CCCC)[4]. Il n'est pas anodin d'y retrouver COSCO et CMG, de par leur proactivité au sein de la BRI maritime européenne, aux côtés de *Hutchison Port Holdings* (HPH), du *Shanghai International Port Group* (SIPG) et du *Qingdao Port International* (QGGJ)[5].

Pour ce qui est de l'hélice maritime de la BRI, les activités des géants chinois disposent de modalités de financement opaques dont il est complexe de connaître, en source ouverte, les montants reçus depuis 2013. Pourtant, dans le monde, les 274 postes d'amarrage dans 35 ports de COSCO ou les 40 ports dans 22 pays exploités par CMG[6] sont supportés par des modalités de financement. Ces modalités relèvent dans un premier temps de l'État chinois, COSCO et CMG — comme toute entreprise d'État — fonctionnant sur des principes distincts du secteur

---

[1] Zhang, Denghua. Yin, Jianwen. « *China's Belt and Road Initiative, from the inside looking out* », Lowy Institute, 2019. Consulté le 4 août 2022 sur
https://web.archive.org/web/20210422150625/https://www.lowyinstitute.org/the-interpreter/china-s-belt-and-road-initiative-inside-looking-out.
[2] Li, Xiajun. Zeng, Ka. *Op. cit.*, p. 7.
[3] Direction générale du Trésor français. *Op. cit.*, p. 3.
[4] Li, Xiajun. Zeng, Ka. *Op. cit.*
[5] Duchâtel, Mathieu. Duplaix, Alexandre Sheldon. *Op. cit.*, p. 14.
[6] Uddenfeldt, Fredrik. Hallgren, David. « China's Belt & Road Initiative: What's in it for Swedish Companies? », *Business Sweden*, 2019, p. 7. Consulté le 4 août 2022 sur https://www.business-sweden.com/globalassets/insights/reports/trade/chinas-belt-and-road-initiative.pdf.

privé. Certes, la hausse de leurs investissements au sein des ports sud-européens de type *gateway* suit une logique de rentabilité. Seulement, cette dernière, tout comme la perception d'une quelconque aide financière publique, est constamment conditionnée à une subordination politique. Pareillement, leur responsabilité n'est pas seulement engagée auprès des actionnaires, mais aussi et surtout devant les organismes gouvernementaux qui les supervisent[1] [2]. N'oublions pas que leur direction est nommée par le PCC, et que le SASAC établit pour elles des objectifs à remplir, émanant directement du Comité permanent[3]. La Cour des comptes européenne ne s'y trompe d'ailleurs pas : elle a déjà pointé l'existence d'une stratégie d'investissement « entièrement menée par l'État »[4]. Ainsi, un rare article[5] lié au domaine portuaire relate par exemple que pour la période 2017-2021, la CDB a formalisé son souhait d'appuyer financièrement COSCO à hauteur de 26,1 milliards de dollars. En retour, le directeur général de l'entreprise d'État a affirmé que l'accord était « conforme aux politiques de développement macroéconomique, industriel et régional du gouvernement » et qu'il aiderait « la Chine à renforcer ses capacités de fabrication, à accroître ses prouesses maritimes ».

Mais les modalités relèvent aussi de l'étranger et du privé, comme l'avouait le directeur exécutif de COSCO Kelvin Wong, selon lequel son entreprise cherchait prioritairement des sources de financement locales pour ses transactions à l'étranger. Tant pour obtenir des soutiens locaux que réduire le coût de la dette[6]. Compte tenu des besoins pécuniaires colossaux de la BRI maritime, les financements émanant de PPP sont indispensables pour compléter les financements publics. Souvenons-

---

[1] Chaisse, Julien. Matsushita, Mitsuo. « China's 'Belt and Road' Initiative. Mapping the World's Normative and Strategic Implications », *Journal of World Trade*, Issue 1, 2018, pp. 163-185. Consulté le 4 août 2022 sur
https://papers.ssrn.com/sol3/papers.cfm?abstract_id=3134429.
[2] Li, Bin. « Les Nouvelles routes de la soie : un nouveau paysage pour cartographier l'évolution de la gouvernance mondiale », *Groupe d'études géopolitiques*, 2021, pp. 70-75. Consulté le 4 août 2022 sur https://geopolitique.eu/articles/les-nouvelles-routes-de-la-soie-un-nouveau-paysage-pour-cartographier-levolution-de-la-gouvernance-mondiale/.
[3] Duchâtel, Mathieu. Duplaix, Alexandre Sheldon. *Op. cit.*, p. 18.
[4] « The EU's response to China's state-driven investment strategy », *Cour des comptes européenne*, 2020.
[5] Wei, Zhe Tan. « Cosco Shipping signs $26bn One Belt, One Road finance deal », *Lloyd's Loading List*, 2017. Consulté le 4 août 2022 sur
https://www.lloydsloadinglist.com/freight-directory/news/Cosco-Shipping-signs-26bn-One-Belt-One-Road-finance-deal/68419.htm#.YlbZKOhBzb0.
[6] « How Is Belt and Road Being Funded? », *Week In China*. Consulté le 4 août 2022 sur https://www.weekinchina.com/?p=32849.

nous du discours de Xi Jinping au forum des entrepreneurs tenu en juillet 2020, dans lequel il rappelait aux entreprises privées que « le patriotisme est la glorieuse tradition des entrepreneurs chinois exceptionnels des temps modernes. »[1] En effet, leur dynamisme, leur flexibilité et leur expérience en matière de développement apparaissent comme un argument de taille en soutien à la BRI, qui s'immisce d'ailleurs de plus en plus dans le discours des décideurs chinois et groupes de réflexion[2]. On peut noter que depuis l'annonce du plan en 2013, de nombreuses entreprises privées chinoises ont répondu à l'appel : à titre d'exemple, pour le seul premier semestre 2017, les IDE sur les marchés de la BRI se sont élevés à 6,6 milliards de dollars — soit 13,7 % du total des IDE chinois sortants[3].

Cependant, rappelons qu'au vu du poids du tandem gouvernement central-entreprises d'État au sein de la BRI, tout projet agglomérant des entreprises privées chinoises ou des entreprises étrangères, publiques comme privées, ne pourrait composer sans ces deux acteurs[4]. En fait, il semblerait que l'objectif soit de généraliser le système « coentreprise sino-étrangère » (*joint-venture*, en anglais) à l'ensemble des pays situés le long de la BRI.

---

[1] « Promote entrepreneurship and make greater contributions to the country », *International Union Construction Group*. Consulté le 4 août 2022 sur http://www.guojianjituan.com/en/index.php/Index/News_details/1126.html.
[2] Li, Xiajun. Zeng, Ka. *Op. cit.*, p. 7.
[3] Curran, Enda. « China's Crackdown Hasn't Ended Its Giant Foreign Buying Spree », *Bloomberg News*, 2017.
[4] Chaisse, Julien. Matsushita, Mitsuo. *Op. cit.*

Chapitre 2 : Une BRI maritime européenne perçue par certains comme une panacée économique…

S'il est intéressant d'étudier les acteurs chinois, publics comme privés, ainsi que leurs motivations à ressusciter un tel projet jusqu'en Europe, il ne faut pas oublier d'étudier l'accueil qui en sera fait localement. En l'occurrence, deux types d'acteurs européens affichent leur satisfaction à l'idée d'un accroissement de la présence des entreprises d'État chinoises sur le Vieux continent. Premièrement, une part non négligeable du secteur privé européen a pu percevoir les vertus des IDE chinois, au-delà des préventions alarmistes. Pour un secteur caractérisé par une course à l'attractivité vis-à-vis des capitaux, la nébuleuse chinoise s'est parfois imposée comme alternative au délaissement public des États et de l'UE constaté lors de la crise des dettes souveraines (A). Secondement, une « autre Europe » constituée de certains États du sud, du centre et de l'est de l'Europe a aussi su saisir la main tendue par le PCC. Jonglant entre bilatéralisme et multilatéralisme, l'exécutif chinois semble avoir appris à transformer les frustrations à l'égard de l'UE en avantage, à son profit (B).

1. *Le secteur privé européen, ou la course à l'attractivité des capitaux chinois*

1.1. L'importance de l'alternative chinoise depuis la crise des dettes souveraines

Dans un mémoire d'étude ayant trait au contrôle des investissements chinois dans l'UE et dirigé par le chercheur au CNRS à Sciences Po Hugo Meijer[1], on observe que la croissance des investissements directs à l'étranger (IDE) originaires de la RPC a été perçue par les entreprises européennes comme une opportunité de surmonter la crise des dettes souveraines dès 2010. En effet, cette dernière a été l'occasion pour les fonds chinois d'opérer un déploiement massif vers une Europe affectée

---

[1] Bacchi, Clément. *Contrôle des investissements chinois dans l'Union européenne. La fin de la naïveté, ou comment a émergé un mécanisme européen de filtrage des investissements directs étrangers*, 2021, pp. 14-27. Consulté le 4 août 2022 sur https://www.sciencespo.fr/public/sites/sciencespo.fr.public/files/BACCHI%20Clement.pdf.

par une dévaluation de nombreux actifs publics comme privés, une fragilisation de certains de ses parcs immobiliers ou encore un accroissement des privatisations. Les pays et entreprises d'Europe du Sud, encore plus affaiblis par l'austérité imposée par la Commission européenne, se sont affichés comme particulièrement intéressés par la massification des investissements chinois[1]. Au point qu'en 2015, plus de 40 % des IDE chinois au sein de l'UE l'étaient à destination de pays sud-européens[2]. L'action des fonds chinois a été jugée « très utile pour bon nombre d'entreprises européennes, qui auraient probablement fait faillite sans ces prises de participation. » Concernant le secteur portuaire, ce n'est pas pour rien que le capitaine Mohammad Juma Al Shamisi, directeur général des ports d'Abou Dabi, prédisait que les IDE chinois dans le secteur portuaire induiraient, en Europe comme ailleurs, une « réduction spectaculaire des coûts de fret. »[3] On comprend mieux pourquoi un important travail d'influence et de lobbying au cours des négociations du règlement européen 2019/452 — qui a établi un cadre pour filtrer les IDE dans l'UE — s'est observé de la part de plusieurs entreprises et États, en particulier d'Europe du Sud, afin d'éviter de ralentir l'arrivée de capitaux chinois. La nouvelle relation liant des entreprises européennes, qualifiées mais en difficulté financière, et des investisseurs chinois, puissants financièrement et à la recherche d'expertise, paraît en effet bien épouser la philosophie « gagnant-gagnant » (共赢, en chinois mandarin), abondement promue par le gouvernement chinois.

En conséquence, l'un des principaux reproches adressés fut l'absence de soutien voire le désintérêt européens, alors compensés via le nouveau partenaire chinois[4]. Cela paraît bien logique. Pour une entreprise européenne guidée par un impératif de rentabilité, il est compréhensible que cette dernière soit attirée par un projet d'envergure tel que la BRI, qui investit massivement dans la recherche et le développement. Être labellisé « entreprise BRI » dans un pareil contexte, c'est augmenter grandement ses chances de bénéficier plus facilement et plus abondamment de subventions et de partenariats privilégiés, certes chinois, à une époque où les autorités politiques en Europe n'étaient pas

---

[1] Andrade, Arjuna. « La Chine au secours de l'économie européenne », *France Culture*, 2019.
[2] Kratz, Agatha. Zenglein, Max. Sebastian, Gregor. « Chinese FDI in Europe: 2020 Update », *Mercator Institute for China Studies (MERICS)*, 2021, p. 10. Consulté le 4 août 2022 sur https://merics.org/en/report/chinese-fdi-europe-2020-update.
[3] Duchâtel, Mathieu. Duplaix, Alexandre Sheldon. *Op. cit.*, p. 17.
[4] Meunier, Sophie. « Divide and conquer? China and the cacophony of foreign investment rules in the EU », *Journal of European Public Policy*, vol. 21, no. 7, 2014, pp. 996-1016.

en mesure d'endosser ce rôle[1]. Au contraire même, poussés par un discours politique décriant le problème structurel de la taille des entreprises européennes, on entend les attraits que peut représenter « l'immensité du marché chinois » et ses « perspectives de développement presque infinies »[2].

1.2. Les atouts des IDE chinois pour certaines entreprises européennes

À partir de 2015 — année de publication du manifeste de la BRI « Vision et actions sur la construction conjointe de la Ceinture économique de la route de la soie et de la route de la soie maritime du XXIe siècle » —, on assiste à une rupture dans le style diplomatique chinois à l'égard du projet. Pour la BRI maritime, l'Administration océanique d'État de la RPC (*State Oceanic Administration*, SOA en anglais) parle de « l'année clef », au cours de laquelle les instances politiques centrales puis locales ont véritablement commencé à faire du projet une priorité, en tandem avec *Made In China 2025*[3].

En ce sens, la tenue d'évènements, de conférences et de forums internationaux promouvant l'Initiative s'est densifiée. Cet activisme eut pour but premier d'intéresser celles qui sont perçues comme la cible prioritaire de la BRI en Europe : les entreprises européennes. Pensons ainsi aux rencontres permises par la NDRC, aux nombreux forums organisés par la et en RPC en lien avec des secteurs intéressant le privé, ou encore au renvoi d'ascenseur européen opéré par des institutions telles que le comité France-Chine du MEDEF[4]. La floraison de ces nombreux évènements put provoquer, chez certaines entreprises, un enthousiasme notable. Dans l'élan de l'effet COSCO-Pirée, l'intérêt pour elles au sujet du bras maritime de l'Initiative peut être synthétisé en cinq points[5] [6] :

---

[1] Martin, Valentin. *Op. cit.*, pp. 122-127.
[2] *Ibid.* L'auteur relate ici le contenu d'une conférence à laquelle il a assisté : « Europe-Chine : nouvelles opportunités, nouveaux partenariats pour l'entreprise », dans le cadre du Forum culturel franco-chinois de 2018.
[3] State Oceanic Administration. *2017 Ocean Development Report*, Beijing, Haiyang Press, 2017.
[4] Ekman, Alice (dir.). « La France face aux nouvelles routes de la soie chinoises », *op. cit.*, pp. 48-51.
[5] *Ibid.*
[6] « The Belt and Road Initiative: How European Businesses Can Benefit », *China Briefing*, 2018. Consulté le 4 août 2022 sur https://www.china-briefing.com/news/belt-road-initiative-how-european-businesses-can-benefit/.

Premièrement, le continent européen et la Méditerranée constituent la conclusion géographique du bras occidental de la BRI. À ce titre, les investisseurs chinois ont un intérêt à financer des entreprises européennes locales dont ils perçoivent le potentiel de développement et de rentabilité. L'importante — et malgré tout limitée — puissance de financement de la RPC est une aubaine, dans un contexte où il peut être très bénéfique pour une entreprise d'être assurée de son attractivité, en nouant des liens répétés avec un partenaire chinois.

Deuxièmement, embrasser le projet BRI est une opportunité d'obtenir certaines retombées économiques ainsi que d'ériger de nouveaux réseaux d'approvisionnement. La BRI, avec notamment ses projets infrastructurels dans les domaines du transport ferroviaire et portuaire, de l'énergie et des télécommunications, peut constituer un choix stratégique sur plusieurs années pour des entreprises de logistique et de construction européennes accueillant les « chantiers BRI ».

Troisièmement, des entreprises européennes de transport pourraient tout à fait être séduites par la réduction drastique des coûts issue de l'interventionnisme chinois. Avec l'amélioration de la connectivité et du possible déplacement du centre de gravité des échanges européens, de la *Northern Range* vers la Méditerranée, lesdites entreprises pourraient bénéficier d'un coût moins élevé concernant le flux de marchandises, de délais de transport plus compétitifs, et *in fine* d'une croissance des flux.

Quatrièmement, intégrer la BRI pourrait considérablement élargir le nombre de consommateurs. En s'ouvrant à un marché contenant plusieurs milliards d'individus tout le long des pays ayant déjà rejoint l'Initiative, les entreprises européennes devraient pouvoir développer des échanges avec des pays au potentiel ignoré ou sous-estimé jusqu'alors. Il ne faut pas sous-estimer l'aura et le *soft power* européens des entreprises du Vieux continent, parfois réputées dans le monde entier pour leur conception, leur innovation, leur savoir-faire et leur main-d'œuvre qualifiée[1]. Même, ce serait là l'opportunité de se développer dans des marchés difficiles d'accès pour des raisons économiques ou politiques.

Cinquièmement enfin, rejoindre la BRI pour une entreprise européenne peut aussi être le fruit d'un calcul, voire d'un pari sur l'avenir. Les IDE chinois étant principalement orientés vers les secteurs du transport, de l'énergie, de l'immobilier ou encore des télécommunications[2], il n'est pas

---

[1] Martin, Valentin. *Op. cit.*, pp. 166-167.
[2] He, Alex. « The Belt and Road Initiative: Motivations, Financing, Expansion and Challenges of Xi's Ever-Expanding Strategy », *Journal of Infrastructure, Policy and Development*, vol. 4, no. 1, 2020, p. 5. Consulté le 4 août 2022 sur https://www.cigionline.org/static/documents/documents/no.225%20web.pdf.

impossible que certaines compagnies aient fait le choix proactif d'intégrer dans les meilleures conditions la présence chinoise en leur sein, par peur anticipée d'une concurrence ultérieure trop importante.

Or, les intérêts économiques poursuivis par les entreprises européennes séduites par la BRI entrent parfois en totale contradiction avec les intérêts politiques de l'UE ou de certains pays européens. Par cette dissonance, les entreprises peuvent avoir une propension à s'éloigner de l'UE et des États hôtes, privant ces derniers d'un manquement aux bénéfices, alors qu'elles se trouvent démunies de protection en l'absence d'accords globaux entre la RPC et leurs États. Le cas archétypal de cette situation apparaît avec le refus de la Commission de l'UE de la fusion entre l'Allemand *Siemens* et le Français *Alstom*, au nom du respect de la concurrence, qui en plus d'ouvrir le continent au géant chinois CRCC — numéro un mondial du secteur ferroviaire — éloigna *Siemens* du giron européen[1]. C'est dans ce contexte que l'entreprise allemande a profondément exacerbé son intérêt pour la BRI, au moins depuis le forum de Davos de janvier 2018, estimant qu'elle s'agrégeait au *« projet d'infrastructure le plus pertinent de notre époque »*. C'est pour cela qu'elle a par exemple aidé à la tenue d'un « forum BRI des entreprises », grâce auquel elle a pu conclure plus de dix accords commerciaux[2].

2. *États méridionaux et PECO : cette « autre Europe » séduite par la voie chinoise*

2.1. La prépondérance de la coopération bilatérale : l'importance du mémorandum d'entente

Derrière l'argument d'une Initiative vantée comme étant un « un processus de coopération pluraliste et ouvert qui peut être très flexible et ne recherche pas la conformité »[3], la RPC soutient la création de mécanismes de coopération pour les pays intéressés. Cependant, les faits montrent rapidement en quoi cette coopération est prioritairement d'ordre bilatéral, dans une conception chinoise de la diplomatie dite « de parti »[4] en phase avec celle de Machiavel, de Richelieu, ou plus récemment de

---

[1] Martin, Valentin. *Op. cit.*, pp. 122-127.
[2] « B&R enhances win-win partnership between China, Europe against global uncertainties », *China Daily*, 2018. Consulté le 4 août 2022 sur https://www.chinadaily.com.cn/a/201806/15/WS5b23791ea310010f8f59d37e.html.
[3] « Vision and Actions on Jointly Building Silk Road Economic Belt and 21st-Century Maritime Silk Road », *NDRC*, 2015.
[4] Charon, Paul. Jeangène Vilmer, Jean-Baptiste. *Op. cit.*, p. 16.

Kissinger[1]. La conception chinoise est, en effet, davantage empreinte de *realpolitik* que de fonctionnalisme. Le MoU — un protocole d'accord entre un État et la RPC — s'est alors imposé comme l'instrument de diplomatie privilégié de la Chine continentale dans le cadre de la BRI, afin que chaque pays intégrant le projet opte librement pour le soutien qu'il compte y apporter. *A contrario*, le MoU permet à la RPC de se détacher des habituelles concertations communes, lentes et parfois stériles, pour plutôt faire valoir un pragmatisme ciblé et adapté à ses intérêts du moment[2]. Le Groupe dirigeant de la construction de la BRI avance en 2021 que 139 pays auraient déjà rejoint la BRI via un MoU, bien que les chiffres, invérifiables, oscillent selon les méthodes de comptage[3].

Pour la zone d'étude qui est la nôtre, il convient de se pencher sur les gouvernements euroméditerranéens formellement séduits par la BRI, avec lesquels l'exécutif chinois a noué des partenariats principalement centrés sur la « coopération maritime globale », dans l'objectif de bâtir « l'extension européenne de la Route maritime de la soie du XXIe siècle », comme l'affirme le directeur de la SOA Wang Hong[4]. Il s'agit prioritairement de la Grèce, l'Italie, et Malte.

Concernant la Grèce, il apparaît inutile de développer les liens privilégiés entretenus avec la RPC depuis au moins 2008, tant nous l'avons fait dans la première partie de notre mémoire. Simplement, la vision de la RPC vis-à-vis de l'archipel hellénique semble résumée par la myriade d'éloges que constituait le discours de l'ambassadeur chinois en Grèce Zou Xiaoli, à l'occasion de la cérémonie d'émission du timbre commémoratif « 2015, année de la coopération maritime sino-grecque ». Dans son allocution, l'ambassadeur chinois a même qualifié la Grèce de « représentant des six pays d'Europe du Sud »[5], affichant sans ambiguïté

---

[1] Kissinger, Henry. *Diplomacy*, 1994.
[2] Martin, Valentin. *Op. cit.*, pp. 89-97.
[3] Hillman, Jennifer. Sacks, David. *Op. cit.* Le rapport se base sur une liste du Groupe dirigeant de la construction de la BRI. Par conséquent, ce chiffre est très flou car le comptage est subjectif et dépend des données des mémorandums d'entente annoncés par le Groupe, qui inclut parfois des pays niant avoir signé un ou des accords avec elle. Les chiffres peuvent aussi avoir tendance à être gonflés par la RPC, par un élargissement de ces derniers aux pays membres avérés ou potentiels de la BAII.
[4] « China boosts maritime co-op with southern Europe », *Xinhua*, 2018. Consulté le 4 août 2022 sur
http://english.www.gov.cn/news/international_exchanges/2015/11/08/content_281475230596652.htm.
[5] « Address by Ambassador Zou Xiaoli at the Ceremony for the Issuance of Commemorative Stamp for « 2015 China-Greece Maritime Cooperation Year » »,

le poids central du pays dans la politique euroméditerranéenne de la RPC. C'est là une manifestation éclatante de la diplomatie dite du « loup guerrier » qu'évoque le rapport de l'IRSEM d'octobre 2021, où les initiatives du porte-parolat du ministère chinois des Affaires étrangères décrivent des étapes phares de la diplomatie chinoise dans le monde[1].

Concernant l'Italie, cette dernière a officiellement rejoint la BRI en mars 2019, créant une onde de choc médiatique dans les pays occidentaux, en sa qualité de premier pays du G7 à franchir le Rubicon — ou en l'espèce, le fleuve Jaune. Il faut toutefois replacer la signature des MoU sino-italiens dans leur contexte. D'un point de vue interne, la période 2019-2021 se caractérise par d'importants changements politiques au sein du gouvernement italien. Quand les MoU sont signés, la coalition Mouvement cinq étoiles-Ligue d'extrême droite est encore en place, avec une politique extérieure guidée par un mélange de « rejet des alliances traditionnelles de l'Italie, d'euroscepticisme, de naïveté et d'intérêts favorables à la Chine. »[2] Cette posture évolue timidement dès septembre 2019, et plus franchement à partir de février 2021, avec les gouvernements Conte II puis Draghi I. La botte s'est en effet progressivement recentrée au sein de ses alliances traditionnelles, notamment européennes et atlantistes. La pression du gouvernement américain sur Conte II, dans le contexte de la guerre commerciale avec la RPC, couplée à l'expansion de la maladie à coronavirus 2019 y furent pour beaucoup. L'une des meilleures représentations du ralentissement de la coopération sino-italienne s'observe avec le maintien d'un unique projet BRI dans le secteur maritime en Italie : le terminal portuaire de Vado Ligure avec COSCO[3]. Les autres projets maritimes liés aux MoU de mars 2019 et prolongés en septembre de cette même année à Shanghai ont échoué, à l'instar de l'avortement symbolique de la déclaration de bonne volonté entre le port de Trieste et l'entreprise d'État CCCC. Ainsi, c'est l'Allemand *Hamburger Hafen und Logistik AG* (HHLA) qui a décroché l'accord l'autorisant à développer la plateforme logistique du port italien. CCCC se contente donc de participer au projet Trihub. C'est la même chose concernant le port de Gênes, comme en témoigne l'échec de CCCC à remporter l'appel d'offres public pour la

---

Embassy of PRC in Greece, 2016. Consulté le 4 août 2022 sur https://www.mfa.gov.cn/ce/cegr/eng/zxgx/t1344902.htm.
[1] Charon, Paul. Jeangène Vilmer, Jean-Baptiste. *Op. cit.*, p. 16.
[2] Ghiretti, Francesca. « The Belt and Road in Italy: 2 Years Later », *The Diplomat*, 2021. Consulté le 4 août 2022 sur https://thediplomat.com/2021/03/the-belt-and-road-in-italy-2-years-later/.
[3] *Ibid.*

construction du nouveau barrage brise-lames[1]. Mais l'impact des MoU entre les gouvernements chinois et italien ne doit pas être sous-estimé, et rien ne prouve que les trois années suivant leur signature seront représentatives des années à venir.

Enfin, concernant Malte, l'archipel fut « l'un des premiers pays d'Europe à signer un MoU avec la Chine pour faire avancer conjointement la construction de la BRI, la coopération ayant déjà obtenu des résultats gagnant-gagnant. »[2] Par ces mots, l'ambassadeur de Malte en Chine John Aquilina rappelait la relation claire et traditionnellement cordiale qui lie Malte à la RPC, dont le premier MoU sur cinq ans remonte à 2014, et a été renouvelé en 2018[3]. Dans le secteur maritime, on peut ainsi rappeler l'ambition commune des deux pays de mettre en place une structure intergouvernementale pour accroître le potentiel maritime sino-maltais, via le programme *Maritime Malta*, chargé d'étendre l'influence de Malte en tant que *hub* maritime international. Le secrétaire parlementaire maltais José Herrera, invité du Forum de coopération maritime entre la Chine et les pays d'Europe du Sud à Xiamen en RPC, affirma même que la mise en œuvre de cette structure est la priorité absolue de *Maritime Malta*[4]. Sa position est alors révélatrice de la perception positive des pouvoirs politiques maltais à l'égard d'une poursuite, voire d'une exacerbation des investissements chinois au sein de l'archipel, à l'instar de la participation de CMG dans la gestion du port de Marsaxlokk.

2.2. Jouer le jeu du multilatéralisme : la « diplomatie des forums » impulsée par la RPC

Si le gouvernement chinois accorde une place importante aux relations bilatérales entre États dans le cadre de la BRI, il ne faut pas

---

[1] Ghiretti, Francesca. « Demystifying China's Role in Italy's Port of Trieste », *The Diplomat*, 2020. Consulté le 4 août 2022 sur
https://thediplomat.com/2020/10/demystifying-chinas-role-in-italys-port-of-trieste/.
[2] « Ambassador Invites Chinese Companies to Invest in Malta », *Malta Business*, 2020. Consulté le 4 août 2022 sur https://www.maltabusiness.it/en/ambassador-invites-chinese-companies-to-invest-in-malta/.
[3] « Malta, China Sign MoU within One Belt One Road Initiative », *Times of Malta*, 2018. Consulté le 4 août 2022 sur https://timesofmalta.com/articles/view/malta-china-sign-mou-within-one-belt-one-road-initiative.693602.
[4] « Malta, China to Set up Inter-Governmental Structure to Promote Maritime Sector », *Malta Today*, 2015. Consulté le 4 août 2022 sur
http://www.maltatoday.com.mt/news/national/59095/malta_china_to_set_up_intergovernmental_structure_to_promote_maritime_sector.

pour autant négliger ce que d'aucuns ont pu dénommer la « diplomatie des forums »[1]. Derrière la myriade de forums qu'il promeut — l'ANASE Plus Trois, le Forum de coopération Chine-États arabes, le Dialogue Asie-Europe, le Forum de Boao pour l'Asie, l'Expo Chine-Eurasie, le Salon international du livre *Silk Road* et bien d'autres —, le gouvernement chinois le concède : « Nous devons continuer à encourager le rôle constructif des forums internationaux et des expositions aux niveaux régional et sous-régional organisés par les pays le long de « la Ceinture et la Route » »[2]. Malgré leur importance, il faut toutefois avoir en tête que ces initiatives multilatérales semblent généralement reléguées au second plan. Elles sont plutôt évoquées par les hauts personnages de l'exécutif chinois afin de permettre l'acceptation de la RPC dans un monde occidentalisé où le factionnalisme est croissant depuis au moins le début du XXe siècle.

Au sujet de l'Euroméditerranée, la RPC cible deux sous-régions européennes, au moyen de ces forums : l'Europe méridionale d'une part, et les PECO du pourtour méditerranéen d'autre part. L'Europe du Sud a rapidement été une cible à séduire pour le développement de la portion occidentale maritime de la BRI. Cette première prise de contact remonte à février 2013, dans la capitale italienne, où en parallèle de discussions sur la coopération agricole, le gouvernement chinois a défini sa propre définition des « pays d'Europe du Sud ». Depuis 2013 donc, les États de la Grèce, de l'Italie, de Malte, de Chypre, de l'Espagne et du Portugal sont devenus les interlocuteurs du sous-continent. Sont de fait marginalisées des puissances qui y sont fondamentalement liées, tels la France ou les pays des Balkans occidentaux[3]. Il est assez probable que le « nouveau type de relations entre grandes puissances » (新型大国关系, en chinois mandarin), concept clef pour comprendre la nature de la politique étrangère de la RPC, en soit l'une des explications. En effet, selon le réseau officiel d'information du PCC, ce concept issu de la guerre froide promeut prioritairement la tempérance entre les nations, en cherchant à fragmenter le monde en différents blocs d'influences plutôt

---

[1] Najah, Redouan. « La diplomatie des forums de la Chine en Afrique : le « Focac » 2021 apportera-il des surprises ? », *Policy Center For The New South*, 2021. Consulté le 4 août 2022 sur https://www.policycenter.ma/sites/default/files/2022-01/PB_47-21_Najah.pdf.
[2] « Vision and Actions on Jointly Building Silk Road Economic Belt and 21st-Century Maritime Silk Road », *NDRC*, 2015.
[3] Ekman, Alice. « La Chine en Méditerranée : un nouvel activisme », *Politique étrangère*, 2016, pp. 73-84.

équilibrés, pour éviter des confrontations trop récurrentes[1]. Il est alors plutôt proche de celui occidental d'« équilibre des puissances » (*Balance of Power*, en anglais), voire même dans certains cas de ce que Clausewitz a théorisé comme le « choc du fort au faible ». Exclure la France de l'Europe du Sud pour la RPC paraît ainsi être un moyen de ne pas créer un interlocuteur méridional trop puissant, voire trop européiste.

Une deuxième étape clef dans la relation multilatérale est le Forum — susnommé — de coopération maritime entre la Chine et les pays d'Europe du Sud à Xiamen, en novembre 2015. Organisé par la SOA et le ministère chinois des Affaires étrangères, il a cette fois-ci agglomeré des représentants officiels de haut niveau des six pays méridionaux et des experts, tous liés aux questions maritimes. Ce forum a été génésiaque dans le développement de la coopération maritime entre les différents gouvernements, amenant par exemple à la construction et au développement de terminaux portuaires en Europe. En fait, au moyen de ces forums spécialisés par thématique, Pékin semble afficher son souhait d'établir une coopération économique et politique privilégiée avec ces six pays, dont les besoins sont en phase avec les secteurs ciblés par la BRI[2]. Selon Alice Ekman,

> « ces initiatives sectorielles ne constituent que des points d'entrée en vue de la consolidation d'un mécanisme de coopération multilatérale initié par la Chine. Elles ont vocation à faciliter la création d'un mécanisme global, difficile à mettre sur pied sans ces étapes préalables. »[3]

Les PECO méditerranéens constituent quant à eux la seconde cible privilégiée en Europe du gouvernement chinois, par la tenue récurrente de forums. L'intérêt géopolitique de la zone n'est plus à démontrer, au carrefour entre le marché unique européen, la Russie, le monde arabo-musulman et la Méditerranée. Alors, un format multinational a été institutionnalisé : la Coopération entre la Chine et les pays d'Europe centrale et orientale (aussi appelé « format 16+1 »). Initié en 2012, le format réunit aujourd'hui seize États européens, dont onze membres de

---

[1] « Lecture de la série de discours importants du secrétaire général Xi Jinping — 10. Établir un nouveau type de relations internationales », *Site du Parti communiste chinois*, 2014. Consulté le 4 août 2022 sur
https://web.archive.org/web/20190605120943/http://theory.people.com.cn/n/2014/0715/c40531-25280779.html.
[2] Ekman, Alice. « La Chine en Méditerranée : un nouvel activisme », *op. cit.*
[3] *Ibid.*

l'UE depuis le retrait de la Lituanie en 2021[1], alors même que ce sous-groupe politique s'est formé sans l'aval de Bruxelles.

Illustration 5. Représentation cartographiée des États membres du format 16+1 en avril 2022.

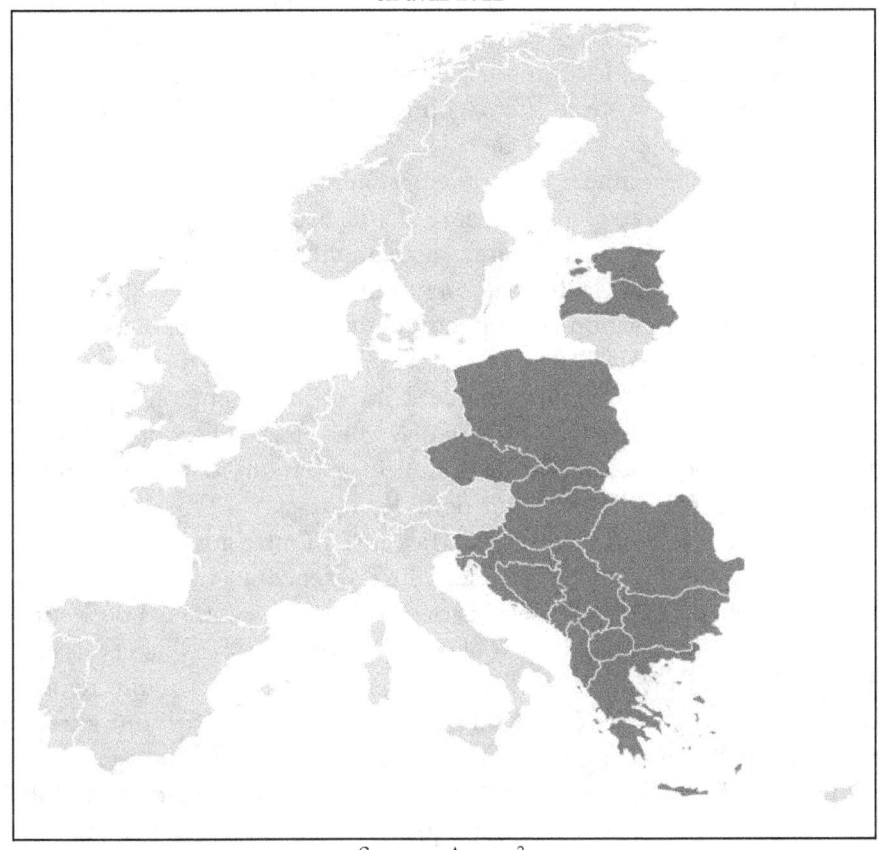

Source : Auteur[2].

Comme analysé globalement par le mémoire de recherche *Entre émerveillement et appréhension : (Dès) Union européenne face aux Nouvelles Routes de la Soie* de Valentin Martin[3] — encadré par les professeurs Emmanuelle Boulineau de l'École normale supérieure (ENS) de Lyon, et Shumei Zang de l'université normale de la Chine de l'Est —, cette démarche

---

[1] Lau, Stuart. « Lithuania Pulls out of China's '17+1' Bloc in Eastern Europe », *Politico*, 2021.
[2] Nous avons fait le choix d'inclure le Kosovo dans notre représentation, la RPC n'ayant pas reconnu son indépendance et le considérant à ce titre comme une région autonome serbe.
[3] Martin, Valentin. *Op. cit.*, pp. 173-212.

reflète l'ambition du gouvernement chinois de bâtir un nouveau système de partenariat pour l'Europe non occidentale. Il s'agit en réalité de rafraîchir une relation vis-à-vis d'une région européenne qui, il y a plus de deux décennies, s'est brutalement détournée des figures de proue de l'ancien bloc de l'Est, pour au contraire embrasser le néolibéralisme promu par l'Ouest[1]. Il s'agit peut-être aussi d'une épreuve chinoise visant à observer, dès 2012, les réactions des Européens vis-à-vis d'une entrée ostentatoire de Pékin sur le Vieux continent, à la veille de l'annonce de la BRI — rappelons-le — en 2013[2].

Il est d'ailleurs intéressant de constater l'évolution de l'objet du format 16+1. D'alternative financière aux insuffisances de l'UE, à l'issue de la crise des dettes souveraines, à sa création vers un « laboratoire pour la BRI »[3] aujourd'hui, le format est progressivement devenu le fer de lance d'une russianisation des opérations d'influences chinoises dans le monde. Le rapport de l'IRSEM cité à de nombreuses reprises relie en effet ce type d'initiative multilatérale à un « modèle chinois [qui] passe par la dégradation des autres modèles, en particulier de celui des démocraties libérales, comme le font les opérations d'influence russes depuis des années. »[4] Exacerbant donc les rancœurs à l'égard de l'Ouest et de Bruxelles, le gouvernement de Pékin se montre aussi compréhensif de cette « Autre Europe » délaissée, en référence au titre de l'ouvrage éponyme du politologue spécialiste de l'Europe centrale et orientale Jacques Rupnik. La question est alors de savoir si la présence croissante de la RPC en Europe est la source ou la continuation d'une division européenne. Le format 16+1 a-t-il par essence le but d'offrir une sorte de contre-projet européen guidé par la maxime antique *divide et impera* ? Au contraire, son envergure est-elle exagérée, étant donné l'incomparabilité historique, diplomatique et économique des deux entités multilatérales ?

Si le format 16+1 est asymétrique, à la faveur d'une RPC au poids herculéen au regard de celui des PECO, il est bon de rappeler qu'il est loin de s'effectuer par la contrainte et sans le consentement de ces

---

[1] Sun, Yi. « Song, W. (Ed.). China's Relations with Central and Eastern Europe: From « Old Comrades » to New Partners New York: Routledge, 2017. », *Journal of International and Global Studies*, vol. 9, no. 2, 2018. Consulté le 4 août 2022 sur
https://digitalcommons.lindenwood.edu/cgi/viewcontent.cgi?article=1420&context=jigs.
[2] Martin, Valentin. *Op. cit.*, p. 188.
[3] Huang, Ping. Liu, Zuokui. *How the 16+1 Cooperation Promotes the Belt and Road Initiative*, 2018, p. 1. Consulté le 4 août 2022 sur
https://sha.static.vipsite.cn/media/thinktank/attachments/0127811c10d2e4b9c9090b6240f73362.pdf.
[4] Charon, Paul. Jeangène Vilmer, Jean-Baptiste. *Op. cit.*, p. 385.

derniers, bien au contraire. À l'instar du dirigeant hongrois qui clamait en 2018 : « si l'Union européenne ne peut payer, nous nous tournerons vers la Chine »[1], de nombreux PECO euroméditerranéens lui « déroule[nt] le tapis rouge »[2]. On se souvient du huitième sommet du format en avril 2019, à Dubrovnik en Croatie, tenu au lendemain du sommet annuel UE-Chine, comme un pied de nez du gouvernement chinois à Bruxelles, qui parlerait de la même manière à ses deux interlocuteurs européens[3].

---

[1] De Vergès, Marie. « L'offensive de charme de Pékin en Europe centrale et orientale », *Le Monde*, 2018.
[2] Etwareea, Ram. « L'Europe orientale déroule le tapis rouge pour Li Keqiang », *Le Temps*, 2019.
[3] Martin, Valentin. *Op. cit.*, pp. 176-179.

Chapitre 3 : ... Et par d'autres, comme l'ouverture de la boîte politique de Pandore

Quoique l'Europe et l'Euroméditerranée puissent avoir un intérêt commercial certain à maintenir la RPC dans le giron de ses proches partenaires, une partie des États les composant reste prudente, méfiante et précautionneuse vis-à-vis du poids grandissant des entreprises chinoises dans les infrastructures portuaires. Cette autre Europe, plus atlantiste, développe les mêmes craintes pour le projet BRI dans son ensemble, consciente de l'autre face éventuelle des investissements. Entre piège de la dette et peur de l'avènement de conglomérats chinois hégémoniques en mesure de dicter unilatéralement les termes des échanges[1], nous aborderons dans cette partie la posture duale — timide et ambiguë — des différents États souverains européens (A), avant de développer les tourments animant l'UE à cet égard (B).

1. *Des États européens mitigés face à une potentielle menace chinoise*

1.1. Des discours officiels à la recherche de réciprocité, par peur d'un nouveau « péril jaune »

Dans son discours au palais de Daminggong à Xi'an en 2018, le président français Emmanuel Macron résume la posture hésitante adoptée par plusieurs gouvernements d'Europe, notamment de l'Ouest, vis-à-vis de la BRI :

> « Je pense [...] que l'Initiative des nouvelles routes de la soie peut rejoindre nos intérêts, ceux de la France et de l'Europe, si nous nous donnons vraiment les moyens d'y travailler ensemble. Après tout, les routes de la soie n'ont jamais été purement chinoises. »

Avant de rappeler :

> « Je ne suis pas en train-là de dire que le secret défi que je suis en train de conduire serait de vouloir transformer ces nouvelles

---

[1] Duchâtel, Mathieu. Duplaix, Alexandre Sheldon. *Op. cit.*, p. 16.

routes de la soie chinoises en routes européennes. Je suis en train simplement de dire que de manière consubstantielle, ces routes sont toujours en partage. Et si ce sont des routes, elles ne peuvent être univoques. »[1]

Contrairement à ce que l'on peut souvent lire dans la presse française et internationale, il n'y a pas d'opposition frontale et systématique à la BRI en France. Simplement, l'accent est mis sur la recherche d'une relation symétrique[2]. Un exemple assez évident est celui de la faible réciprocité sur l'accès aux marchés publics entre les pays européens et la RPC, que pointe cette étude du Parlement de l'UE[3]. C'est pour cela que l'Élysée a convié la chancelière allemande Angela Merkel et le président de la Commission de l'UE Jean-Claude Juncker lors de l'escale française — qui se devait bilatérale — composant la tournée européenne du président chinois Xi Jinping au printemps 2019. Il s'agit d'un message symbolique d'unité européenne face au vœu de bilatéralité davantage recherché par la RPC. Claude Meyer, professeur à Sciences Po et membre de l'IFRI, ne confiait pas autre chose à *L'Express* :

> « Emmanuel Macron a voulu européaniser cette rencontre et rompre avec le modèle des visites précédentes, au cours desquelles le président chinois se rendait dans chaque pays et où chacun s'efforçait d'obtenir le maximum d'accords et de contrats. »[4]

Outre-Manche, la position affichée par l'exécutif britannique brille aussi par son caractère hésitant. Le Premier ministre Boris Johnson maintient depuis 2019 une relation nuancée avec Pékin, sans toutefois signer de MoU. Si son entourage le qualifie comme étant un « fervent sinophile », la mutation du discours dans les rangs conservateurs est ostensible. L'« ère dorée » vantée sous l'ancien Premier ministre David Cameron n'est plus au goût du jour : on parle désormais d'« hostilité ouverte » au sujet des

---

[1] « Transcription du discours du Président de la République au palais de Daminggong », *Élysée*, 2018.
[2] Nicolas, Françoise. « France and China's Belt and Road Initiative », *Institut français des relations internationales (IFRI)*, 2019. Consulté le 4 août 2022 sur
https://www.ifri.org/en/publications/publications-ifri/articles-ifri/france-and-chinas-belt-and-road-initiative.
[3] « Why China's public procurement is an EU issue » *European Parliament*, 2016. Consulté le 4 août 2022 sur
https://www.europarl.europa.eu/RegData/etudes/ATAG/2016/593571/EPRS_ATA(2016)593571_EN.pdf.
[4] Pommiers, Eléa. « Pourquoi l'UE a du mal à rester unie face à la Chine », *L'Express*, 2019.

relations sino-britanniques, au-delà du cadre de la BRI. Par exemple, le gouvernement a choisi de ne pas intervenir dans la prise de contrôle par une entreprise chinoise de *Newport Wafer Fab*, la plus grande usine de semi-conducteurs du Royaume-Uni, malgré les avertissements d'experts en cybersécurité. Pourtant, le même gouvernement a soutenu la mise à l'index diplomatique des Jeux olympiques d'hiver de Pékin de février 2022, alors que la ministre des Affaires étrangères a ordonné le retrait des juges britanniques de Hong Kong, suite aux inquiétudes suscitées par la répression des libertés. Yu Jie, chercheur à Chatham House spécialisé sur les questions chinoises, tranche le paradoxe :

> « Le Royaume-Uni est fortement influencé par la Relation spéciale, la Nouvelle charte de l'Atlantique et l'AUKUS. Bien qu'elle soit plus nuancée, la position de Londres est finalement alignée sur celle de Washington. »[1]

Il n'en est pas moins vrai que les investissements chinois croissants sur le sol européen préoccupent les puissances de l'ouest, notamment les États français et allemand, soit les deux grandes figures de proue de la retenue européenne en la matière. L'inquiétude première est de voir cette influence économique muter en influence politique. En ce sens, l'ancien ministre allemand des Affaires étrangères Sigmar Gabriel reprochait au gouvernement grec de refuser de soutenir la proposition de l'UE d'apporter la liberté de navigation dans la mer de Chine méridionale, au Tribunal international du droit de la mer, de peur que les investissements chinois ne s'amenuisent. De même, on se souvient du « Règlement du Parlement européen et du Conseil établissant un cadre pour le filtrage des investissements directs étrangers dans l'Union » (que l'on abrègera en « Accord sur le filtrage des IDE ») adopté en dernière lecture par le Parlement en février puis par le Conseil de l'UE en mars 2019. Alors qu'il est amplement admis que ce changement est lié aux préoccupations européennes concernant la présence chinoise, on peut estimer que toute réglementation complexifiant le parcours administratif pour faire des affaires sur le Vieux continent devrait réduire l'enthousiasme des entreprises chinoises à investir, et donc accroître le *statu quo*, et *in fine* la scission entre les États le composant[2]. La crainte d'une dépendance exponentielle — voire d'un chantage informel — à la RPC, comme

---
[1] Courea, Eleni. « Boris Johnson's China Problem », *Politico*, 2022.
[2] Qianqian, Liu. Davarinou, Polyxeni. *Op. cit.*

contrepartie de l'argent accepté, a pu pousser de nombreux États européens à rester discrets vis-à-vis des investissements et prêts chinois.

Cette posture des pays d'Europe de l'Ouest notamment, qui ont globalement refusé l'adhésion à la BRI, marque en apparence les limites de l'« arsenal de slogans méliodatifs » déployé ces dernières années par les personnages clefs du PCC à propos de la BRI, auquel fait allusion le rapport de l'IRSEM d'octobre 2021[1]. Trop consensuel pour paraître crédible, le discours sur la « communauté de destin pour l'humanité » et la prospérité équitablement partagée ne prend pas. La BRI, y compris son volet maritime, reste dans l'esprit des dirigeants européens un projet géopolitique mondial devant offrir à la RPC l'hégémonie mondiale d'ici le centenaire de la République, le 1er octobre 2049.

1.2. Un regard oscillant entre coopération de projets à projets et ambiguïté à l'égard de la BRI

Sans adhérer formellement au projet BRI, le noyau dur européen hésitant à son égard a pu développer un intérêt plus officieux pour les perspectives de marchés offertes par l'afflux de liquidités chinoises. Déjà cité, le mémoire de recherche conduit par Valentin Martin[2] et encadré par les professeurs Emmanuelle Boulineau de l'ENS Lyon et Shumei Zang de l'université normale de la Chine de l'Est, nous a été très utile afin de développer cet aspect. Par sa consultation, on comprend que ce noyau dur notamment composé de la France, de l'Allemagne et du Royaume-Uni a trouvé deux façons d'agir discrètement au sein de la BRI et d'en récolter des fruits : la participation financière dans la BAII et la coopération par projet isolés.

Premièrement, en mars 2015, le Royaume-Uni surprend en annonçant devenir la première grande puissance européenne[3] — qui plus est, encore dans l'UE — à rejoindre la BAII, malgré les efforts diplomatiques des États-Unis de l'en empêcher. La BAII étant souvent perçue comme un puissant bras armé du projet BRI, ayant au moins aidé à financer soixante-quatre projets en 2018[4], le gouvernement Cameron I a fait un choix solitaire, au mépris des instances européennes, de ses alliés, des

---

[1] Charon, Paul. Jeangène Vilmer, Jean-Baptiste. *Op. cit.*, p. 150.
[2] Martin, Valentin. *Op. cit.*, pp. 103-113.
[3] Le Luxembourg avait déjà annoncé sa participation quelques semaines auparavant, mais l'écho fut évidemment moins conséquent.
[4] Renard, Mary-Françoise. *Op. cit.*

controverses partisanes¹ et de son opinion publique. Pourtant, plusieurs mois plus tard, l'Allemagne, la France puis l'Italie embrayent le pas et insufflent un effet d'engrenage, qui aura pour conséquence l'entrée de l'intégralité des États d'Europe occidentale dans la Banque. Certains personnages clefs du réseau diplomatique français reconnaissent d'ailleurs que « le Royaume-Uni a été un déclic »². Tandis que tous les pays ouest-européens participent au financement des 100 milliards d'euros initialement prévus, l'Allemagne, la France et le Royaume-Uni se démarquent en étant respectivement les premier, deuxième et troisième principaux contributeurs non asiatiques depuis 2015³.

Deuxièmement, la coopération entre la RPC et ses entreprises d'une part, et les États européens d'autre part, a été jugée vertueuse lorsqu'elle se restreint à des projets infrastructurels isolés, qu'ils dépendent ou pas de la BRI. Pour faire état de cette dimension et rester en phase avec notre zone d'étude, nous faisons le choix de nous focaliser sur le cas de la France, seul pays parmi cette troïka récalcitrante à disposer d'une large interface maritime dans la Méditerranée septentrionale. La position officielle de l'État français est en effet constante depuis le discours de Xi'an : coopération, réciprocité et mesure. En ce sens, le président Macron a déjà signé avec le gouvernement chinois en 2018 une cinquantaine de contrats « gagnants-gagnants » et « respectueux des normes » environnementales, quoique non rendus publics⁴. Cette initiative a été accentuée par la venue de l'ancien Premier ministre Édouard Philippe six mois plus tard en RPC, avec des projets envisageables dans les secteurs du BTP, aéronautique ou encore du transport. Même, ils ont été l'occasion d'ouvrir l'exportation de la viande bovine française sur le marché chinois, ou encore de prolonger la coopération entre EDF et son homologue chinois *Datang*, au niveau du nucléaire civil⁵. Toutefois, l'État n'est pas le seul acteur public à intervenir : les collectivités locales développent elles aussi des stratégies d'attractivité vis-à-vis des capitaux chinois. Pensons par exemple à la présence des bureaux de la région Rhône-Alpes à Shanghai, de ceux de Provence-Alpes-Côte d'Azur dans le Guangdong, ou encore ceux du

---

[1] Parker, George. Anderlini, Jamil. « Awkward moments for Xi in 'mother of parliaments' », *CNBC*, 2015.
[2] Martin, Valentin. *Op. cit.*, p. 108.
[3] « Members and Prospective of the Bank », *Site officiel de la BAII*. Consulté le 4 août 2022 sur https://www.aiib.org/en/about-aiib/governance/members-of-bank/index.html.
[4] Lemaître, Frédéric. « Édouard Philippe plaide la cause du multilatéralisme à Pékin », *Le Monde*, 2018.
[5] Martin, Valentin. *Op. cit.*, pp. 103-113

Pays de la Loire dans le Shandong[1]. Il n'a enfin aucunement été mention de réserves par les autorités publiques françaises concernant l'accord de partenariat entre le port de Shanghai et le Grand port maritime de Marseille (GPMM)[2].

2. Une UE en tenaille : entre philosophie néolibérale et devoir de protection des Européens

2.1. La tardive et timide réaction européenne face à des menaces chinoises mieux comprises

En décembre 2019, on pouvait encore trouver une myriade d'articles de journaux titrant « Économie maritime : l'UE sans stratégie face à la Chine »[3] ; en avril 2021, toujours découvrait-on que « Les Européens tentent de formaliser leur stratégie face à la Chine »[4]. Le traitement médiatique de la réaction européenne face à la hausse de la présence chinoise en ses terres semble donc guidé par le constat de l'impuissance et de la lenteur de la réaction du Vieux continent, camouflant peut-être en filigrane une critique de la technocratie bruxelloise. À la recherche d'efficacité, c'est peut-être aussi pour cette raison que Pékin emploie beaucoup d'efforts pour contourner ce mastodonte européen — nous l'avons déjà vu — en privilégiant l'approche bilatérale ou russianisant son approche multilatérale via le format 16+1. Comme cela, elle peut s'adresser seulement à l'« Autre Europe », afin de mieux souligner les failles de Bruxelles et maintenir le rapport de force à son avantage[5].

Toute l'ambivalence de la politique chinoise de l'UE apparaît dans la récente déclaration de la présidente de la Commission Ursula von der Leyen et du chancelier allemand Olaf Scholz en décembre dernier, où la RPC est à la fois un « partenaire » climatique, un « concurrent »

---

[1] Derez, Pauline. Blanc, François. « Les PME françaises en Chine », *Service économique régional de l'ambassade de France en Chine*, 2011, p. 32. Consulté le 4 août 2022 sur https://cn.ambafrance.org/IMG/pdf/1-pmes.pdf.
[2] Castets, Rémi. « Stratégies chinoises sur les rives Nord de la Méditerranée », *Revue Défense Nationale*, vol. 822, no. 7, 2019, pp. 126-129.
[3] « Économie maritime : l'UE sans stratégie face à la Chine (experts) », *L'Express*, 2019.
[4] Grésillon, Gabriel. « Les Européens tentent de formaliser leur stratégie face à la Chine », *Les Échos*, 2021.
[5] Charon, Paul. Jeangène Vilmer, Jean-Baptiste. *Op. cit.*, p. 385.

économique et un « rival systémique » en matière étatique et sociale[1]. Malgré cette posture antithétique, il y a pourtant eu des avancées, que d'aucuns nomment « réveil européen ». La BRI ayant été annoncée en 2013, l'UE a mis plusieurs années avant de comprendre les menaces qu'elle faisait peser sur une Europe immobiliste. Quelles sont-elles ? Un rapport du Sénat français les a précisément regroupées, en six pôles **(voir annexe 6)** : les menaces politiques, économiques, sociales, techniques, juridiques et environnementales. Étant trop nombreuses, il nous semble davantage pertinent de conseiller au lecteur intéressé de les étudier directement sur le rapport et l'annexe[2].

Toujours est-il que, par cette progressive prise de conscience, la position de l'UE à l'égard de la présence chinoise croissante s'est durcie. D'abord, ce durcissement s'observe par un constat lucide opéré par les autorités politiques supranationales, de l'émission des « Conclusions du Conseil sur la stratégie de l'UE à l'égard de la Chine »[3] jusqu'aux deux déclarations distinctes publiées à l'issue du Sommet UE-Chine de juin 2020, à rebours du traditionnel communiqué conjoint. Si le président Xi Jinping rappelle que la RPC « veut la paix et non l'hégémonie », la présidente von der Leyen a surpris en sentimentalisant la relation sino-européenne, la jugeant « pas facile »[4] — un vocabulaire familier, cru et peu commun dans le milieu diplomatique. Le durcissement s'observe aussi par l'action, via trois initiatives majeures : la tentative de bâtir une plateforme de connectivité UE-Chine ; les négociations pour un accord global UE-Chine relatif aux investissements ; l'accord sur le filtrage des IDE extra-européens entrée en vigueur en octobre 2020[5]. Sur ce dernier point, on peut notamment retenir le socle de règles de sécurité incombant désormais aux États membres en la matière, ou encore la possibilité pour la Commission d'émettre un avis pour chaque investissement, surtout s'il est jugé dangereux[6]. C'est là une première

---

[1] « Déclaration de la Présidente von der Leyen avec Olaf Scholz, Chancelier de l'Allemagne », *Commission européenne*, 2021. Consulté le 4 août 2022 sur
https://ec.europa.eu/commission/presscorner/detail/fr/statement_21_6770.
[2] Sénat français. *Op. cit.*
[3] « Conclusions du Conseil sur la stratégie de l'UE à l'égard de la Chine », *Conseil de l'UE*, 2016. Consulté le 4 août 2022 sur
https://www.consilium.europa.eu/fr/press/press-releases/2016/07/18/fac-china-conclusions/.
[4] Le Corre, Philippe. « Face à l'offensive chinoise, l'Europe voit rouge », *The Conversation*, 2020.
[5] Martin, Valentin. *Op. cit.*, p. 137.
[6] « Mécanisme de filtrage des investissements étrangers de l'UE », *Commission européenne*, 2020. Consulté le 4 août 2022 sur

pierre pour un édifice de filtrage des IDE jugé encore incomplet selon certains, l'UE n'ayant par exemple aucun instrument propre spécialisé dans l'enregistrement des investissements et rachats étrangers[1]. Cette collecte statistique a ainsi été sous-traitée au *China Observatory Project*, aujourd'hui dirigé par le fournisseur de recherche *Rhodium*, et dont les rapports trimestriels sont disponibles sur ce site[2].

Toutefois, le constat suivi de ces trois initiatives isolées émanant de l'UE ne peuvent prétendre à incarner le bouclier-filtre de l'Europe. Bien qu'ils en soient peut-être un premier pas, la tâche structurelle de l'UE est d'initier une politique commune aux Vingt-Sept, en offrant une réponse univoque à la BRI chinoise, ainsi qu'à tout projet mondial susceptible de les fragiliser[3].

2.2. En dépit des menaces, un partenariat fructueux que l'UE pourrait habilement européaniser

Au-delà des dix-huit risques énumérés par le rapport du Sénat que nous citons, il faut garder à l'esprit l'importance économique du commerce des pays européens avec la RPC. On peut disséminer une poignée de chiffres éloquents. La RPC est en effet le premier partenaire commercial de l'UE — devant les États-Unis. La relation sino-européenne est la première au monde, estimée à environ 600 milliards d'euros, tandis que plus des trois quarts de ce commerce s'effectuent par voie maritime. Pour la Chine populaire, l'UE est le deuxième marché à l'exportation et son premier fournisseur[4]. Si les vertus des liens commerciaux agglomérant les deux extrémités de l'Eurasie restent indéniables, Valentin Martin nous conseille de ne pas oublier que, par essence, l'UE reste une puissance juridique et normative :

> « L'Union européenne, en tant que faiseuse de normes, est dotée aujourd'hui d'un rayonnement international certain, et contribue au développement du droit et des normes dans de nombreux domaines au sein des États membres et dans son cercle de voisinage. »[5]

---

https://ec.europa.eu/commission/presscorner/detail/fr/ip_20_1867.
[1] Godement, François. Vasselier, Abigaël. « Les investissements chinois en Europe », *La Chine à nos portes. Une stratégie pour l'Europe*, 2018, pp. 59-60.
[2] Voir https://trade.ec.europa.eu/doclib/cfm/doclib_section.cfm?sec=120.
[3] Martin, Valentin. *Op. cit.*, p. 137.
[4] Castets, Rémi. *Op. cit.*
[5] Martin, Valentin. *Op. cit.*, p. 136.

De ce constat découle son interrogation : « Et si les nouvelles routes de la soie permettaient à l'UE de se poser en créatrice internationale de normes économiques et commerciales ? » Bien que les projets BRI aient jusqu'ici globalement accepté les systèmes nationaux ou internationaux de normes — principalement créés par les Occidentaux —, l'ambition qui est celle de la RPC est incompatible avec lesdits systèmes, à terme. C'est dans cette optique que le gouvernement chinois a établi *China Standards 2035*, un plan ambitieux visant à imposer de nouveaux standards mondiaux pour la prochaine génération de technologies, notamment pour l'Internet 5G, l'Internet des objets ou encore l'intelligence artificielle.

Dans cette conjecture, l'UE a un rôle à jouer car sa puissance s'incarne particulièrement par sa capacité à édicter des normes qui, *in fine*, s'exportent et s'imposent au monde. Dans une tribune publiée dans *Le Monde*[1], le professeur et chercheur au Centre de recherche politique de Sciences Po Zaki Laidi estime que pour mettre en œuvre la BRI, la technologie industrielle européenne est, encore, incontournable pour la RPC. Au vu du poids économique du Vieux continent dans l'économie chinoise, le partenariat industriel et commercial reste conditionné à un autre partenariat en termes de normes et de protections juridiques. C'est pour cela que dans son Plan d'action sur les normes de la BRI (2018-2020) (标准联通共建"一带一路"行动计划, en chinois mandarin)[2], la RPC est consciente que le projet ne pourra atteindre ses objectifs que par la coopération avec les États membres. Dans ce plan, l'Administration de normalisation de la RPC (*Standardization Administration of China*, SAC en anglais) appelle ainsi « les pays et régions d'Europe », cités en premier, puis « de l'ANASE, des BRICS, de l'Asie du Nord-Est, de l'Amérique du Nord, de l'Afrique et de l'Océanie » à « consolider et accroître la coopération […] dans les domaines tels que les chemins de fer, l'agroalimentaire, les soins médicaux, le développement urbain, la compatibilité des standards entre les pays. »

Rejoignant et complétant Zaki Laidi, le juriste Thomas Wagner, président d'honneur de la Société Suisse-Chine, juge que l'Europe est forte d'une industrie hautement perfectionnée (transport, construction d'infrastructures, ingénierie, aéronautique) et d'une riche expérience dans le secteur environnemental. En cela, elle peut devenir un acteur puissant

---

[1] Laïdi, Zaki. « L'Union européenne doit acquérir « l'instinct de puissance », *Le Monde*, 2018.
[2] « Action Plan on Standards to Build the Belt and Road Initiative », *Standardization Administration of the PRC*, 2021. Consulté le 4 août 2022 sur http://www.sac.gov.cn/sacen/Features/201803/t20180327_342070.htm.

de la BRI et user de son poids pour obtenir des engagements juridiques de la part de Pékin, puis des accords internationaux de règlementations juridiques avec la multitude d'États impliqués dans le projet[1].

---

[1] Menzel, Verena. « Initiative des Nouvelles Routes de la Soie : des opportunités pour l'Europe », *China Today*, 2017. Consulté le 4 août 2022 sur http://www.chinatoday.com.cn/french/Economie/article/2017-06/29/content_743220.htm.

PARTIE III
L'Euroméditerranée, région de second rang au regard des ambitions de grande puissance de la Chine continentale

Chapitre 1 : L'Euroméditerranée, espace symbolique de contestation de l'allié-protecteur américain ?

Le port est une infrastructure atypique qui, s'il est le point de convergence des marchandises et des flux mondiaux conteneurisés, peut aussi disposer d'installations de maintenance adaptées à l'escale de bâtiments de guerre. Ces dernières années, les ports de l'Euroméditerranée, ce lac otanien, sont pourtant de plus en plus la source de l'intérêt des entreprises chinoises, en dépit des liens puisés de l'histoire et unissant l'Ancien et le Nouveau Monde (A). Signe d'un affront ou stratégie millimétrée, si d'aucuns craignent une mutation de la présence chinoise dans les ports sud-européens — de l'économique vers le militaire —, d'autres peinent à imaginer la RPC rompre avec sa posture traditionnelle inspirée des subtiles « Trois guerres »[1] (B).

---

[1] Charon, Paul. Jeangène Vilmer, Jean-Baptiste. *Op. cit.*, pp. 29-31.

1. *La RPC dans le lac de l'OTAN : une anomalie historique au vu des liens entre l'Ancien et le Nouveau Monde ?*

   1.1. **Des bases navales sud-européennes mises à la disposition de l'OTAN**

Illustration 6. Représentation cartographiée des relations entre les États européens, la Turquie et la Géorgie d'une part, et l'OTAN d'autre part.

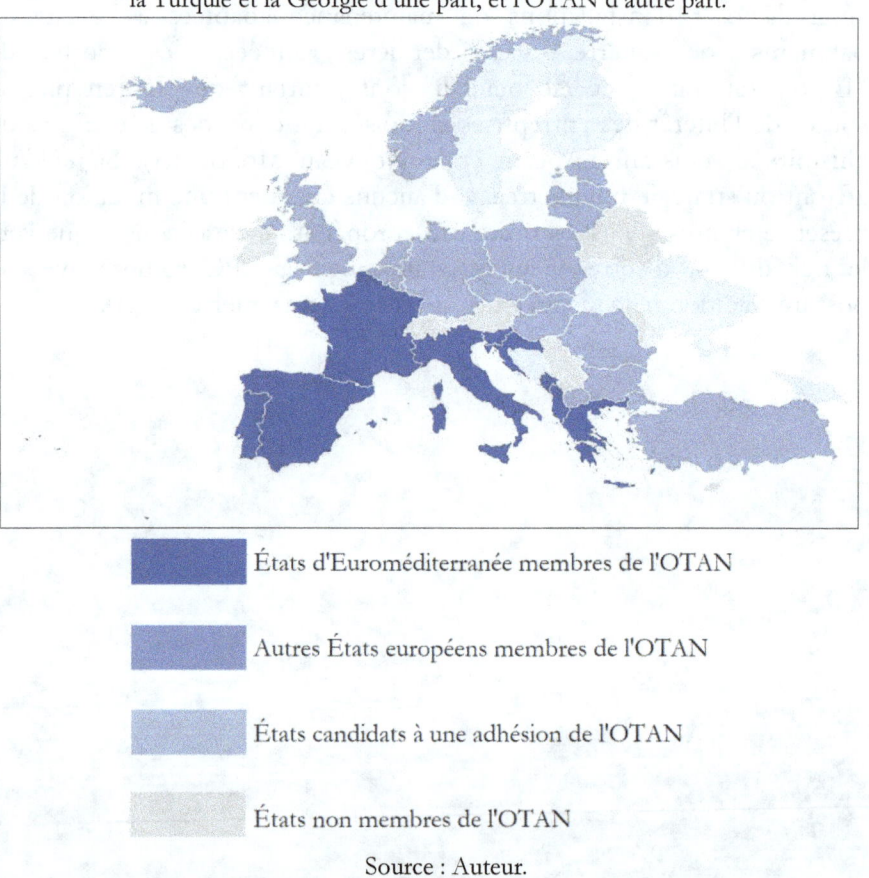

■ États d'Euroméditerranée membres de l'OTAN

■ Autres États européens membres de l'OTAN

■ États candidats à une adhésion de l'OTAN

■ États non membres de l'OTAN

Source : Auteur.

En 1949, le traité de l'Atlantique Nord est signé par douze pays occidentaux, dont la France et l'Italie. Dans le contexte de la guerre froide naissante, le gouvernement des États-Unis donne une réalité à ce que l'on a pu appeler la « pactomanie », soit la multiplication des alliances politico-militaires visant à endiguer l'expansion du bloc de l'Est. En lien avec notre zone d'étude, ce sont bientôt la Grèce en 1951, l'Espagne en 1981, la Slovénie en 2003, l'Albanie et la Croatie en 2009 puis le Monténégro en 2019 qui rejoignent l'alliance ; seuls Malte et Chypre en sont restés à l'écart. En 2022, soit soixante-treize ans plus tard, l'Organisation du traité de l'Atlantique Nord (OTAN) est toujours effective, comme en témoigne le conflit russo-ukrainien. Après ces brefs rappels historiques, il convient d'esquisser l'importance géostratégique de la zone pour l'OTAN via quelques exemples. Cette dernière peut en effet s'appuyer sur plusieurs bases navales euroméditerranéennes afin de faire valoir sa puissance navale et projeter sa puissance en Europe, en Afrique du Nord et au Moyen-Orient.

On peut s'attarder sur la base navale de Crète, qui est une base navale majeure tant pour la marine grecque que pour l'OTAN. Elle correspond à la plus grande et la plus importante pour l'organisation en Méditerranée orientale. Elle possède par ailleurs une caractéristique singulière, étant le seul port en eau profonde de la Méditerranée adapté pour accueillir et amarrer un porte-avions. Cette base a ainsi pu appuyer l'OTAN dans des missions de reconnaissance avec la marine américaine et l'armée de l'air américaine dans la lutte contre l'État islamique[1].

Pensons aussi à la base aéronavale de Sigonella (Italie), qui est le socle principal du système de surveillance AGS (*Alliance Ground Surveillance*, « Surveillance terrestre de l'Alliance » en anglais). Le but de l'AGS est de permettre à l'OTAN de mener des opérations de surveillance au sol aéroportée via des radars dans le sud de l'Europe. L'Italie héberge aussi le Commandement allié des forces interarmées de Naples (AFSOUTH), qui couvre une zone de près de quatre millions de kilomètres carrés, dont l'Italie, la Grèce, la Turquie, la Méditerranée (du détroit de Gibraltar à la côte de Syrie), la mer de Marmara et la mer Noire. Son but est de dissuader les agressions et de contribuer à la défense efficace du territoire et des forces de l'OTAN. Il gère six comités, dont quatre sur la péninsule : les Forces terrestres alliées du Sud Europe (LANDSOUTH) ; les Forces aériennes alliées du Sud Europe (AIRSOUTH), les Forces navales alliées du Sud Europe (NAVSOUTH), et les Forces navales alliées d'intervention et de soutien du Sud Europe (STRIKFORSOUTH)[2].

Pour finir d'illustrer l'intérêt de la zone pour l'OTAN, on peut rappeler l'importance de la base espagnole de Rota, qui accueille depuis 2015 quatre contre-torpilleurs américains déployés en permanence, afin de renforcer le système de défense antimissile de l'OTAN.

---

[1] Goure, Daniel. « Souda Bay Base Anchors NATO Role In Eastern Med », *RealClear Defense*, 2015. Consulté le 4 août 2022 sur http://www.realcleardefense.com/articles/2015/08/11/souda_bay_base_anchors_nato_role_in_eastern_med_108350.html.
[2] « Forces alliées du Sud Europe (AFSOUTH) », *Manuel de l'OTAN*, 1998. Consulté le 4 août 2022 sur https://www.nato.int/docu/manuel/1998/190.htm.

1.2. Une Europe en quête de plus d'atlantisme : l'impact du conflit russo-ukrainien de 2022

Dans un article de mai 2022 paru dans la *Revue Défense Nation*, Jean de Gliniasty, ancien diplomate aujourd'hui directeur de recherche à l'Institut de relations internationales et stratégiques (IRIS), analyse l'impact géopolitique de l'invasion russe de l'Ukraine sur l'UE, après cent jours de conflits[1]. Selon lui, l'organisation politique du continent n'a pas su saisir l'opportunité isolationniste offerte sous la présidence de Donald Trump, « rapidement surmonté[e] avec l'arrivée du Président Biden qui a resserré les rangs occidentaux, à la satisfaction de tous. » Les échecs du format Normandie dans le cadre de l'accord de Minsk II ont porté de gros coups aux espoirs principalement français d'ériger une « Europe de la défense », dans un contexte où, désormais, « la plupart des États membres se sont estimés satisfaits de confier leur sécurité et leur politique étrangère aux États-Unis. »

Même si les initiatives aspirant à une souveraineté européenne en termes de sécurité et de défense pullulent — du Sommet de Versailles proposé en mars 2022 par le président Macron jusqu'au référendum danois largement approuvé en mai 2022, qui suspend de fait la dérogation auparavant négociée par Copenhague quant à sa non-implication dans l'Europe de la défense[2] — l'OTAN ne semble pas prête à « suspend[re] [s]on vol ». L'organisation occupe encore, pour de nombreux États européens, une place indéboulonnable afin de garantir la sécurité du Vieux continent. La carte ci-dessus le montre bien : ce n'est pas un hasard si les pays récemment, voire actuellement attaqués par les forces armées dirigées par Moscou (Géorgie, Ukraine) ou qui estiment être les plus menacés (Finlande, Suède) font le choix de candidater à l'OTAN.

De même, des pays entrant dans notre cadre d'étude comme l'Italie, par la voix de son ministre des affaires étrangères, se disent très satisfaits de ces potentiels élargissements, qui ne feraient que renforcer une alliance souhaitable, garante de la paix en Europe depuis des décennies[3]. La Grèce

---

[1] De Gliniasty, Jean. « L'Europe victime collatérale de l'invasion de l'Ukraine par la Russie ? », *Revue Défense Nationale*, vol. 850, no. 5, 2022, pp. 14-20.

[2] Hivert, Anne-Françoise. « Les Danois disent oui à l'Europe de la défense », *Le Monde*, 2022.

[3] « L'Italie serait « très heureuse » de soutenir l'adhésion de la Finlande et de la Suède à l'OTAN », *Le Monde*, 2022. Consulté le 4 août 2022 sur https://www.lemonde.fr/international/live/2022/05/13/guerre-en-ukraine-en-direct-incomprehension-entre-zelensky-et-macron-kiev-va-recevoir-une-nouvelle-assistance-militaire-de-l-union-europeenne_6125909_3210.html.

véhicule le même message par les actes, participant comme ses pairs européens à l'envoi d'importantes quantités de matériels militaires à l'Ukraine via l'OTAN[1]. Même les pays ayant dévoilé des signes clairs d'indépendance européenne, comme la France, s'imaginent en réalité diriger la réponse européenne tout en restant loyale à l'atlantisme, dans un cadre global occidental. Rappelons que dès le massage croissant des troupes russes à la frontière ukrainienne, l'Élysée a rappelé sans tarder l'engagement de la France au sein de l'organisation, via un entretien avec le Secrétaire général de l'OTAN Jens Stolenberg[2]. *Vie Publique* résume cette position par une formule en quatre mots : « Désir européen, intérêt atlantique »[3].

Le parapluie de l'OTAN semble donc vigoureusement brandi par les Européens, bien installé sur le continent, et devrait étendre encore davantage son rayon d'action. D'après Jean de Gliniasty, la situation de dépendance de l'Europe aux États-Unis — consentie et incarnée par l'OTAN — devrait s'accroître pour les années à venir, ce, même dans d'autres secteurs. Faisant allusion aux multiples trains de sanctions prononcés par les États membres de l'UE, il augure que ces derniers leur seront *in fine* préjudiciables ; qu'ils profiteront à une RPC en position de force, face à une Russie isolée du concert des nations ; qu'ils coûteront très peu aux États-Unis, ravis de pouvoir stimuler leurs propres exportations énergétiques vers une Europe demandeuse.

2. *La crainte d'une influence économique chinoise annonciatrice d'une militarisation des ports*

2.1. Les ports de la BRI dans l'océan Indien : un dispositif chinois économico-militaire visible et adapté au « dilemme de Malacca »

Le 1er août 2017, Xi Jinping, Secrétaire général du Comité central du PCC et président de la Commission militaire centrale de la RPC, célébrait le 90e anniversaire de la fondation de l'Armée populaire de libération (APL), au Grand Palais du Peuple à Pékin. Lors de sa prise de

---

[1] « Les Alliés renforcent leur soutien à l'Ukraine », *OTAN*, 2022. Consulté le 4 août 2022 sur https://www.nato.int/cps/fr/natohq/news_192476.htm.
[2] « Entretien téléphonique avec Jens STOLTENBERG, Secrétaire général de l'OTAN », *Élysée*, 2022.
[3] Tertrais, Bruno. « La Russie face à l'élargissement de l'OTAN », *Vie Publique*, 2022.

parole[1], le chef de guerre exhortait son armée à devenir une élite militaire puissante toujours « prête pour le combat, capable de combattre et sûre de gagner ». En ce sens, il a pu s'adresser à l'APL en ces termes : « Toutes les pensées […] et tout le travail doi[ven]t se concentrer sur le combat afin que les militaires puissent se rassembler, avancer et gagner des guerres chaque fois que le Parti et le peuple en ont besoin. »

En l'occurrence, le Parti a affiché, au moins depuis Hu Jintao, son ambition croissante de faire des mers un espace de souveraineté privilégié pour son armée. Dès son arrivée au sommet du PCC en 2012, Xi Jinping choisit d'opérer un tournant dans la stratégie navale chinoise, cantonnée depuis les années 1980 à la « Défense active des mers proches » (近海积极防御, en chinois mandarin), établie par l'amiral Liu Huaqing. Si le livre blanc sur la défense de 2013 enrichit cette stratégie d'« Opérations mobiles dans les mers lointaines » (远海机动作战, en chinois mandarin), celui de 2015 attribue à la marine un rôle beaucoup plus central :

> « La mentalité traditionnelle selon laquelle la terre l'emporte sur la mer doit être abandonnée, et une grande importance doit être accordée à la gestion des mers et des océans et à la protection des intérêts et droits maritimes. »

L'APL voit alors son champ d'action s'élargir au-delà de son espace régional traditionnel, parmi lequel l'on compte désormais les ports étrangers les plus éloignés. Ces derniers ont notamment pour fonction d'assurer la sécurisation des SLOC[2]. On voit là une nette influence des géostratèges Alfred Mahan et Julian Corbett sur la politique navale chinoise : pour Mahan, l'idée de contrôler les routes maritimes stratégiques et les points d'ancrage stratégiques ; pour Corbett, la préservation et la défense de l'intégrité territoriale voire l'irrédentisme, jusqu'au déni maritime (*Sea Denial*, en anglais)[3]. D'ailleurs, les dépenses publiques

---

[1] « China Focus: « Be ready to win wars », China's Xi orders reshaped PLA », *Xinhua*, 2017. Consulté le 4 août 2022 sur
https://web.archive.org/web/20210215225108/http:/www.xinhuanet.com/english/2017-08/01/c_136491455.htm.
[2] Julienne, Marc. « À la conquête des océans et des marchés, les ambitions de la marine et de l'industrie navale chinoise », *Défense & Industries*, no. 12, Fondation pour la Recherche Stratégique (FRS), 2018, pp. 31-37. Consulté le 4 août 2022 sur
https://www.frstrategie.org/publications/defense-et-industries/conquete-oceans-marches-ambitions-marine-industrie-navale-chinoise-2018.
[3] Cours de Géopolitique navale dispensé de septembre à novembre 2021 par Monsieur le professeur Benoît POUGET, maître de conférences en Histoire contemporaine à Aix-Marseille Université, en délégation à l'Institut d'études politiques d'Aix-en-Provence.

suivent, avec un budget global de la défense chinoise en hausse de 55 % entre 2015 et 2019, pour un financement de l'APL en hausse de 82 % sur la période[1].

Cette évolution de la stratégie militaire est compréhensible car proportionnelle à l'expansion rapide des intérêts chinois à l'étranger et des importations en ressources énergétiques et matières premières, surtout depuis le début du XXIe siècle. Si l'on prend l'exemple du pétrole, la RPC en importe aujourd'hui près d'un million de tonnes brutes par jour, alors qu'en 2030, on prévoit que 80 % de sa consommation d'or noir devra être importée. Le général François Torrès, rédacteur à la *Revue Défense Nationale* qui fut entre autres attaché de défense à Pékin, Séoul et Phnom Penh, utilise la métaphore du « long cordon ombilical » pour parler de la dépendance majeure de l'économie chinoise aux pays du Golfe. Cette dépendance devient très vite vulnérabilité, pour ce que l'on nomme « le dilemme de Malacca », soit la manifestation de cette vulnérabilité, où les hydrocarbures transitent via l'un des chemins maritimes les plus étroits, fréquentés et rapides de la planète[2]. Afin de parer à une éventuelle entrave du chemin RPC-Golfe persique, on comprend mieux le rôle indispensable de l'APL dans l'océan Indien, qui est aussi de veiller à la fluidité du trafic. Par exemple, la marine chinoise n'hésite plus à développer des stratégies A2/AD (« *Anti-Access / Area Denial* », en anglais, soit « déni d'accès et interdiction de zone ») afin de faire valoir sa souveraineté dans la zone.

Pour assurer sa mission, l'APL peut avoir recours à des systèmes logistiques de soutien, qu'elle vient puiser dans ses points d'ancrage économiques. Avec la BRI, la RPC construit peu de bases navales à l'étranger, et préfère davantage développer des ports à double usage : des « points forts stratégiques », établis afin d'améliorer sa capacité à projeter la puissance loin de sa région traditionnelle d'action. La doctrine dominante est celle du « d'abord civil, puis militaire »[3], soit la primauté d'un usage civil — et économico-commercial — de ces points forts stratégiques. Ainsi, les ports asiatiques BRI seraient bâtis sur un modèle de développement port-parcs-ville, où le port est lié à des parcs

---

[1] Russel, Daniel R. Berger, Blake H. « Weaponizing the Belt and Road Initiative », *Asia Society Policy Institute*, 2020, pp. 13-14. Consulté le 4 août 2022 sur https://asiasociety.org/sites/default/files/2020-09/Weaponizing%20the%20Belt%20and%20Road%20Initiative_0.pdf.

[2] Torrès, François. « La Chine et le « dilemme de Malacca » : la tentation militariste », *Revue Défense Nationale*, no. 749, 2012, pp. 111-116. Consulté le 4 août 2022 sur https://www.defnat.com/e-RDN/vue-article.php?carticle=9820.

[3] Russel, Daniel R. Berger, Blake H. *Op. cit.*

industriels, un réseau de transport local et à des services de réapprovisionnement aptes à ravitailler les navires chinois. Toutefois, le droit chinois favorisant l'utilisation civile et militaire de ses infrastructures, ces dernières sont aussi adaptées aux exigences militaires de Pékin. L'armée chinoise peut alors réquisitionner des navires, installations ou autres actifs d'entreprises appartenant à des personnes physiques ou morales chinoises, parmi lesquels les ports occupent une place de choix[1].

Dans ce cadre, le concept du « collier de perles » a été forgé par des géopoliticiens indiens, s'efforçant de refléter les intentions de la RPC dans les ports de l'ouest de l'Indopacifique. De la Chine continentale jusqu'à la Corne de l'Afrique, le gouvernement chinois semble multiplier les partenariats militaires le long des détroits stratégiques — Bab el-Mandeb, Ormuz, Malacca ou encore Lombok — mais aussi des pays côtiers — Djibouti, Yémen, Somalie, Iran, Pakistan, Sri Lanka, Bangladesh, Birmanie, Malaisie, Indonésie. Si nous devions nous focaliser rapidement sur deux ports situés le long d'un détroit ou d'un pays côtier stratégiques, nous pourrions penser aux ports de Gwadar au Pakistan et de Djibouti. Concernant Gwadar, les entreprises d'État chinoises voient un intérêt certain à s'y fixer, le port étant situé à moins de 400 kilomètres du détroit d'Ormuz. Depuis que *China Overseas Ports Holding Company* l'exploite, l'influence et la présence économiques et militaires de la RPC se sont d'ailleurs renforcées dans la zone, consolidant cette portion des nouvelles routes de la soie[2]. Concernant Djibouti, la RPC a négocié l'établissement de sa première base militaire à l'étranger en juillet 2017, qui aurait « une capacité d'accueil à terme de 10 000 soldats. »[3]

De toute évidence, la RPC a étudié le cheminement américain qui lui a offert son statut de superpuissance mondiale depuis 1945 ; aujourd'hui, elle l'imite en l'adaptant « à la chinoise ». Cependant, de nombreuses incertitudes planent, et aucun analyste ne peut prédire ni la pérennité de la BRI ni la capacité de l'APL à utiliser rapidement et efficacement ses points d'appui comme à Gwadar ou à Djibouti en cas de violente atteinte à ses intérêts dans la région. Toujours est-il que si les États-Unis ont eu recours au subtil tandem entre diplomatie militaire — *hard power* — et diplomatie politico-économique — *soft* voire *sharp power* —, on observe

---

[1] *Ibid.*
[2] Kardon, Isaac. « China's Geopolitical Gambit in Gwadar », *Wilson Center*, 2020. Consulté le 4 août 2022 sur https://www.wilsoncenter.org/blog-post/chinas-geopolitical-gambit-gwadar.
[3] Listre, Jean-Pierre. « Sonia Le Gouriellec. Djibouti. La diplomatie de géant d'un petit État », *Afrique contemporaine*, vol. 271-272, no. 1-2, 2020, pp. 327-331.

depuis l'arrivée de Xi Jinping un renforcement de la jambe militaire du pays. Hausse des ventes d'armes, hausse des exercices militaires bilatéraux et multilatéraux, développement des programmes militaires d'éducation et de formation : quoique Pékin rechigne à promouvoir le caractère militaire et coercitif de sa BRI, il reste indéniable que la décennie 2010 incarne un réel tournant dans sa considération des mers, au nom de la sauvegarde de ses intérêts. Ce, même si le gouvernement préfère uniquement vanter la « sécurité » et l'« ordre » nécessaires à la BRI, en suivant la métaphore de l'ancien conseiller d'État Yang Jiechi : « Un arbre ne peut pas pousser haut ou porter des fruits dans une terre aride déchirée par les flammes de la guerre »[1].

2.2. Les ports de la BRI dans la Méditerranée : pour l'heure, un dispositif chinois timide à s'afficher militairement

Si nous venons de dépeindre le dispositif économico-militaire déployé par le gouvernement chinois et ses entreprises d'État au sein des ports extra-européens — notamment asiatiques —, il convient désormais d'aborder le cas des ports européens et euroméditerranéens. Il existe en effet des différences certaines parmi les ports de la BRI, selon s'ils se situent sur son pan oriental ou occidental. Nous l'avons vu, par tradition ou par peur du voisin russe, les États européens restent traditionnellement liés à l'Alliance atlantique, et *de facto* au partenaire américain. La tendance ne paraît pas prête d'aller à rebours de cette dynamique, bien au contraire. La présence chinoise en Euroméditerranée se heurte en conséquence à des problématiques bien différentes sur cette portion-ci des nouvelles routes de la soie : sans dilemme de Malacca ; avec des liens européo-américains étant probablement les plus puissants qu'entretiennent les États-Unis. En clair, cela peut sembler évident, mais les ports d'Europe ne sont pas militarisés au service de la marine chinoise.

Pourtant, on se souvient qu'au cours du mois de mai 2015, les Européens s'alarmaient de la présence de neuf navires des marines chinoise et russe en mer Méditerranée. Par cette opération *Joint Sea 2015*, les deux pays ont envoyé un signal fort. Ils ont affiché leur souhait d'être perçus comme des puissances navales mondiales, où la *Mare nostrum* otanienne devrait désormais être partagée. Ce, sans requérir le consentement des Occidentaux. Si le vice-amiral Du Jingchen, commandant adjoint de l'APL, se félicite que les deux marines aient pu

---

[1] Russel, Daniel R. Berger, Blake H. *Op. cit.*

« acquérir une expérience précieuse, l'une et l'autre », le vice-amiral Alexander Fedotenkov, commandant adjoint de la marine russe, retient que « ces exercices […] ont montré [leur] capacité à préserver la stabilité pratiquement dans n'importe quelle zone de l'océan mondial. »[1] Pour le cas chinois, Marianne Péron-Doise, chercheuse à l'IRSEM et à l'IRIS spécialisée dans la zone nord-asiatique et en sécurité maritime internationale, estime que

> « pour l'instant, les impératifs chinois restent la protection des intérêts économiques des compagnies chinoises et des travailleurs déployés en Méditerranée. La volonté de l'APL d'entrer en compétition avec la puissance et la présence américaines dans les eaux méditerranéennes n'est cependant pas à écarter […]. »[2]

Mais on peut se demander si la supposition dans la dernière phrase de Marianne Péron-Doise est plausible. En effet, la surprise des Européens vis-à-vis de cette opération révèle l'aspect inhabituel de ce genre d'opération pour la RPC, davantage coutumière d'une posture discrète. En effet, depuis 1988 face au Vietnam, la RPC reste la seule parmi les cinq membres permanents du Conseil de sécurité de l'ONU à n'avoir tiré aucun coup de feu au-delà de ses frontières en plus de trente ans[3]. En réalité, on pourrait observer l'interventionnisme de la RPC en Europe comme le mélange plus subtil de deux doctrines : celle de Deng Xiaoping et son adage « s'enrichir en faisant profil bas » (和平崛起, en chinois mandarin) et celle de Xi Jinping, où le pays cherche à « devenir plus fort » sur la scène internationale (强起来, en chinois mandarin). Par exemple, si les élites politiques et médiatiques occidentales traitent la présence de COSCO au Pirée sous une focale commerciale, la sinologue Christina Müller-Markus de l'université de Vienne considère que c'est une « erreur fatale »[4]. Pour elle, il faut regarder entre les lignes afin de comprendre la lecture que l'exécutif chinois se fait de la quête à

---

[1] Gady, Franz-Stefan. « China and Russia Conclude Naval Drill in Mediterranean », *The Diplomat*, 2015.
[2] Péron-Doise, Marianne. « La nouvelle visibilité de la présence maritime chinoise en Méditerranée », *Revue Défense Nationale*, vol. 822, no. 7, 2019, pp. 120-125.
[3] Mahbubani, Kishore. « Doit-on avoir peur de la Chine ? », *Le Monde diplomatique*, 2019.
[4] Müller-Markus, Christina. « China Moors in the Mediterranean: A Sea of Opportunities for Europe? », *Barcelona Centre for International Affairs (CIDOB)*, 2016. Consulté le 4 août 2022 sur http://www.cidob.org/en/publications/publication_series/notes_internacionals/n1_156/china_moors_in_the_mediterranean_a_sea_of_opportunities_for_europe.

l'hégémonie « à la chinoise » — que nous évoquions dans la sous-partie précédente. Les élites politiques, économiques et militaires européennes ont été habituées, des décennies durant, à une politique militaire américaine expansionniste au caractère ostentatoire, voire grandiloquent, notamment caractérisée par la floraison de bases. D'ailleurs, l'interprétation par Viviana Zhu, chargée d'études Asie à l'Institut Montaigne, des travaux des universitaires Li Qingsi et Chen Chunyu lui fait conclure que la RPC ne « suivra pas la voie des grandes puissances occidentales » (西方大国的老路, en chinois mandarin)[1]. Lesdites élites ont donc plus de difficultés à percevoir la discrétion à la Deng Xiaoping dont peut se doter le PCC dirigé par Xi Jinping, et à voir en ce modèle commercial-diplomatique une affirmation militaire. Christina Müller-Markus tient justement à rappeler les liens étroits entre l'APL et les entreprises d'État, s'attardant sur le cas de COSCO au Pirée qui, bien que n'étant pas une base navale chinoise sur le modèle de Djibouti, dispose d'installations de maintenance et de réparations adaptées à l'escale de bâtiments de guerre.

La grande interrogation est donc celle de savoir si le gouvernement central chinois jugera utile ou pas de développer une présence navale permanente en Euroméditerranée, d'y installer un point d'appui stratégique comme Le Pirée, et jusqu'à où il choisira d'agir main dans la main avec l'armée russe. Si les dirigeants européens comme chinois convergent dans leurs intérêts, chacun disant rechercher la prospérité et la sécurité, la BRI présente de sérieux défis à l'Europe, alors que dans les actes, l'APL apparaît de plus en plus proactive sur et sous les mers[2].

---

[1] Institut Montaigne. *Op. cit.*, p. 9.
[2] Duchâtel, Mathieu. Duplaix, Alexandre Sheldon. *Op. cit.*, pp. 27-34.

Chapitre 2 : Un gouvernement désireux de hisser la RPC au rang des grandes puissances amphibies du XXIᵉ siècle

L'accession au pouvoir de Xi Jinping en 2012 est le fruit d'un regard gorgé d'histoire, dont l'une des principales motivations est d'éviter, à tout prix, que la Chine replonge dans le « siècle d'humiliation » qu'a été la période 1850-1950. Pour cela, la négligence des mers, qui a pu caractériser la politique de bon nombre de ses prédécesseurs, est aux antipodes de la « Pensée de Xi ». Ainsi, l'espace maritime est aujourd'hui revendiqué comme un espace incontournable de projection de puissance en tandem avec le continent (A). Si le déploiement dans les espaces portuaires de l'Eurasie incarne une face de cette nouvelle stratégie maritime, il convient aussi d'étudier l'importance pour le PCC de désormais peser sur l'autre face, le transport maritime, en témoigne la concurrence féroce livrée aux principaux armateurs mondiaux (B).

1. *La BRI maritime, un Rimland à la chinoise pour atteindre le « rêve chinois » ?*

1.1. La mer, espace désormais privilégié pour appliquer la politique étrangère de la « Pensée de Xi »

La présidence de Xi Jinping, tant de la RPC que du Comité central du PCC depuis 2012, est guidée par ce qui a été nommé par la génération dirigeante chinoise « la Pensée de Xi Jinping » (习近平新时代中国特色社会主义思想, en chinois mandarin). Elle inaugure ainsi la cinquième génération de théories de la Chine communiste après la Pensée de Mao Zedong, la Théorie de Deng Xiaoping, les Trois représentativités puis le Concept de développement scientifique et la société harmonieuse. La Pensée de Xi Jinping constitue présentement un fil rouge politique bicéphale pour le PCC et se décompose en quatorze principes, allant de la promotion de l'omniprésence du parti dans toutes les sphères de la société jusqu'au service inconditionnel du peuple, en passant par la communauté de destin pour l'humanité[1]. D'une part disons-nous, la Pensée est orientée vers le gouvernement interne du pays et du peuple ; d'autre part, vers les relations et liens vis-à-vis de l'étranger. Nous nous attarderons plus tard sur le premier volet de la Pensée, les « quatre intégralités » (四个全面战略布局, en chinois mandarin), puisque notre partie est davantage portée vers le second, international : le « rêve chinois » (中国梦, en chinois mandarin)[2].

Ce rêve chinois a constamment été présenté comme motivé à « restaurer » la Chine à un rang prééminent dans le monde, depuis le déclin du pouvoir Qing au milieu du XIXᵉ siècle jusqu'à la proclamation de la RPC au milieu du XXᵉ. Il puise dans une philosophie du redressement, le *fùqiáng* 富强 (« prospérité et puissance »), consubstantielle au « siècle d'humiliation », où la frustration d'avoir subi la diplomatie de la canonnière occidentale a fini par accorder à l'espace maritime une place de choix, longtemps délaissé. Elle remonte au « mouvement d'auto-renforcement » (洋務運動, en chinois mandarin), se poursuit avec la révolution républicaine de Sun Yat-sen, qui abat un empire multimillénaire jugé trop confucéen et orienté vers les terres, et se prolonge dans la priorité pour Mao de bâtir une force navale pour l'ALP dès avril 1949, dans les premiers temps de sa prise de pouvoir[3]. Cette initiative est d'ailleurs rapidement confirmée quelques mois plus tard lors de la guerre de Corée, où le nord communiste a éprouvé d'importantes difficultés à organiser sa défense côtière. C'est avec cet héritage en tête que Xi Jinping gouverne, et ce dès les tout premiers instants. Ainsi qu'on l'entendait à l'issue du XVIIIᵉ Congrès du PCC en novembre 2012, la nouvelle présidence

> « a pris la décision stratégique importante de construire un pays maritime fort, de stimuler la croissance de l'économie maritime,

---

[1] « Le XIXᵉ Congrès national du Parti communiste chinois s'est ouvert à Pékin — Xi Jinping a fait un rapport au Congrès au nom du XVIIIᵉ Comité central — Li Keqiang a présidé le Congrès – 2 338 délégués et délégués spécialement invités ont assisté au Congrès », *Xinhua*, 2017. Consulté le 4 août 2022 sur
http://www.xinhuanet.com//politics/19cpcnc/2017-10/18/c_1121822838.htm.
[2] Le même concept a plusieurs noms, selon les traductions. En plus du « rêve chinois », on parle aussi de « rejouvance nationale », de « grand rajeunissement de la nation chinoise » ou de « rajeunissement national ».
[3] Gauquelin, Igor. « La Chine maritime et navale (4/7) : 70 ans et la marine enfin au cœur de la puissance », *Asialyst*, 2019. Consulté le 4 août 2022 sur
https://asialyst.com/fr/2019/10/05/chine-maritime-navale-4-7-70-ans-marine-enfin-coeur-puissance/.

et élargir l'espace pour le moteur de la croissance bleue, qui sont importants pour réaliser le rêve chinois de rajeunissement de la nation chinoise et d'atteindre l'objectif des « deux centenaires »[1]

En ce sens, il est indispensable de comprendre que selon Xi Jinping, le rêve chinois est prioritairement un rêve d'hégémonie régionale irrédentiste qui, pour être atteint, requiert l'unification territoriale des Chine en une seule, sous l'égide de Pékin, selon le concept récurremment employé de *yīgè zhōngguó* 一个中国 (« politique d'une seule Chine »). Après le Tibet, le Xinjiang, Hong Kong et Macao — des territoires ancrés au continent —, la génération dirigeante souhaite plus que jamais finir d'arrimer les îles au continent, comme elle a pu le faire sous Mao avec Hainan en 1950. D'où l'importance d'une vraie politique des mers. Ainsi, annexer l'île de Taïwan passe inéluctablement par le développement d'une politique maritime solide, dans laquelle s'inscrit notre mémoire porté sur l'Euroméditerranée. Nous avons déjà eu l'occasion de l'esquisser précédemment, la « Défense active des mers proches » et les « Opérations mobiles dans les mers lointaines » en sont un pan très important[2]. Sans prétendre à la *battle space dominance* (« domination complète de l'espace de bataille ») maritime au vu du retard qui est le sien face à l'adversaire américain, le gouvernement central s'efforce donc de mettre sur pied une stratégie maritime réaliste pour embrasser son dessein. Inspirée du plan du grand-amiral Alfred von Tirpitz[3], l'idée des dirigeants du PCC est, à l'instar de l'Allemagne wilhelmienne avec l'Empire britannique, de grandement développer son *hard power* afin de faire pression et obliger les États-Unis à mener un effort militaire colossal pour se maintenir à leur rang.

Alors, les mers et océans apparaissent désormais comme un espace privilégié dans la politique étrangère de Xi Jinping. Ce n'est d'ailleurs pas en vain que la SOA prédisait dans son rapport annuel de 2016[4] que le XXIe siècle serait « le siècle des océans » et que « le statut des océans dans le développement national domine[rait] plus que dans toute autre période de l'histoire humaine », avant de calculer que le PIB marin chinois représentait près de 10 % du total. Le rapport offre une image intéressante pour dévoiler l'importance économique du PIB marin

---

[1] Duchâtel, Mathieu. Duplaix, Alexandre Sheldon. *Op. cit.*, pp. 8-9.
[2] Julienne, Marc. *Op. cit.*
[3] Brézet, François-Emmanuel. « 1. Construire des cuirassés, pour quoi faire ? », *La traque du Bismarck*, Perrin, 2019, pp. 13-22.
[4] « 2016 Ocean Development Report », *State Oceanic Administration*, Beijing, Haiyang Press, 2016, p. 239.

de la RPC : il avance que si ce dernier était un pays indépendant, il se classerait au quinzième rang mondial en matière de production de richesse. Au-delà des intérêts commerciaux, voire politiques, que peuvent extraire le gouvernement de la RPC et ses entreprises de leur présence dans les ports euroméditerranéens, peut-être s'agit-il aussi d'une stratégie de distraction, feignant la contestation d'une zone, l'Europe, traditionnellement alliée aux États-Unis. Peut-être que la vraie priorité pour le PCC reste la réorganisation du dispositif américain et occidental dans l'Indopacifique, afin d'obtenir le contrôle de Formose, de la première chaîne d'îles et *in fine* de la mer de Chine méridionale. S'il réussissait, un tel scénario contraindrait l'armée des États-Unis à quitter la base japonaise d'Okinawa, pour voir ses capacités de projection de puissance reculer jusqu'à Guam, au profit d'une extension de la frontière maritime de la RPC.

1.2. Une BRI maritime qui épouse les contours géographiques du *Rimland*

Dans un papier de l'École de guerre économique, Robin de Ricqlès, diplômé en stratégie et intelligence économique, établit un lien entre la théorie du *Rimland* et le projet des nouvelles routes de la soie chinoises[1]. En effet, le postulat géopolitique de l'universitaire Nicholas John Spykman fait du *Rimland* la région méridionale du supercontinent eurasiatique, d'est en ouest, mi-maritime, mi-terrestre. S'étendant des côtes du Portugal jusqu'au détroit de Béring, il s'agirait d'une région très densément peuplée dont le contrôle serait incontournable afin d'acquérir l'hégémonie mondiale. Si cette théorie accorde une place de choix aux décisions politiques dessinant la géographie maritime des États, elle s'oppose à celle du *Heartland* — ou « île-monde » — proposée par le géographe Halford John Mackinder. Réactualisant Alfred Mahan, Spykman reproche à celle-ci sa trop grande et exclusive estime de la terre et du continent, cherchant à redorer le blason maritime. Selon lui, la position amphibie et périphérique du *Rimland* est au contraire sa force, car elle parachève et complète l'intérêt de l'île-monde, l'encerclant et donc la régulant. D'aucuns ont pu relever les limites de la théorie de Mackinder et la pertinence de celle de Spykman lors de la guerre froide. La politique d'endiguement irriguant la gestion américaine des affaires étrangères, via la pactomanie, peut être lue comme une mise en pratique

---

[1] De Ricqlès, Robin. « Les nouvelles routes de la soie chinoises au prisme des théories du Heartland/Rimland », *École de guerre économique (EGE)*, 2020.

du rôle régulateur du *Rimland* pro-américain, au détriment du *Heartland* soviétique, étreint. Bien que le lien de causalité soit complexe à clairement établir, certains attribuent la chute de l'URSS à son incapacité à se défaire de l'étau américain[1].

Illustration 7. Représentation cartographiée du *Rimland*, théorisé par l'universitaire Nicholas John Spykman.

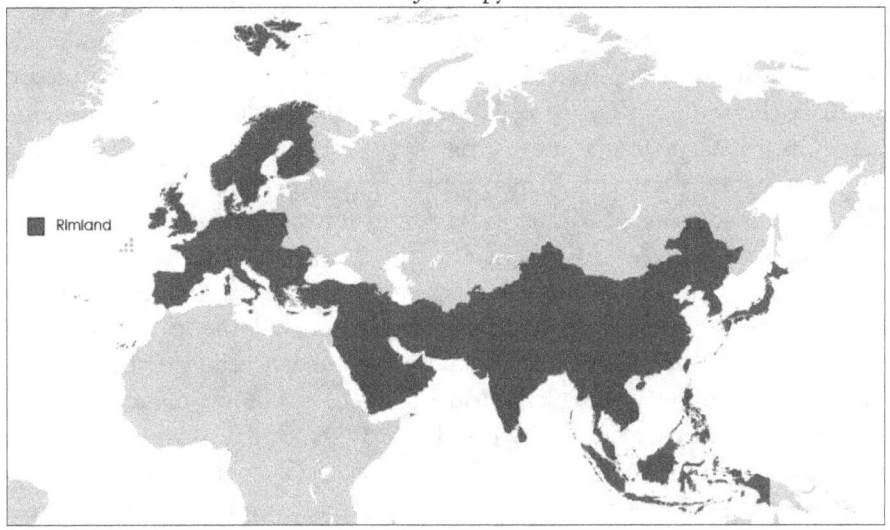

Source : Auteur.

Dans une certaine mesure, il est possible de constater une réémergence de ces logiques géopolitiques via la BRI. Par simple comparaison visuelle, on observe que les projections imagées de l'initiative maritime chinoise et du *Rimland* se confondent très bien ; que les projections imagées de l'initiative terrestre chinoise et du *Heartland* se confondent, aussi, très bien. Nous l'avons vu, concernant le segment indopacifique du *Rimland*, notamment pacifique, le gouvernement de la RPC apparaît plutôt zélé dans sa maîtrise complète, à terme, via ses politiques orientées vers les mers proches et lointaines. Si les deux modèles concordent sur la forme, la question de la pertinence du *Rimland* pour expliquer la politique maritime mondiale de la RPC fait encore débat. Le géographe Jean Gottmann s'efforce en effet de trancher la question en torpillant la validité de cette théorie réaliste, selon lui trop omnibulée par les territoires ainsi qu'une mentalité de fin XIXe siècle-première moitié du XXe siècle. Bien que décédé en 1994 — avant donc

---

[1] UN'ESSEC. « Les relations américano-russes, un siècle de théories géopolitiques au service du pouvoir », *L'Opinion*, 2016.

l'adhésion de la RPC à l'Organisation mondiale du commerce (OMC) —, il apparaît précurseur d'un courant de pensée insistant sur l'idée que la nouvelle source de la puissance, depuis les Trente Glorieuses, ne s'incarne plus dans le contrôle brut des territoires, mais désormais dans celui des flux de la mondialisation et de la maritimisation[1]. En ce sens, il forge le néologisme de « mégalopole », battant en brèche les théories du *Rimland* et du *Heartland* : selon lui, la puissance s'incarne désormais par le contrôle des plus grandes mégalopoles et aires urbaines de la planète, de telle sorte à contrôler les flux entrants et sortants. Un point d'accord entre la théorie du *Rimland* et le courant plus moderne que représente Jean Gottman apparaît toutefois par la position commune à l'égard des littoraux, estimés cruciaux. Ainsi, le phénomène de « nationalisation » des mers depuis le traité de Montego Bay et les luttes pour la domination des zones économiques exclusives (ZEE) qui s'ensuivent s'inscrivent à la fois dans le cadre du contrôle du *Rimland* et dans celui des flux maritimes, à une époque où 90 % du commerce mondial en volume les empruntent. Un exemple archétypal pour notre pays d'étude est celui du conflit sino-japonais autour des îles Senkaku (ou *Diàoyútái*, en chinois mandarin)[2].

Pour conclure, la question est donc de savoir, sans succomber au sensationnalisme médiatique parfois excessivement alarmiste, si l'ambition du Comité central du PCC se restreint simplement au contrôle de la région extrême-orientale, auquel cas elle ne poursuivrait pas le désir farouche de ressusciter le *Rimland*. Présentement, il reste très complexe de comprendre et anticiper les ambitions de l'exécutif de la RPC, en témoignent les rapprochements récents de cette dernière avec le gouvernement iranien[3] et le régime taliban d'Afghanistan[4], que certains commentateurs analysent à travers le spectre d'analyse offert par le *Rimland*. Toujours est-il, et nous l'évoquerons plus tard dans la dernière grande partie de notre mémoire, que l'État chinois ne paraît pas motivé à exporter un modèle de société et à « dominer le monde ». Crier au loup chinois semble donc abusif ; écarter les prétentions du PCC sur l'Asie et le monde l'est tout autant.

---

[1] Vejux, Elie. « Heartland, Rimland : quelle théorie pour l'espace maritime contemporain ? », *Les Yeux du Monde*, 2015.
[2] *Ibid.*
[3] « L'accord stratégique entre la Chine et l'Iran entre en vigueur », *RFI*, 2022.
[4] Lalanne, Charlotte. « Rapprochement Chine-talibans : « Pékin veut sécuriser ses intérêts dans la région » », *L'Express*, 2021.

2. *Le transport maritime, un enjeu chinois de souveraineté qui bouscule les armateurs européens*

2.1. Une RPC consubstantielle à la gestion du transport maritime mondial, l'autre face du déploiement portuaire

La dualité de la stratégie globale commerciale maritime de la RPC s'incarne charnellement par son entreprise d'État COSCO, principalement orientée vers des activités d'armateur et de transport maritime d'une part, mais aussi de manutention portuaire et de logistique d'autre part. Même si ces dernières années, l'effet COSCO-Pirée a pu inciter de nombreuses entreprises liées au commerce maritime à restructurer leurs affaires vers les infrastructures portuaires, toujours est-il que l'implication dans le transport maritime reste particulièrement conséquente. En effet, ce secteur est un enjeu de souveraineté pour la RPC, ce qui fait qu'il est fort improbable que Pékin autorise aux entreprises chinoises, notamment publiques, de trop s'en écarter, et ce pour deux raisons[1]. Premièrement, la bonne santé économique du pays repose essentiellement sur un modèle exportateur, d'où le qualificatif d'« atelier du monde » — bien que des efforts soient conduits pour opérer une mutation à l'occidentale —, ce qui crée une dépendance aux partenaires extérieurs, tant dans l'approvisionnement en matières premières que dans l'exportation de biens manufacturés. Deuxièmement, la rupture politique proactive incarnée par Xi Jinping depuis 2012 est incompatible avec une posture passive et attentiste vis-à-vis des bénéfices gargantuesques générés par l'activité logistique du commerce mondial, qui découle de son rôle actuel dans la NDIT.

De toute façon, la RPC a tout intérêt à exploiter le filon du transport maritime, au vu de la porosité entre ses activités portuaires et le commerce mondial. Ses ports de la côte est occupent une place très importante, quand l'on sait que parmi les dix premiers ports mondiaux, huit sont chinois (Shanghai, Ningbo, Yantian, Guangzhou, Qingdao, Busan, Tianjin et Hongkong). Un seul exemple récent permet de prendre la mesure du poids des décisions du gouvernement central dans les flux commerciaux mondiaux. En effet, nous avons en tête l'importance cruciale du port de Yantian, fermé deux semaines en raison du COVID en juin 2021, qui a dévoilé en filigrane la possibilité pour la RPC d'influencer en temps et en argent l'ensemble du commerce mondial. D'un côté, la maîtrise des ports permet au gouvernement de faire ou

---

[1] Dufour, Jean-François. « Comment la Chine soutient ses armateurs », *La Tribune*, 2015.

défaire des embouteillages maritimes et ainsi influer sur les délais de livraison, dans des proportions plus importantes qu'une obstruction du canal de Suez (en l'espèce, la fermeture de Yantian aurait empêché l'acheminement, selon les estimations, de plus de 357 000 EVP de marchandises — soit plus de 2 000 kilomètres —, plus que le blocage de Suez pendant six jours par l'*Ever Given*[1]). De l'autre, cet épisode a rappelé à quel point l'exécutif de la RPC peut faire exploser les prix du transport mondial — pas seulement maritime — par la gestion de ses ports, ayant en l'occurrence induit indirectement une hausse de 1 000 % du prix du trajet d'un porte-conteneurs de quarante pieds entre l'Asie et la *Northern Range*[2], et une hausse dans tous les secteurs vers lesquels les importateurs se sont tournés pour pallier et compenser les problèmes maritimes. Il est donc assez naturel que la RPC développe une politique de transport maritime solide, au vu de l'enjeu crucial que le secteur représente pour elle, et du pouvoir dont il la dote.

En guise de conclusion, il n'est pas dénué de sens de rejoindre celle de Mathieu Duchâtel et Alexandre Sheldon Duplaix dans leur étude « La Chine bleue : naviguer sur la route maritime de la soie vers l'Europe », déjà citée. Selon eux en effet,

> « à terme, le risque pour l'Europe est de se retrouver face à des entreprises chinoises qui fixent les prix et contrôlent les termes des échanges. Pour l'heure, les deux plus grandes compagnies maritimes du monde — *Maersk* et MSC — restent européennes. Mais la maîtrise des infrastructures portuaires offre un avantage stratégique en termes de sélection de partenaires commerciaux. »[3]

2.2. Une concurrence féroce livrée aux principaux opérateurs maritimes mondiaux

Dans son mémoire de fin d'études dirigé par Christian Scapel, professeur spécialisé en droit maritime, et intitulé *Alliances maritimes et autres formes de coopérations stratégiques entre les compagnies maritimes (évolution et*

---

[1] Seibt, Sébastian. « Quand le port de Yantian s'enraie, le commerce mondial déraille », *France 24*, 2021.
[2] Giesen, Christoph. « Das Tor zur Welt – Vorübergehend geschlossen », *Süddeutsche Zeitung*, 2021. Consulté le 4 août 2022 sur
https://www.sueddeutsche.de/wirtschaft/logistik-das-tor-zur-welt-voruebergehend-geschlossen-1.5328921.
[3] Duchâtel, Mathieu. Duplaix, Alexandre Sheldon. *Op. cit.*, p. 18.

avenir), Alicia Vanderpotte introduit son propos en observant que le référentiel privilégié pour comprendre les réalités maritimes de notre temps reste la grande compagnie maritime, dans une tradition qui remonte au moins au XVIe siècle[1]. Aujourd'hui, le constat implacable est celui de comprendre que l'immense majorité du commerce mondial s'effectue par voie maritime — 90 % — et est assurée par un faible nombre d'opérateurs. Pour preuve, en juillet 2022, 84,7 % des flux de marchandises conteneurisées sont transportés par l'une des dix plus grandes compagnies maritimes du monde **(voir annexe 7)**, parmi lesquelles COSCO en quatrième position. Le transport maritime est, de fait, un secteur plutôt oligopolistique et stable, avec des acteurs au poids colossal difficilement déboulonnables. L'immersion de nouveaux acteurs au sommet de la pyramide est donc un véritable tour de force, dans un univers où les noms de « super-transporteurs »[2] comme ceux de *Mediterranean Shipping Company* (MSC), *Maersk*, CMA-CGM ou encore *Evergreen* sont solidement implantés. Le rang auquel a tardivement accédé la RPC et ses entreprises dans le transport maritime, au cours du milieu des années 2000, relève donc de la prouesse. L'adhésion du pays à l'OMC en 2001 a en effet agi comme un catalyseur pour *China Shipping Group* (CSG) — l'une des deux entités avec COSCO *Group* qui fusionneront pour fonder l'actuel COSCO *Shipping*. CSG a vu l'une de ses sociétés filles épouser une croissance impressionnante, voyant ses parts de marchés croître de 126 % entre 2000 et 2006[3]. Durant cette période, le géant chinois en devenir s'est affirmé comme deuxième transporteur de conteneurs à la croissance la plus rapide de la planète, profitant de cette dynamique pour se hisser dès 2007 à la sixième place des plus grands armateurs[4]. Ne la quittant que pour s'élever dans le classement, la RPC annonce en 2015 la fusion entre CSG et COSCO *Group* pour finalement établir COSCO *Shipping*.

Dans ce milieu extrêmement compétitif[5], la tendance moderne est à la constitution d'alliances entre grands armateurs, ce qui aboutit à des structures, de plus en plus vastes et complexes mêlant pléthore d'acteurs guidés par l'intérêt commun de transporter toujours plus de marchandises, plus efficacement, plus rapidement et à moindre coût.

---

[1] Vanderpotte, Alicia. *Op. cit.*, p. 6.
[2] Descamps, Adeline. « MSC détrône Maersk de sa place de leader mondial », *Journal de la Marine Marchande*, 2022.
[3] Zhang, Wenxian. Alon, Ilan. *A Guide to the Top 100 Companies in China*, 2010, pp. 106-109.
[4] *Ibid.*
[5] Vanderpotte, Alicia. *Op. cit.*, p. 60.

Aujourd'hui, les quatre plus grandes alliances d'armateurs sont l'*Ocean Three*, la *Green Alliance*, la G6 et la 2M. COSCO est membre des deux premières. Au sein de l'alliance *Ocean Three*, elle coopère avec la Française CMA-CGM et l'Arabe *United Arab Shipping Company*. Au sein de la *Green Alliance*, elle coopère avec la Japonaise *K-Line*, la Sud-Coréenne *Hanjin* et les Taïwanaises *Yang-Ming* et *Evergreen*[1]. La vie, le maintien et la mort de ces alliances sont le fruit de l'évolution des rapports de force permanents entre les différents armateurs.

En effet, dans le contexte de montée en puissance perpétuelle du géant maritime chinois depuis la moitié des années 2000, on se rend compte que le gouvernement de Pékin endosse de plus en plus un rôle de régulateur du transport maritime mondial[2]. L'exemple le plus illustratif est sûrement son zèle déployé en 2014 pour faire échouer l'alliance P3, que souhaitait ériger la troïka européenne, formée de MSC, Maersk et CMA-CGM. Le Comité exécutif du PCC a jugé dangereux qu'un immense conglomérat européen cumulant 38 % de la capacité mondiale de transport par conteneurs ainsi qu'une part de marché cumulée supérieure à 50 % sur les liaisons Chine-Europe naisse[3]. Il s'est donc donné les moyens de le tuer dans l'œuf, conscient du poids de l'accès à son marché national dans les négociations. L'initiative chinoise est d'une ampleur équivalente à la décision de la Commission fédérale du commerce américaine ayant empêché la fusion entre le Suisse *Holcim* et le Français *Lafarge*, tout comme la décision de Commission de l'UE d'interdire le rachat d'*Alstom* par *General Electric*. À ce titre, l'État chinois s'affiche comme troisième arbitre biaisé du respect de la concurrence, surveillant en réalité avec minutie les tentations monopolistiques affectant sa position et ses intérêts nationaux[4].

Si la troïka européenne s'est délitée par la contrainte, elle s'est partiellement réorganisée en 2015 au sein de l'alliance 2M, entre MSC et Maersk, cependant toujours incapable d'imposer CMA-CGM. En réaction, c'est un véritable séisme lorsqu'est annoncée un an plus tard la constitution de l'*Ocean Three*, preuve éclatante du poids désormais incontournable de COSCO, qui est parvenu à faire de la délaissée CMA-CGM, adversaire d'hier, un nouveau partenaire. L'entreprise d'État chinoise est donc membre d'une des deux alliances se partageant plus de

---

[1] Vanderpotte, Alicia. *Op. cit.*, p. 84.
[2] Apffel, Arnaud. « Quand la Chine redessine à elle seule le commerce maritime mondial », *LVSL*, 2019.
[3] Dufour, Jean-François. « La Chine est-elle (re)devenue la première puissance économique mondiale ? », *La Tribune*, 2022.
[4] Apffel, Arnaud. *Op. cit.*

la moitié du marché Chine-Europe[1]. Avec cette position, cumulée au rachat en 2017 de l'*Orient Overseas Container Line* — ancien partenaire de COSCO au sein de l'*Ocean Three* —, l'armateur chinois s'est hissé, entre 2018 et 2021, au troisième rang mondial, devant son partenaire CMA-CGM[2]. Même si l'année 2021 a fermé la parenthèse du podium pour COSCO, ces trois années ont montré la capacité d'influence de la RPC, qui peut désormais habilement arbitrer, impulser ou empêcher des fusions dans le secteur du transport maritime, selon ses intérêts.

---

[1] Dufour, Jean-François, 2015, *op. cit.*
[2] Descamps, Adeline. « Conteneurs : nouveaux rapports de force dans le Top 5 », *Journal de la Marine Marchande*, 2022.

Chapitre 3 : L'expansionnisme comme moyen, le sinocentrisme d'inspiration confucéenne comme fin

La foison de sources et œuvres bibliographiques traitant les ambitions de la RPC pour elle-même et pour le monde a, au-delà de leurs nombreuses vertus, le défaut de parfois succomber au sensationnalisme et de jouer sur les peurs. Pourtant, il convient impérativement de comprendre que l'antagonisme avec les États-Unis ne fait pas de la RPC une nouvelle URSS, et du monde, le théâtre d'une « deuxième guerre froide ». Au contraire, le pays s'ancre profondément dans ce siècle, porté par une quête à l'hégémonie certes, mais principalement portée sur l'Asie orientale et centrale (A). Mais quoi qu'il en soit, toute intervention issue de la politique étrangère de Pékin, dont la présence en Euroméditerranée, se doit d'être observée sous le prisme de la défense des intérêts nationaux, entre fabrication de ses propres canaux de la mondialisation des biens et désir d'enfin rééquilibrer le contraste entre terres intérieures et littoraux (B).

1. *La RPC, une nouvelle URSS à l'initiative d'un contre-modèle idéologique ?*

1.1. Le sensationnalisme spéculatif : un état du traitement du sujet, entre logiques occidentales de l'information et opacité du PCC

« Nouvel ordre mondial chine » ; *« New world order china »* ; *« Neue Weltordnung China »* : ces dernières années, il suffit d'inscrire ces quelques mots-clefs sur n'importe quel moteur de recherche pour accéder dans la plupart des langues à une foison d'articles journalistiques ou scientifiques, de vidéos, ou encore d'ouvrages traitant le sujet. Sans vouloir trop généraliser notre propos, l'expérience de l'écriture de ce mémoire a montré que les sources les plus accessibles étaient pour beaucoup généralistes et destinées au grand public. Ce n'est pas un problème en soi, car cela offre une vue globale, rapide et introductive au profane qui s'intéresse à la thématique, et qui souhaiterait ultérieurement aiguiser son esprit par la consultation d'autres sources. Seulement, force est de constater qu'au moyen de titres « chocs », on y retrouve souvent les mêmes poncifs : la grandiloquence inquiétée du projet BRI ; une référence implicite au « péril jaune », voire au caractère visionnaire d'Alain Peyrefitte dans *Quand la Chine s'éveillera… Le monde tremblera* ; l'autoritarisme chinois personnifié par Xi Jinping ; le bras de fer épique — économique, idéologique et militaire principalement — entre la RPC et les États-Unis, comme une seconde guerre froide dont l'issue serait la première place dans l'ordre mondial[1]. Souvent aussi, on trouve l'idée que, depuis les prémices de l'humanité et parmi les grandes puissances, se tiendrait une course effrénée au cours de laquelle

> « l'Inde était en tête devant la Chine jusqu'aux années 1500. Puis la Chine a pris la première place jusqu'au milieu du XIXe siècle. Au moment de la révolution industrielle, l'Empire britannique a pris la première place avant de se faire doubler par les États-Unis juste avant la Première Guerre mondiale. Depuis un peu plus d'un siècle, les États-Unis sont ainsi considérés comme la première puissance économique mondiale. »

Toutefois, on n'oublie pas de souligner que, durant ce siècle-là, le XXe, « il y a eu des *challengers* » comme l'URSS, le Japon, ou aujourd'hui la RPC, qui avec « les États-Unis rivalisent pour la place de leader »[2].

---

[1] Martin, Valentin. *Op. cit.*, pp. 42-44.
[2] Dufour, Jean-François, 2022, *op. cit.*

Illustration 8. Résultats de recherche de la première page de Google lorsque l'on saisit « nouvel ordre mondial chine » en français et en anglais, depuis la France le 13 juillet 2022.

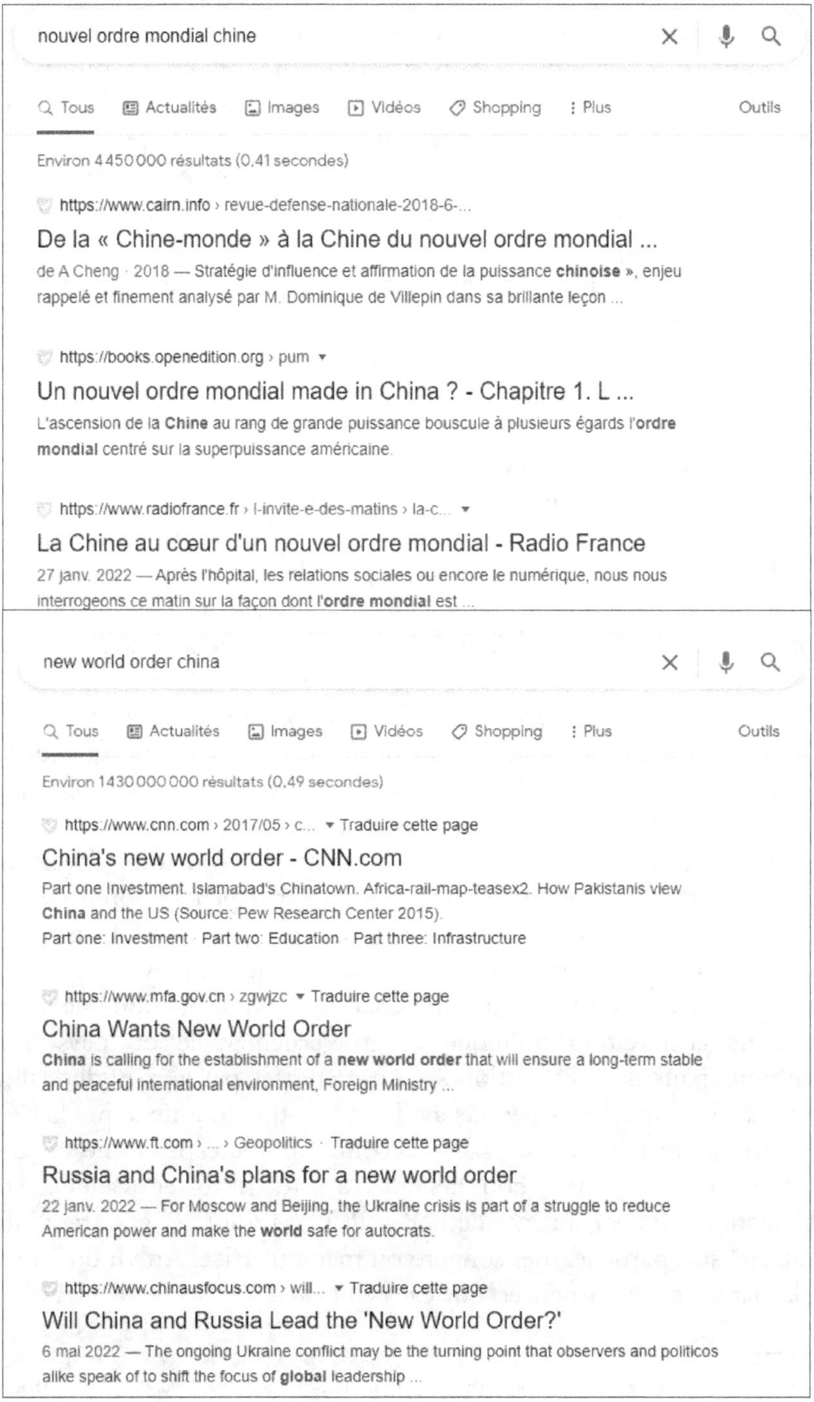
nouvel ordre mondial chine

Tous Actualités Images Vidéos Shopping Plus Outils

Environ 4 450 000 résultats (0,41 secondes)

https://www.cairn.info › revue-defense-nationale-2018-6-...

De la « Chine-monde » à la Chine du nouvel ordre mondial ...

de A Cheng · 2018 — Stratégie d'influence et affirmation de la puissance **chinoise** », enjeu rappelé et finement analysé par M. Dominique de Villepin dans sa brillante leçon ...

https://books.openedition.org › pum

Un nouvel ordre mondial made in China ? - Chapitre 1. L ...

L'ascension de la **Chine** au rang de grande puissance bouscule à plusieurs égards l'**ordre mondial** centré sur la superpuissance américaine.

https://www.radiofrance.fr › l-invite-e-des-matins › la-c...

La Chine au cœur d'un nouvel ordre mondial - Radio France

27 janv. 2022 — Après l'hôpital, les relations sociales ou encore le numérique, nous nous interrogeons ce matin sur la façon dont l'**ordre mondial** est ...

new world order china

Tous Actualités Images Vidéos Shopping Plus Outils

Environ 1 430 000 000 résultats (0,49 secondes)

https://www.cnn.com › 2017/05 › c... Traduire cette page

China's new world order - CNN.com

Part one Investment. Islamabad's Chinatown. Africa-rail-map-teasex2. How Pakistanis view **China** and the US (Source: Pew Research Center 2015).

Part one: Investment · Part two: Education · Part three: Infrastructure

https://www.mfa.gov.cn › zgwjzc Traduire cette page

China Wants New World Order

China is calling for the establishment of a **new world order** that will ensure a long-term stable and peaceful international environment, Foreign Ministry ...

https://www.ft.com › ... › Geopolitics · Traduire cette page

Russia and China's plans for a new world order

22 janv. 2022 — For Moscow and Beijing, the Ukraine crisis is part of a struggle to reduce American power and make the **world** safe for autocrats.

https://www.chinausfocus.com › will... Traduire cette page

Will China and Russia Lead the 'New World Order?'

6 mai 2022 — The ongoing Ukraine conflict may be the turning point that observers and politicos alike speak of to shift the focus of **global** leadership ...

Source : Auteur.

En règle générale, le lecteur occidental moyen se retrouve donc face à deux situations : soit il consulte une source relatant un évènement d'actualité en particulier ; soit la source est déconnectée de l'actualité immédiate et se compose d'un récapitulatif général et cadré de la politique intérieure et/ou extérieure de la RPC. Dans tous les cas, quel que soit le type de source, l'évènement d'actualité particulier sera recontextualisé selon la focale occidentale, et ne deviendra qu'une étape préalable à l'exposition de la politique générale de la RPC. *In fine*, les deux scénarios se recouperont.

Notre raisonnement est évidemment schématique et souffre lui-même — paradoxalement — de poncifs, ayant cette tendance à la généralisation au mépris de l'ensemble des expériences individuelles d'information sur le sujet, qui reste impossible de manière exhaustive. Toutefois, sans nous impliquer dans une analyse sociologique de la médiatisation des sujets géopolitiques dans les pays européens et nord-américains, on peut convenir qu'il est plus accrocheur de jouer sur les émotions en personnifiant le combat du siècle pour la domination mondiale entre l'énergique Xi Jinping et le déclinant Joe Biden. De même, on peut concevoir que quelques centaines de mots mariés à des images et des vidéos simplifiées invitant à la réaction atteignent plus efficacement les masses qu'une étude froide de plusieurs milliers de mots, complexe, qui nécessite de nombreux prérequis intellectuels[1]. Il est donc impératif de faire preuve de prudence et d'humilité quand il est question de comprendre et rationaliser les motivations des dirigeants de la RPC pour le monde et le XXIe siècle.

D'ailleurs, il faut aussi ajouter à notre analyse que l'opacité et l'ambiguïté de l'action du PCC n'aide que très peu la compréhension occidentale de son interventionnisme à l'étranger. En effet, bien que cela puisse sembler évident, il faut rappeler que la RPC n'est pas démocratique. À ce titre, la transparence de l'action publique ne s'inscrit pas dans la tradition politique et gouvernementale du pays, et de nombreux pans de ladite action sont caractérisés par la confidentialité et le secret. En outre, nous devons avoir en tête que tout texte publicisé par les autorités dirigeantes de la RPC, voire par toute personne depuis le territoire de la Chine continentale, a été filtré et validé. Toute information dévoilée au monde par le PCC a un intérêt à l'être, quitte à ce qu'elle soit partielle, mensongère ou manipulatrice. Au vu du contrôle de la parole et de la pensée qui est celui du PCC sur son territoire et,

---

[1] Entre autres, voir la théorie sociologique de la *Media System Dependency*, développée par Melvin Defleur et Sandra Ball-Rokeach.

aussi, au sein de sa diaspora, on ne s'étonne pas que certains médias dissidents aient attribué au parti le sobriquet « Miniver », en référence au roman *1984* d'Orwell[1]. La vision que se font les peuples et États européens, nord-américains et du monde vis-à-vis des ambitions de la RPC est donc le fruit de l'interprétation de ce que le pays accepte de leur transmettre, par les discours officiels et les actes. Il existe aussi, évidemment, la question de l'espionnage entre États, mais elle est exclue du cadre d'analyse qui est le nôtre, n'ayant qu'un impact mineur, voire inexistant, sur la fabrication de l'information disponible en source ouverte, journalistique comme scientifique.

1.2. Une quête à l'hégémonie dénuée d'universalisme et principalement portée sur l'Asie orientale et centrale

Lorsque l'on étudie la montée en puissance de la RPC dans tous les domaines selon une focale réaliste, il est impératif d'éviter les écueils consistant à dresser des parallèles automatiques entre la guerre froide et la rivalité sino-américaine contemporaine. Certes, notre époque est aujourd'hui traversée par des relents néo-impérialistes, néo-irrédentistes, et un renouveau de la course aux territoires et aux armements, avec l'effritement de l'*Arms control* (« contrôle de la prolifération des armes »). Pour autant, la période qui s'ouvre à nous se singularise par l'absence de certaines composantes incontournables de la guerre froide — un contexte historique, donc économique, social, culturel, intellectuel, politique, institutionnel, géographique donné ; une lutte prosélyte visant à imposer aux pays du monde un modèle idéologique, capitaliste ou communiste. Et puis, si comparaison et « deuxième guerre froide » devait-il y avoir, à quelle « première guerre froide » ferions-nous allusion ? Celle du blocus de Berlin ; celle de la crise des missiles à Cuba ; celle de la Révolution culturelle du PCC ; celle de l'opération Condor ; celle de la *glasnost* ?

Au contraire, les enjeux irriguant l'époque contemporaine sont singuliers car en rupture sur de nombreux points avec la période 1947-1991. Le quasi-monopole dont jouissait le bloc de l'est dans la critique du modèle néolibéral a été brisé, pour des remises en cause transcendant désormais les manichéismes bipolaires — pro-capitalisme contre pro-communisme ; ni capitalisme ni communisme. Depuis la décennie 2010, une myriade de facteurs et d'acteurs souligne en effet les limites de l'ordre mondial refondé dans les années 1980 à l'initiative des

---

[1] China Digital Times. *Op. cit.*

néolibéraux anglo-saxons. Militairement, pensons aux échecs retentissants des interventions américaines au Moyen-Orient couplés au retour à l'isolationnisme. Économiquement, l'impact de la crise économique et financière de 2008 et l'incapacité pour les instances multilatérales occidentales à résorber ses conséquences ont participé à discréditer la gestion exclusivement néolibérale du monde. Écologiquement, la prise de conscience environnementale par une partie de l'humanité apparaît incompatible avec la philosophie consumériste et productiviste du capitalisme, et participe de la planétarisation croissante des préoccupations, où le modèle occidental est de plus en plus souvent confronté à ses contradictions[1].

C'est donc en voulant pallier les faiblesses du statocentrisme des relations internationales que l'on assiste à l'accélération de l'érosion de l'ordre westphalien, par le haut — confortation des intégrations régionales, multiplication de firmes multinationales privées parfois plus puissantes que certains États — comme par le bas — fleurissement et pérennisation de groupes paraétatiques, voire non étatiques. Plutôt que de succomber aux parallélismes trop hâtifs, il semble plus prudent de qualifier la situation géopolitique internationale, comme le fait Jean-Baptiste Jeangène Vilmer, directeur de l'IRSEM et membre du conseil académique du Collège de défense de l'OTAN, comme étant « dans un état transitoire difficile à qualifier »[2]. Ni unipolaire, ni « zéro-polaire », ni multipolaire, le monde aujourd'hui ne connaît plus un rideau de fer aussi ferme que tantôt, comme en témoigne l'interdépendance inédite liant les deux acteurs principaux, États-Unis et RPC, que d'aucuns aimeraient étudier au prisme d'un nouveau piège de Thucydide.

Nous le comprenons alors, dans cet environnement global, la RPC n'est pas une nouvelle URSS, et ne pourrait l'être même si elle le souhaitait ardemment, ce dont on peut douter. L'initiative des nouvelles routes de la soie, comme plus largement la politique conduite par le PCC, sert prioritairement un intérêt national. Par elles, plus que de proposer un « modèle chinois » alternatif, le PCC semble expérimenter une nouvelle approche de la coopération transnationale[3]. Aucune volonté universaliste à l'occidentale ne s'observe : la RPC est irrédentiste mais ne souhaite pas conquérir le monde en exportant son modèle de société, que d'aucuns

---

[1] Boniface, Pascal. « Vers un monde multipolaire », *Sciences humaines*, no. 332, 2021, pp. 8-9.
[2] Jeangène Vilmer, Jean-Baptiste. « Vers une bipolarité fluide États-Unis/Chine ? », *Revue Défense Nationale*, vol. 781, no. 6, 2015, pp. 58-63.
[3] Li, Bin. *Op. cit.*

qualifient d'« autoritarisme fragmenté »[1]. Du moins, aucun signe fort, ni dans les actes ni dans les déclarations, ne semble aller dans ce sens. Pour la plupart, les interventions à l'étranger des entreprises et de l'État servent à renforcer sa puissance économique, et ses efforts pour influencer politiquement les dirigeants des autres pays prolongent cette puissance. En fin de compte, on peut relever la pertinence de la pensée de l'essayiste Patrick Theuret sur cette question :

> « Si les Chinois manifestent tant de résistance à se plier au modèle dominant, ils n'en tirent pas pour autant la conclusion inverse, autrement dit la conviction d'avoir forgé un contre-modèle à vocation dominatrice. La Chine ne prétend nullement exporter son modèle politique, encore moins l'imposer militairement. [...] Il n'y a pas de croisade en préparation dans cette région de la planète. »[2]

Malgré tout, il est indispensable de distinguer les motivations des acteurs et leurs perceptions. Même si cela n'était pas programmé et intentionnel, la RPC a pu offrir malgré elle à toutes les forces politiques anti-démocratiques, voire anti-occidentales, une sorte de modèle alternatif duquel s'inspirer[3]. De même, le constat de cette partie ne doit ni rendre son analyste aveugle à la compétition effrénée que se livrent États-Unis et RPC dans de nombreux secteurs ni adoucir son regard face à l'agressivité des acteurs chinois dans l'accomplissement de leurs desseins. Mais, le recul permis par l'écriture de ce mémoire nous aide à déduire que le gouvernement de Pékin reste prioritairement intéressé à sécuriser le rang régional de la RPC, élément qui doit passer par une domination indiscutable de son étranger proche, d'où sa politique militaire et économique singulière pour l'Asie orientale et centrale. En ce sens, le plan officiel du PCC pour la BRI[4] dévoile dès la préface de très nombreux signaux prouvant qu'avant toute autre zone du monde, ce sont bien les pays d'Asie du Sud-Est et d'Asie centrale les principaux concernés. Aussi, au-delà de l'énumération récurrente constamment dans l'ordre « Asie, Europe, Afrique », le document adosse en priorité la BRI à des instances asiatiques telles que l'OCS, l'ANASE Plus Chine, la

---

[1] Brødsgaard, Kjeld Erik. *Chinese Politics as Fragmented Authoritarianism: Earthquakes, Energy and Environment*, Routledge, 2017.
[2] Theuret, Patrick. « Les voies de la Chine et l'humanité au XXIe siècle », *La Pensée*, vol. 373, no. 1, 2013, pp. 77-92.
[3] Duchâtel, Mathieu. Duplaix, Alexandre Sheldon. *Op. cit.*
[4] « Vision and Actions on Jointly Building Silk Road Economic Belt and 21st-Century Maritime Silk Road », *NDRC*, 2015.

Coopération économique Asie-Pacifique (APEC), le Dialogue pour la coopération asiatique (ACD) ou encore la Conférence pour l'interaction et les mesures de confiance en Asie (CICA).

Finalement, pour un organe exécutif très attaché à la symbolique de ses actions, ce n'est pas un hasard si cette région du monde est, après le territoire chinois, le théâtre principal à l'étranger des grandes déclarations de politique extérieure des dernières années, de la part des personnages clefs du PCC. Ainsi, le plan continental de la RPC pour le siècle, la Ceinture, est annoncé depuis le Kazakhstan, de l'université Nazarbayev[1] ; le plan maritime de la RPC pour le siècle, la Route, est annoncé depuis l'Indonésie, face au Parlement local[2]. On peut inscrire ces initiatives parmi les deux concepts soulevés par les chercheurs à l'IRSEM Paul Charon et Jean-Baptiste Jeangène Vilmer, les « opérations dans le domaine cognitif » (认知领域作战, en chinois mandarin) et le « pouvoir discursif » (话语权, en chinois mandarin). Comme ils l'expliquent, l'objectif de ces opérations est de prendre l'ascendant psychologique par le verbe et par le lieu de prononciation du discours sur les pays voisins. Par cette posture, la RPC estime pouvoir atteindre son but « ultime », qui

> « est de manipuler les valeurs, l'esprit/l'éthos national, les idéologies, les traditions culturelles, les croyances historiques, etc., d'un pays pour les inciter à abandonner leur compréhension théorique, leur système social et leur voie de développement et d'atteindre des objectifs stratégiques sans victoire. »[3]

2. *Agir sur l'extérieur pour prioritairement sécuriser l'intérieur*

2.1. Forger ses propres canaux de la mondialisation des biens : une hégémonie restreinte au contrôle des ressources

Nous venons de le voir, la politique étrangère chinoise n'est pas animée d'une quelconque obsession messianique et prosélyte pour les pays du monde. La RPC n'aspire ni au contrôle des territoires ni à celui des populations. Pour autant, les dirigeants du PCC ont des convoitises dignes d'une grande puissance, en ce sens que leur priorité reste le

---

[1] Ministry of Foreign Affairs of PRC. *Op. cit.*
[2] Wu, Jiao. Zhang, Yunbi. *Op. cit.*
[3] Charon, Paul. Jeangène Vilmer, Jean-Baptiste. *Op. cit.*, pp. 31-32.

contrôle des ressources et des flux commerciaux, par la mise en place de leurs propres modalités et débouchés de la mondialisation. Ainsi, l'objectif recherché est que Pékin développe de nouveaux canaux alternatifs de la mondialisation, rendant obsolètes ceux maniés par les grandes firmes occidentales, notamment américaines[1]. La RPC s'est en effet posée comme principal opposant au géant américain, souhaitant drainer à elle l'ensemble des puissances moyennes adversaires, voire ennemies des États-Unis, dans l'optique d'y faire contrepoids. Pour le gouvernement de la RPC, la BRI est donc un moyen comme un autre d'utilisation de la mondialisation économique afin de tisser un large réseau d'influence parmi les différentes puissances.

En outre, rappelons que la NDIT a spécialisé l'économie de la RPC dans la production de biens manufacturés — « l'atelier du monde » —, dont la santé repose essentiellement sur leur exportation. La clef de compréhension de toute la politique étrangère de l'État de la RPC s'incarne alors dans deux éléments interconnectés.

Premièrement, le gouvernement central doit être proactif dans la gestion des flux entrants en RPC. Il doit faire en sorte que toutes les conditions continuent d'être réunies afin que les industries chinoises puissent continuer à produire. L'approvisionnement en matières premières pour alimenter ces zones industrielles est donc un enjeu capital.

Deuxièmement, le gouvernement central doit être proactif dans la gestion des flux sortants de la RPC. Tout comme ses industries, il est guidé par l'impératif d'un acheminement rapide et à moindre coût desdits biens vers l'étranger. Son interventionnisme au-delà de ses frontières veut alors permettre la sécurisation d'un maximum de SLOC stratégiques, étant donné que l'immense majorité du commerce mondial transite par les mers. De l'usine chinoise où le produit est fabriqué jusqu'à ce qu'il soit acheté par le consommateur étranger, le gouvernement de Pékin désire intervenir/diriger le plus directement possible un maximum d'étapes, via un maximum d'acteurs privés et publics ressortissants de la Chine continentale. On peut noter l'influence certaine de théoriciens comme l'historien naval Julian Corbett, dont l'œuvre a longuement développé l'aspect crucial d'une défense prioritaire des SLOC pour toute grande puissance[2].

Là est donc l'essence brute et initiale de la BRI. Il s'agit de biaiser la main invisible néolibérale pour que l'État chinois permette à son pays de

---

[1] Charon, Paul. Jeangène Vilmer, Jean-Baptiste. *Op. cit.*, p. 150.
[2] Corbett, Julian. *Some Principles of Maritime Strategy*, 1918 (édition de 2009, Naval & Military Press Ltd.)

récolter un maximum d'avantages économiques et conforte sa position incontournable dans la NDIT. C'est un plan de domination économique de la planète, par les Chinois et pour les Chinois, porté vers la maîtrise la plus exhaustive des flux mondiaux de marchandises. Toute coopération avec une entité étrangère, publique comme privée, ne serait observée que comme un moyen d'accéder à cette fin. Il est d'ailleurs paradoxal de constater qu'au sein de ce système-monde[1], dans lequel chaque économie nationale est interdépendante, la RPC cherche d'une part à extraire un maximum de bénéfices en vertu de son rôle de producteur dans la NDIT ; d'autre part, à réduire sa dépendance aux autres pays dans la distribution des biens mondiaux.

Pour démontrer à quel point ce dessein est, avant toute chose, lié aux ressources, aux biens et à leur déplacement, les trois tribunaux *ad hoc* de résolution des différends de la BRI, annoncés par la Cour suprême populaire dès 2015, ont une portée exclusivement commerciale. Celui de Pékin constituerait le siège de l'institution, là où celui de Xi'an règlerait les disputes commerciales de la Ceinture et celui de Shenzhen, les différends liés au transport maritime. Notons justement la symbolique de ces deux villes, anciennes plaques tournantes de la route de la soie d'origine[2]. En ce sens, la RPC paraît adosser sa proactivité à dominer les flux commerciaux mondiaux à toute une structure judiciaire prompte à en réguler les excès et sources d'instabilité. Sur ce terrain, elle ne serait pas le seul État, coopérant avec le Centre financier international de Dubaï (DIFC) — un des principaux centres de règlements de litiges commerciaux dans le monde — et le Tribunal de commerce international de Singapour (SICC). Quoique certains observateurs étrangers s'interrogent légitimement sur l'impartialité des futurs jugements et leur proximité vis-à-vis des entreprises chinoises[3], toujours est-il que leur motivation première reste de statuer sur des questions matérielles et commerciales, liées aux ressources et non aux Hommes.

2.2. S'imposer en Euroméditerranée pour rééquilibrer le contraste entre terres intérieures et littoraux

Si la BRI représente un projet fondamentalement orienté vers les ressources physiques et l'amélioration de la connectivité du monde, elle a aussi une vocation interne et nationale. Il faut rappeler que « La Pensée

---

[1] Dollfus, Olivier. *Op. cit.*
[2] Kuo, Lily. Kommenda, Niko. *Op. cit.*
[3] *Ibid.*

de Xi », fil rouge de la politique du PCC depuis 2012, est bicéphale. Si la première tête, le « rêve chinois », a abondamment été commentée au sein des pays occidentaux, la seconde, les « quatre intégralités » (四个全面战略布局, en chinois mandarin), est souvent marginalisée, peut-être car sa portée est prioritairement nationale. Entre fin 2012 et début 2015, le Secrétaire général du PCC Xi Jinping a pourtant développé les « quatre intégralités »[1] :
1) Construire globalement une société de moyenne aisance ;
2) Approfondir globalement la réforme, dans tous les domaines ;
3) Gouverner globalement la nation conformément à la loi chinoise ;
4) Gouverner globalement et strictement le Parti.

Cette seconde tête est cruciale, étant à la fois cause et conséquence du « rêve chinois ». Si la RPC cherche à maintenir son hégémonie économique sur le monde via un modèle exportateur, c'est qu'elle souhaite employer les liquidités acquises à l'amélioration de son territoire national. Ainsi que le note Mathieu Duchâtel,

> « le « rêve chinois » est avant tout à consommation interne. Il signifie que la nouvelle élite dirigeante s'attaquera en priorité aux problèmes concrets du quotidien des Chinois, tels que les inégalités de revenu et d'accès au logement, la pollution atmosphérique et la crise de sécurité alimentaire. »[2]

Si la RPC cherche à faire progresser les conditions de vie de ses habitants, c'est pour ensuite, aussi, concrétiser plus aisément le rêve. En ce sens, la première intégralité est sans conteste celle qui nous intéresse le plus pour cette partie. Comment en effet « construire globalement une société de moyenne aisance » dans un pays souffrant d'inégalités territoriales profondes non résorbées depuis la colonisation européenne du XIXe siècle, entre les régions littorales et les régions intérieures de l'Ouest ?[3] Comment habilement utiliser la position de la RPC dans la NDIT pour drastiquement réduire cette asymétrie géographique ? La RPC affiche aujourd'hui de nombreuses faiblesses structurelles —

---

[1] « Médias de Hong Kong : les « Quatre Compréhensifs » mettent en lumière la conception de haut niveau de la stratégie globale de gouvernement du pays », *China News*, 2013. Consulté le 2 août 2022 sur https://www.chinanews.com.cn/hb/2014/12-19/6893454.shtml.
[2] Duchâtel, Mathieu. « La politique étrangère de la Chine sous Xi Jinping », *Hérodote*, vol. 150, no. 3, 2013, pp. 172-190.
[3] Shirk, Susan. *China: How China's Internal Politics Could Derail Its Peaceful Rise*, 2007, pp. 30-31.

surtout sociales — difficilement conciliables avec sa montée en puissance, entre effritement de l'unité nationale, exacerbations des tensions ethnico-religieuses — au Xinjiang et au Tibet en particulier — ou bien hausse de la contestation interne des choix politiques conduits par le PCC. La BRI, dont la présence de COSCO et CMG dans l'espace portuaire euroméditerranéen est l'un des symptômes, a donc aussi pour tâche de désenclaver les régions intérieures et rééquilibrer les participations de l'Est et de l'Ouest dans la croissance économique chinoise. Depuis l'ouverture initiée par Deng Xiaoping à la fin des années 1970, la façade maritime orientale est devenue un vaste agrégat de villes-industries spécialisées dans la production de biens destinés à l'exportation, comme l'expliquent pertinemment les professeurs à l'université de Toulon Maurice Catin et Christophe Van Huffel[1]. Les dirigeants chinois ont alors tout intérêt à traiter via la BRI ce problème vieux d'un siècle et demi.

Plusieurs entités clefs du gouvernement de la RPC le concèdent d'ailleurs, ouvertement. Dans « Vision et actions sur la construction conjointe de la Ceinture économique de la route de la soie et de la Route de la soie maritime du XXIe siècle », la NDRC, les ministères des Affaires étrangères et du Commerce ainsi que le Conseil d'État convergent à dire que certes, il faut continuer à tirer parti des zones côtières orientales qui bénéficient d'un haut niveau d'ouverture — le Bohai Rim, le delta du fleuve Yangtze, celui de la Rivière des Perles, le détroit de Taïwan, etc. —, jusqu'à faire de la province du Fujian un point central pour la BRI maritime. Toutefois, ils poursuivent leur raisonnement en regrettant que les avantages des régions intérieures ne soient pas assez exploités, notamment la vaste superficie, le capital humain et la solidité industrielle. Des villes comme Chongqing, Xi'an, Chengdu, Zhengzhou, Wuhan, Nanchang et Hefei sont jugées insuffisamment intégrées, et devraient être amenées à devenir de véritables pivots dans les échanges commerciaux pour le XXIe siècle, en particulier avec l'Europe, où l'on met de plus en plus en avant « la marque des « trains de fret Chine-Europe » »[2]. C'est aussi le cas pour certains gouvernements locaux, comme celui de la région autonome ouïghoure du Xinjiang. Ainsi, le vice-président exécutif de la région, Huang Wei, a pu estimer que la BRI apportait non seulement des

---

[1] Catin, Maurice. Van Huffel, Christophe. « Ouverture économique et inégalités régionales de développement en Chine : le rôle des institutions », *Mondes en développement*, vol. 128, no. 4, 2004, pp. 7-23.

[2] « Vision and Actions on Jointly Building Silk Road Economic Belt and 21st-Century Maritime Silk Road », *NDRC*, 2015.

opportunités de développement économique aux entreprises, mais qu'elle injectait aussi de la vitalité dans l'économie locale[1].

Par conséquent, il faut bien comprendre que le rééquilibrage du contraste entre terres intérieures et littoraux est un enjeu de sécurité nationale pour le gouvernement central de la RPC. S'il n'est pas traité, la « politique d'une seule Chine » (一个中国, en chinois mandarin) poursuivie par Pékin depuis 1949 pourrait ne plus avoir comme unique et dernière cible Taïwan. Son non-traitement serait même apte à susciter, voire catalyser les velléités, déclarations et actes sécessionnistes d'autres régions marginalisées, sur le modèle du Xinjiang et du Tibet[2]. La BRI, au-delà des vertus économiques et géopolitiques qu'elle apporterait à la RPC, est donc une tentative du PCC motivée à résorber les inégalités entre Est et Ouest, dans l'espoir de réduire les risques planant sur son intégrité territoriale.

---

[1] « Interprétation du « Rapport d'activité du gouvernement 2016 » : « Trois stratégies » dirigent le nouveau modèle de développement régional », *Le Quotidien du Peuple*, 2016. Consulté le 4 août 2022 sur http://www.gov.cn/xinwen/2016-03/16/content_5053966.htm.
[2] Pedroletti, Brice. « Minorités en Chine : désirs d'indépendance sous surveillance », *Le Monde*, 2013.

CONCLUSION

Dans ce mémoire, nous avons fait le choix d'analyser la construction du volet occidental des nouvelles routes de la soie, préoccupés par ses répercussions sur la France et l'Europe. Nous focalisant sur le réseau portuaire euroméditerranéen, nous avons voulu interroger la pertinence de l'allusion à la « sinisation » de cette sous-région européenne. Pour cela, nous avons jugé que l'un des symptômes les plus éloquents s'incarnait par la croissance des activités locales pour deux entreprises d'État chinoises, COSCO et CMG. L'impératif de problématisation que requiert l'exercice nous a menés à décomposer les enjeux du sujet en plusieurs axes. Il a été question d'étudier pourquoi et comment cette croissance apparaissait comme un puissant outil d'exercice de la puissance loin de la zone d'action historique de la Chine, à travers des positions commerciales minutieusement choisies par ses dirigeants. Rapidement, nous avons observé que COSCO comme CMG s'inscrivaient au sein d'une stratégie globale d'influence économique « entièrement menée par l'État [chinois] »[1], dont on peut noter la singularité des motivations politiques. Avec une action étrangère guidée par l'idée d'une « communauté de destin pour l'humanité » sous impulsion chinoise, le projet BRI s'est naturellement imposé à notre analyse, avec toute la profondeur historique et idéologique par exemple soulignée par l'historien Peter Frankopan[2][3]. À ce titre, de nombreux observateurs ont pu craindre l'ombre portée politique, voire militaire, d'un déploiement au sud du Vieux continent, par analogie avec la situation constatée chez certains terminaux portuaires asiatiques concédés à des géants chinois. Enfin, l'étude qui est la nôtre a rendu incontournable l'analyse des réactions locales en découlant et révélant la vulnérabilité et la fragmentation du processus décisionnel européen, dans le cadre de l'UE comme dans celui des États souverains. Ce, dans un contexte de course à l'attractivité par certaines entreprises européennes privées, tentées de profiter de cette opportunité, voire alternative financière chinoise.

---

[1] « The EU's response to China's state-driven investment strategy », *Cour des comptes européenne*, 2020.
[2] Frankopan, Peter, 2015, *op. cit.*
[3] Frankopan, Peter, 2018, *op. cit.*

Conscients donc de ces enjeux et afin de réaliser l'étude la plus exhaustive et conforme possible au cadre imparti par l'exercice du mémoire, nous avons ainsi fait le choix de décomposer notre propos en trois temps.

Premièrement, nous nous sommes attachés à comprendre les causes de la visibilité croissante des entreprises chinoises dans les ports euroméditerranéens. Ayant pour fruit originel la *Go Out Policy* lancée à la fin des années 1990, l'entreprise — privée comme publique — s'est en effet imposée comme clef de voûte de cette internationalisation de la présence chinoise au service d'elle-même et de l'État chinois, comme un prolongement de l'avantage comparatif exportateur vers lequel la RPC s'est orientée durant le virage néolibéral[1]. Loin d'être anarchique, la sortie des entreprises chinoises n'a pas rimé avec un affranchissement intégral du regard intrusif du gouvernement central, et s'est dirigée vers des secteurs rémunérateurs économiquement et politiquement. Dans cette conjoncture mondiale, le port est apparu comme le réceptacle des exportations et l'outil incontournable dans l'organisation contemporaine du commerce international, résolument caractérisé par l'adage suivant : la mer comme support, l'intermodalité comme principe. Pourquoi donc les ambitions des entrepreneurs et dirigeants chinois se sont-elles portées, aussi, vers l'espace maritime euroméditerranéen ? Le secteur portuaire local a en réalité subi d'importantes mutations politiques, commerciales, économiques, scientifiques et techniques à l'aube du XXIe siècle, comme en témoigne la mise en adéquation des infrastructures sud-européennes au développement des différentes générations de bâtiments, qui a eu pour conséquence majeure une hausse de l'attractivité et des IDE étrangers et asiatiques dans les ports *gateway*. Mais du point de vue de ces nouveaux acteurs, accéder à ces portes du continent, c'est aussi s'ouvrir l'*hinterland* européen et ses atouts.

Pour observer la réalité plus précise de l'émergence des acteurs chinois, nous avons fait le choix de mener une brève étude de cas sur l'exemple paroxystique du succès des investissements chinois en Europe : le port grec du Pirée, dont deux terminaux ont été concédés à COSCO. Ce dernier représente en effet un étendard alléchant du savoir-faire des entreprises d'État chinoises au-delà des frontières de la RPC, bien que des efforts importants soient déployés pour effacer les frustrations et critiques qu'il engendre. Ceci questionne la soutenabilité de ce géant,

---

[1] Dollfus, Olivier. *Op. cit.*

dont la rareté des crises majeures et le peu de recul nous font ignorer si ses pieds sont faits d'argile ou de béton armé. Toujours est-il que depuis 2008, le nombre de terminaux portuaires euroméditerranéens concédés à COSCO et CMG a beaucoup crû. Certains commentateurs notent même une tendance à un déplacement du cœur des échanges en Europe vers le nouvel épicentre grec, à l'initiative du PCC, de la *Northern Range* vers une Méditerranée entourée de Gibraltar à l'Ouest et Suez à l'Est, que seul l'avenir confirmera ou infirmera.

Deuxièmement, dans cette stratégie chinoise globale d'exportation réfléchie des capitaux, nous avons voulu observer en quoi l'espace portuaire sud-européen était voué à incarner la conclusion géographique du volet maritime de la BRI. Consécutivement, nous avons jugé essentiel de prolonger notre regard vers la réaction des différents acteurs européens, qu'ils soient motivés, inquiets ou lésés par les ambitions géopolitiques du gouvernement de la RPC. En effet, la présence chinoise croissante dans les ports d'Europe du Sud a pu être étudiée dans le cadre plus global de la BRI, ce projet visant à réactualiser à notre époque le réseau plurniséculaire d'échanges matériels et idéels qui reliait jusqu'au XVe siècle le Pacifique à la Méditerranée : les routes de la soie. Toutefois, il semble indispensable de rappeler l'essence fondamentalement floue et ambiguë de cette « initiative », vendue comme le reflet de l'altruisme du PCC pour les peuples du monde. Ses ambitions, son cadre, les institutions la régissant et sa conformité aux règles élémentaires du droit international étant complexes à mesurer, il faut penser la BRI comme un caméléon géopolitique qui modifie son contenu selon sa réception internationale. Mais si le PCC a l'initiative du projet, ce sont bien des entreprises directement ou discrètement contrôlées par lui qui donnent à la BRI une réalité, profitant d'un soutien politique et financier d'une ampleur assez impressionnante.

En outre, comme nous le disions, il ne faut pas oublier d'étudier l'accueil qui en est fait localement. Dans un premier temps donc, nous avons souhaité étudier la bonne réception du projet sur le Vieux continent, incarnée par deux acteurs : certaines entreprises européennes privées d'une part, l'« autre Europe »[1] d'autre part. Si les premières ont pu percevoir les vertus des IDE chinois, vus comme une alternative au délaissement public des États et de l'UE constaté lors de la crise des dettes souveraines, la deuxième a aussi su saisir la main tendue par le

---

[1] À comprendre selon le sens qu'en donne l'ouvrage éponyme du politologue spécialiste de l'Europe centrale et orientale Jacques Rupnik.

nouveau partenaire chinois, qui a appris à transformer les frustrations à l'égard de l'UE en avantage, à son profit.

Dans un second temps pourtant, l'épée politique de Damoclès qui flotte au-dessus de ces atouts économiques maintient un sentiment de prudence et précautionneux chez deux autres types d'acteurs publics : les États européens les plus atlantistes et européistes, et l'UE. Entre l'alignement sur le discours alarmiste porté par les dirigeants américains depuis la présidence Obama, le piège de la dette et la peur de l'avènement de conglomérats chinois hégémoniques en mesure de dicter unilatéralement les termes des échanges, il a fallu un certain temps aux élites politiques de ces entités pour comprendre les limites de leur croyance quasi religieuse dans le libre-échange. Cependant loin de l'idée manichéenne d'une opposition automatique et systématique à la coopération européo-chinoise, cette seconde Europe bicéphale s'est confortée dans une posture duale — timide et ambiguë —, avec un discours en quête de réciprocité en décalage avec des actes reflétant *a contrario* une propension à continuer de jouir plus informellement de cette coopération économique fleurissante.

Troisièmement enfin, nous avons souhaité relativiser l'importance de l'Euroméditerranée dans le dessein géopolitique global du gouvernement chinois, après avoir dressé le constat qu'elle ne restait que le théâtre secondaire d'une grande puissance chinoise étrangère à toute « destinée manifeste » pour le monde. Le port est une infrastructure particulière, à la fois point de convergence des flux mondiaux conteneurisés et complexe logistique adapté à l'escale et la maintenance de bâtiments de guerre. En jetant un regard empreint de *realpolitik* et intéressé à l'étude des perceptions par les acteurs internationaux, on pourrait tout à fait déduire de la présence chinoise en Euroméditerranée, ce lac otanien, qu'elle est le symbole d'un affront assumé de l'alliance traditionnelle entre les États européens et les États-Unis. Peut-être s'agirait-il même d'une diversion stratégique, afin de détourner le regard américain des territoires jugés prioritaires pour la RPC. Toujours est-il qu'entre les craintes autour de la mutation des activités locales de COSCO et CMG — de l'économique vers le militaire — et l'incrédulité de certains spécialistes d'une RPC reniant la discrétion de sa posture, il faut avoir l'humilité de reconnaître qu'il est bien peu aisé de deviner avec certitude et exhaustivité ce que veulent aujourd'hui les dirigeants chinois, pour la RPC et le monde.

Malgré cela, certains phénomènes dessinent un pan de cette stratégie. Parmi eux, l'idée de hisser le pays au rang des grandes puissances bleues et amphibies n'est plus contestable, dans un contexte où, au contraire, la

« Pensée de Xi » se veut être le remède à la négligence passée des mers et *in fine*, au « siècle d'humiliation » qu'a été la période 1850-1950. Si le déploiement dans les espaces portuaires de l'Eurasie incarne une face de cette nouvelle ambition, n'oublions pas pour autant l'importance pour le PCC d'aussi peser sur l'autre face, le transport maritime, comme en témoigne la concurrence féroce livrée aux principaux armateurs mondiaux.

Enfin, la foison de sources et œuvres bibliographiques traitant les ambitions de la RPC pour elle-même et pour le monde a, au-delà de leurs nombreuses vertus, le défaut de parfois succomber au sensationnalisme. Pourtant, il convient impérativement de comprendre que l'antagonisme avec les États-Unis ne fait pas de la RPC une nouvelle URSS, et du monde, le théâtre d'une « deuxième guerre froide ». Au contraire, le pays s'ancre profondément dans ce siècle, porté par une quête à l'hégémonie certes, mais principalement portée sur l'Asie orientale et centrale. En réalité, toute intervention résultant de la politique étrangère de Pékin, y compris en Euroméditerranée, se doit d'être observée sous le prisme de la défense des intérêts nationaux, de la fabrication de ses propres canaux de la mondialisation des biens jusqu'au désir d'enfin rééquilibrer le contraste entre terres intérieures et littoraux.

TABLE DES ILLUSTRATIONS

Illustration 1 : p. 46
Présence des entreprises chinoises dans les ports de la Méditerranée.
Source : Institut MOBIS, cité dans Verny, Jérôme. Oulmakki, Ouail. Blayac, Thierry. « Positionnement stratégique de la Chine en Méditerranée : le projet « Belt and Road Initiative » », *Les Cahiers Scientifiques du Transport*, no. 75, 2019, pp. 63-79. Consulté le 11 août 2022 sur
https://afitl.msh-lse.fr/tl_files/documents/CST/N75/Oulmakki75.pdf.

Illustration 2 : p. 49
Système européen des ports à conteneurs et régions logistiques de l'*hinterland*.
Source : Notteboom, Theo. « Concentration and the Formation of Multi-Port Gateway Regions in the European Container Port System: An Update », *Journal of Transport Geography*, vol. 18, no. 4, 2010, pp. 567-583. Consulté le 11 août 2022 sur
http://projects.mcrit.com/foresightlibrary/attachments/Multiport_gateway_regions_Eur.pdf.

Illustration 3 : p. 59
Parts de marché Nord-Sud dans les volumes des ports à conteneurs continentaux européens (1980-2018).
Source : Haralambides, Hercules. Merk, Olaf. « China's « Belt and Road Initiative » and Global Maritime Trade Flows », p. 13. Consulté le 11 août 2022 sur https://doi.org/10.13140/RG.2.2.15591.80809.

Illustration 4 : p. 73
Participations des entreprises d'État chinoises dans les terminaux à conteneurs européens en 2019.
Source : Haralambides, Hercules. Merk, Olaf. « China's « Belt and Road Initiative » and Global Maritime Trade Flows », 2020, p. 11. Consulté le 11 août 2022 sur https://doi.org/10.13140/RG.2.2.15591.80809.

Illustration 5 : p. 103
Représentation cartographiée des États membres du format 16+1 en avril 2022.
Source : Auteur.

Illustration 6 : p. 120
Représentation cartographiée des relations entre les États européens, la Turquie et la Géorgie d'une part, et l'OTAN d'autre part.
Source : Auteur.

Illustration 7 : p. 135
Représentation cartographiée du *Rimland*, théorisé par l'universitaire Nicholas John Spykman.
Source : Auteur.

Illustration 8 : p. 145
Résultats de recherche de la première page de Google lorsque l'on saisit « nouvel ordre mondial chine » en français et en anglais, depuis la France le 13 juillet 2022.
Source : Auteur.

TABLE DES ANNEXES

Annexe 1 : Les investissements chinois dans les ports européens entre 2013 et 2018.
Source : Auteur, inspiré de « La France peut-elle contribuer au réveil européen dans un XXIe siècle chinois ? », *Sénat français*, 2021. Consulté le 11 août 2022 sur http://www.senat.fr/rap/r20-846/r20-8464.html.

Annexe 2 : Représentation cartographiée du Réseau transeuropéen de transport (RTE-T).
Source : « Trans-European Transport Network », *Commission de l'UE*. Consulté le 11 août 2022 sur https://ec.europa.eu/transport/infrastructure/tentec/tentec-portal/site/maps_upload/Corridors_councilproposal.pdf.

Annexe 3 : Schématisation cartographiée des trois « bananes » économiques en Europe : verte, bleue et dorée.
Source : Auteur.

Annexe 4 : Principaux mécanismes de l'implication chinoise dans les ports européens (2008-2019).
Source : Olaf Merk, « China's Participation in European Container Ports: Drivers and Possible Future Scenarios », *La Revue internationale et stratégique*, IRIS Editions - Armand Colin, no. 117, printemps 2020, p. 41-53. Consulté le 11 août 2022 sur https://preprod.cairn-int.info/journal-revue-internationale-et-strategique-2020-1-page-41.htm.

Annexe 5 : Financement de la BRI selon le type de source (diagramme 1) et la source brute (diagramme 2), à la fin de l'année 2018, sur une estimation de 760 milliards de dollars américains.
Source : Auteur, sur la base des données de He, Alex. « The Belt and Road Initiative: Motivations, Financing, Expansion and Challenges of Xi's Ever-Expanding Strategy », *Journal of Infrastructure, Policy and Development*, vol. 4, no. 1, 2020, pp. 14-15. Consulté le 11 août 2022 sur https://www.cigionline.org/static/documents/documents/no.225%20web.pdf.

Annexe 6 : Risques que la stratégie d'investissement chinoise fait peser sur l'UE et ses États membres, classés par nature.
Source : Auteur, inspiré de « La France peut-elle contribuer au réveil européen dans un XXIe siècle chinois ? », *Sénat français*, 2021. Consulté le 11 août 2022 sur http://www.senat.fr/rap/r20-846/r20-8464.html.

Annexe 7 : Classement des dix plus importants armateurs mondiaux, selon le nombre de conteneurs EVP transportés, au 12 juillet 2022.
Source : « Alphaliner TOP 100 », *AXS Marine*, 2022. Consulté le 11 août 2022 sur https://alphaliner.axsmarine.com/PublicTop100/.

ANNEXES

Annexe 1 : Les investissements chinois dans les ports européens entre 2013 et 2018.

Année	Terminal portuaire	Pays	Ligne	Entreprise	Participation
2013	Grand-Ouest (Montoir)	France	Nord	CMG	25%
2013	Terminaux de France et du Nord (Le Havre)	France	Nord	CMG	25%
2013	Eurofos (Fos)	France	Méditerranée	CMG	25%
2013	Terminal des Flandres (Dunkerque)	France	Nord	CMG	45%
2013	Freeport (Marsaxlokk)	Malte	Méditerranée	CMG	25%
2016	Reefer (Vado)	Italie	Méditerranée	COSCO	50%
2016	Euromax (Rotterdam)	Pays-Bas	Nord	COSCO	35%
2016	Le Pirée	Grèce	Méditerranée	COSCO	67%
2017	Gateway Terminal (Anvers)	Belgique	Nord	COSCO	25%
2017	APM (Zeebrugge)	Belgique	Nord	COSCO	85%
2017	Noatum (Valence)	Espagne	Méditerranée	COSCO	51%
2017	Noatum (Bilbao)	Espagne	Méditerranée	COSCO	39,78%
2017	Kumport (Ambarli)	Turquie	Méditerranée	COSCO	65%
2018	Thessalonique	Grèce	Méditerranée	CMG	10,8%

Source : Auteur, inspiré de « La France peut-elle contribuer au réveil européen dans un XXIe siècle chinois ? », *Sénat français*, 2021. Consulté le 11 août 2022 sur http://www.senat.fr/rap/r20-846/r20-8464.html.

Annexe 2 : Représentation cartographiée du Réseau transeuropéen de transport (RTE-T).

Au vu du format de l'ouvrage et pour plus de clarté, nous recommandons vivement au lecteur intéressé de consulter le document directement sur la source.

Source : « Trans-European Transport Network », *Commission de l'UE*. Consulté le 11 août 2022 sur https://ec.europa.eu/transport/infrastructure/tentec/tentec-portal/site/maps_upload/Corridors_councilproposal.pdf.

Annexe 3 : Schématisation cartographiée des trois « bananes » économiques en Europe : verte, bleue et dorée.

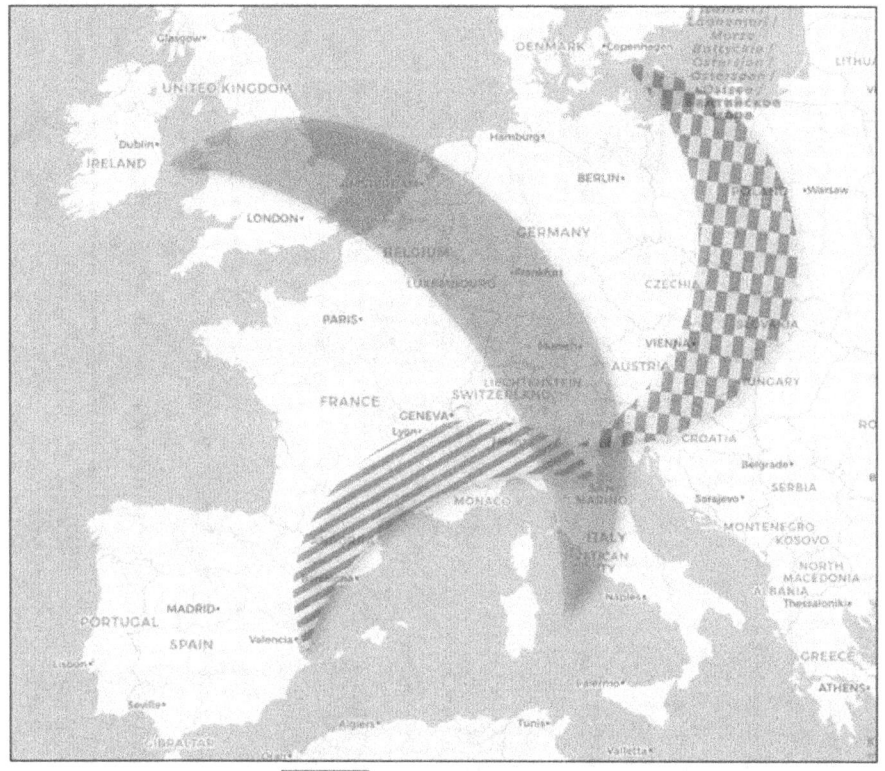

« Banane verte »

« Banane bleue »

« Banane dorée »

Source : Auteur.

Annexe 4 : Principaux mécanismes de l'implication chinoise dans les ports européens (2008-2019).

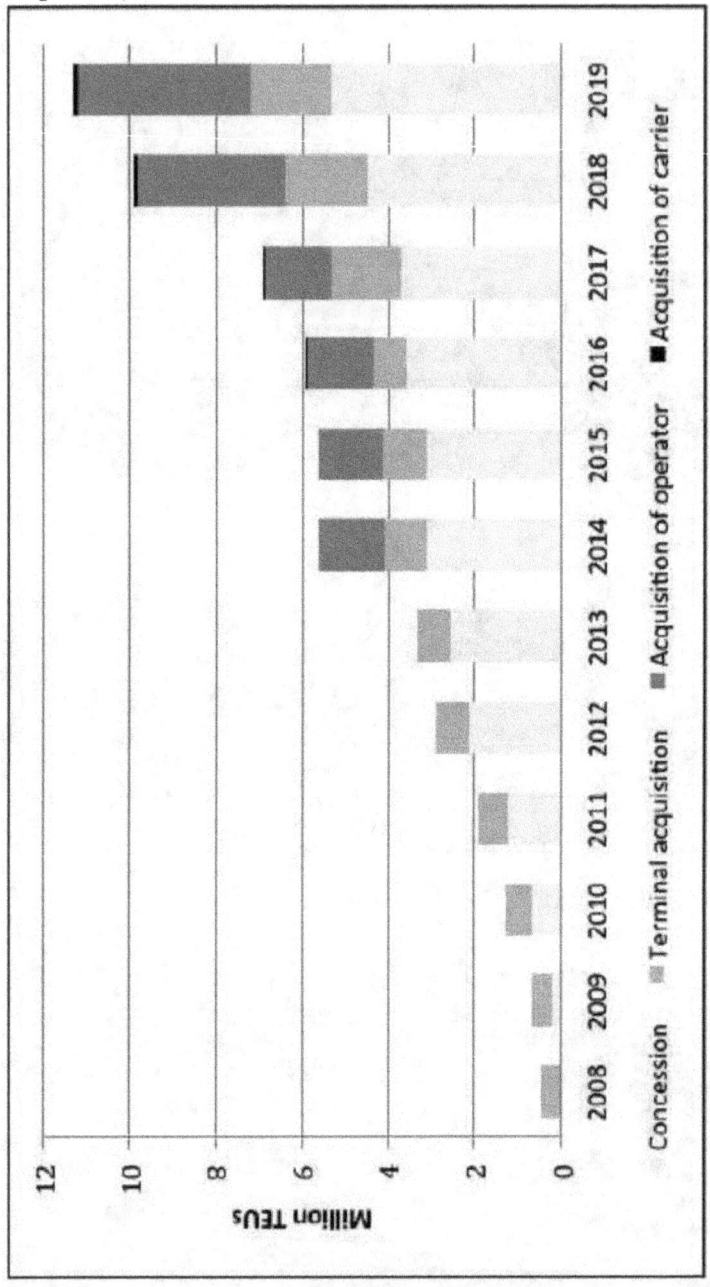

Source : Olaf Merk, « China's Participation in European Container Ports: Drivers and Possible Future Scenarios », *La Revue internationale et stratégique*, IRIS Editions - Armand Colin, no. 117, printemps 2020, p. 41-53. Consulté le 11 août 2022 sur https://preprod.cairn-int.info/journal-revue-internationale-et-strategique-2020-1-page-41.htm.

Annexe 5 : Financement de la BRI selon le type de source (diagramme 1) et la source brute (diagramme 2), à la fin de l'année 2018, sur une estimation de 760 milliards de dollars américains.

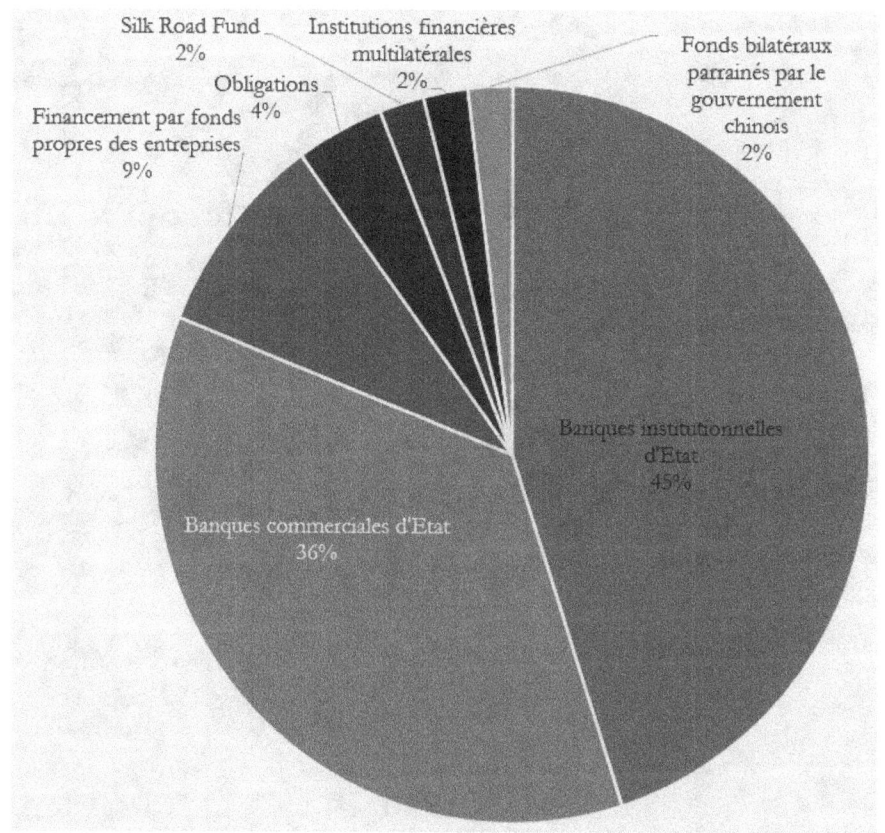

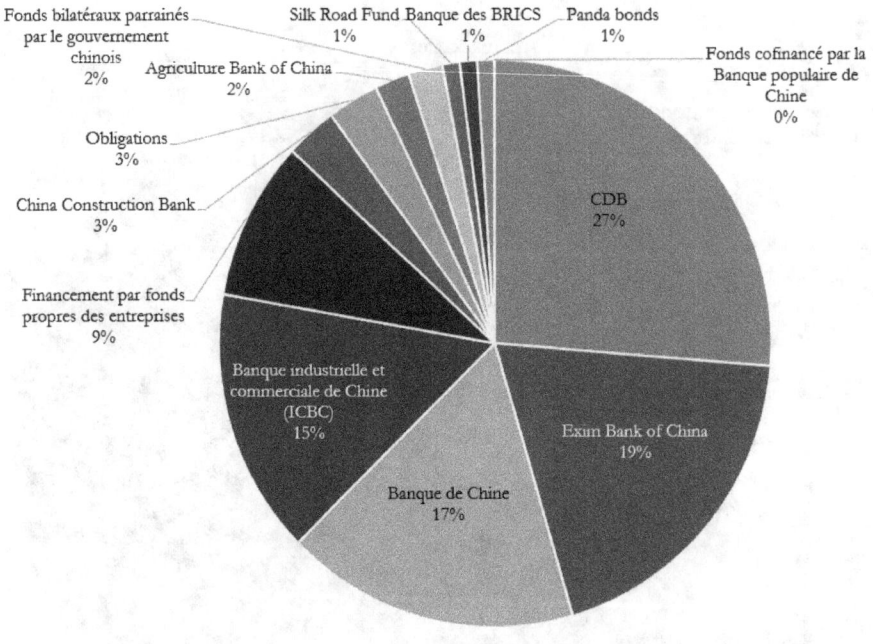

Source : Auteur, sur la base des données de He, Alex. « The Belt and Road Initiative: Motivations, Financing, Expansion and Challenges of Xi's Ever-Expanding Strategy », *Journal of Infrastructure, Policy and Development*, vol. 4, no. 1, 2020, pp. 14-15. Consulté le 11 août 2022 sur https://www.cigionline.org/static/documents/documents/no.225%20web.pdf

Annexe 6 : Risques que la stratégie d'investissement chinoise fait peser sur l'UE et ses États membres, classés par nature.

Nature	Aperçu des risques
Politique	Les investissements chinois dans des actifs sensibles/stratégiques en Europe sont susceptibles de porter atteinte à la sécurité/à l'ordre public.
	Le fait que des États membres concluent individuellement des protocoles d'accord concernant la coopération dans le cadre de la BRI peut compromettre l'unité de l'UE.
	Les projets relevant de la BRI peuvent saper le contrôle que les États membres exercent sur les infrastructures nationales stratégiques, ce qui aurait des implications géopolitiques.
	Les investissements chinois contribuent à développer des infrastructures de connectivité transfrontalière mises à profit par le trafic/la criminalité organisé(e) transnational(e).
Économique	Absence de réciprocité dans les relations UE-Chine en raison de l'avantage économique déloyal des entreprises chinoises.
	Manque de coordination entre les programmes infrastructurels de l'UE et de la Chine, ce qui peut donner lieu à des déficits en matière d'infrastructures de connectivité, ou à des situations de concurrence ou de double emploi entre projets d'investissement.
	Les entreprises d'État chinoises financent des dettes impossibles à gérer dans l'UE et dans les pays tiers, ce qui peut entraîner une défaillance et la perte des garanties stratégiques.
	Le transfert forcé de technologies vers la Chine nuit à la compétitivité à long terme de l'UE.
	L'UE importe des marchandises en provenance de Chine à des prix inférieurs aux coûts de production.
	L'UE subit les retombées des chocs défavorables que connaissent ses chaînes d'approvisionnement dont les fournisseurs clés sont chinois.
Sociale	Droits du travail et droits sociaux des salariés non respectés par les entreprises chinoises ayant investi à l'étranger

Technique	La BRI ne respecte pas suffisamment les règles de l'UE en matière de sécurité des données, l'exposant ainsi au risque de cyberattaques.
	Les infrastructures de transport chinoises ne respectent pas les normes internationales ou celles de l'UE, ce qui réduit les effets positifs de ces dernières.
Juridique	Les investissements chinois ne respectent pas la réglementation financière de l'UE (par exemple sur le blanchiment d'argent).
	Des projets d'infrastructure dans l'UE sont attribués de manière irrégulière à des soumissionnaires chinois présentant des offres artificiellement basses.
	Le calcul des ressources propres de l'Union européenne est compromis par la fraude aux droits de douane et à la TVA lors des importations chinoises.
Environ-nementale	Les entreprises chinoises ne respectent pas les normes environnementales ou de gouvernance internationales ou européennes qui promeuvent la durabilité.
	Les systèmes de santé publique sont touchés par les interconnexions croissantes à l'ère de la mondialisation (y compris les axes de transport chinois le long des nouvelles routes de la soie) qui accélèrent la transmission des maladies.

Source : Auteur, inspiré de « La France peut-elle contribuer au réveil européen dans un XXIe siècle chinois ? », *Sénat français*, 2021. Consulté le 11 août 2022 sur http://www.senat.fr/rap/r20-846/r20-8464.html.

Annexe 7 : Classement des dix plus importants armateurs mondiaux, selon le nombre de conteneurs EVP transportés, au 12 juillet 2022.

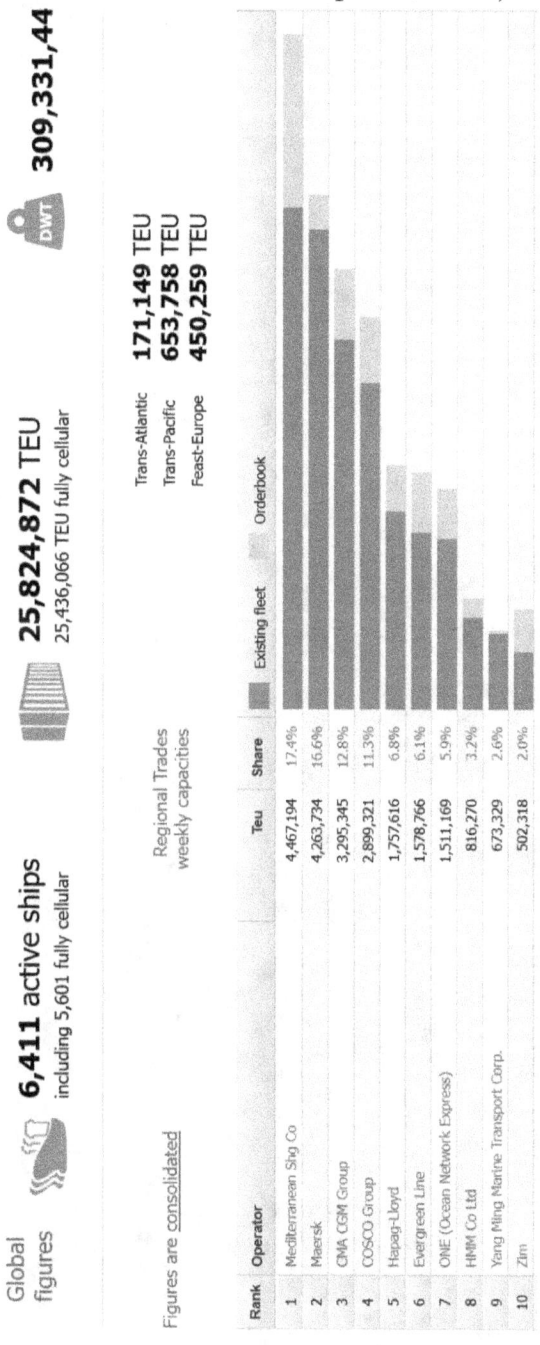

Source : « Alphaliner TOP 100 », *AXS Marine*, 2022.
Consulté le 11 août 2022 sur https://alphaliner.axsmarine.com/PublicTop100/.

ÉTAT DES SOURCES ET BIBLIOGRAPHIE

État des sources

INSTITUTIONS

POLITIQUES

> ➤ **Américaines**

« Letter to the Speaker of the House and the President of the Senate on the Continuation of the National Emergency with Respect to the Threat from Securities Investments That Finance Certain Companies of the People's Republic of China », *The White House*, 2021. Consulté sur https://urlz.fr/iOMo.

> ➤ **Chinoises**

« *2016 Ocean Development Report* », *State Oceanic Administration*, Beijing, Haiyang Press, 2016.

« *2017 Ocean Development Report* », *State Oceanic Administration*, Beijing, Haiyang Press, 2017.

« Action Plan on Standards to Build the Belt and Road Initiative », *Standardization Administration of the PRC*, 2021. Consulté sur http://www.sac.gov.cn/sacen/Features/201803/t20180327_342070.htm.

« Address by Ambassador Zou Xiaoli at the Ceremony for the Issuance of Commemorative Stamp for « 2015 China-Greece Maritime Cooperation Year » », *Embassy of PRC in Greece*, 2016. Consulté sur https://www.mfa.gov.cn/ce/cegr/eng/zxgx/t1344902.htm.

« Full text: China's Arctic Policy », *State Council of PRC*, 2018. Consulté sur http://english.www.gov.cn/archive/white_paper/2018/01/26/content_281476026660336.htm.

« Lecture de la série de discours importants du secrétaire général Xi Jinping — 10. Établir un nouveau type de relations internationales », *Site du Parti communiste chinois*, 2014. Consulté sur https://web.archive.org/web/20190605120943/http://theory.people.com.cn/n/2014/0715/c40531-25280779.html.

« Notre commission et d'autres départements concernés règlementent la traduction en anglais de l'initiative « Ceinture et Route » », *Commission nationale du développement et de la réforme (NDRC)*, 2015. Consulté sur https://urlz.fr/iOO4.

« President Xi Jinping Delivers Important Speech and Proposes to Build a Silk Road Economic Belt with Central Asian Countries », *Ministry of Foreign Affairs of PRC*, 2013. Consulté sur https://web.archive.org/web/20200405195320/https://www.fmprc.gov.cn/mfa_eng/topics_665678/xjpfwzysiesgjtfhshzzfh_665686/t1076334.shtml.https://web.archive.org/web/20200405195320/https://www.fmprc.gov.cn/mfa_eng/topics_665678/xjpfwzysiesgjtfhshzzfh_665686/t1076334.shtml.

Site officiel de la BRI, hébergé par le gouvernement central de la RPC. Consulté sur https://eng.yidaiyilu.gov.cn/ztindex.htm.

Site officiel du Département international du Comité central du PCC, https://urlz.fr/iOMA.

« Vision and Actions on Jointly Building Silk Road Economic Belt and 21st-Century Maritime Silk Road », *NDRC*, 2015. Consulté sur https://urlz.fr/iON2.

« Xi Jinping : Laissons le sentiment de communauté de destin commun s'enraciner profondément dans les pays voisins », *Ministère des Affaires étrangères de la RPC*, 2013. Consulté sur https://urlz.fr/iONI.

> ➢ **De l'Union européenne**

« Communication from the Commission to the European Parliament, the Council, the European Economic and Social Committee and the Committee of the Regions — Communication and action plan with a view to establishing a European maritime transport space without barriers », *Commission de l'UE*, 2009, p. 6. Consulté sur https://eur-lex.europa.eu/legal-content/FR/TXT/PDF/?uri=CELEX:52009DC0010&from=EN.

« Conclusions du Conseil sur la stratégie de l'UE à l'égard de la Chine », *Conseil de l'UE*, 2016. Consulté sur https://www.consilium.europa.eu/fr/press/press-releases/2016/07/18/fac-china-conclusions/.

Cosentino, Bianca, et al. « Étude réalisée pour la commission TRAN : La nouvelle route de la soie - débouchés et défis pour le transport européen », *Parlement de l'UE*. Consulté sur https://www.europarl.europa.eu/RegData/etudes/STUD/2018/585907/IPOL_STU(2018)585907_FR.pdf.

« Déclaration de la Présidente von der Leyen avec Olaf Scholz, Chancelier de l'Allemagne », *Commission européenne*, 2021. Consulté sur https://ec.europa.eu/commission/presscorner/detail/fr/statement_21_6770.

« Mécanisme de filtrage des investissements étrangers de l'UE », *Commission européenne*, 2020. Consulté sur https://ec.europa.eu/commission/presscorner/detail/fr/ip_20_1867.

Millan, Bruce. *« Annexe : Perspectives transnationales du développement territorial européen »*, Coopération pour l'aménagement du territoire européen — Europe 2000 Plus, Commission des Communautés européennes, Bruxelles, 1994. Consulté sur https://urlz.fr/iV9m.

« Ports maritimes européens à l'horizon 2030 : les défis à venir », *Commission de l'UE*, 2013. Consulté sur https://ec.europa.eu/commission/presscorner/detail/fr/MEMO_13_448.

Site officiel du CIRCABC, https://trade.ec.europa.eu/doclib/cfm/doclib_section.cfm?sec=120.

« The EU's response to China's state-driven investment strategy », *Cour des comptes européenne*, 2020.

« Trans-European Transport Network », *Commission de l'UE*. Consulté sur https://ec.europa.eu/transport/infrastructure/tentec/tentec-portal/site/maps_upload/Corridors_councilproposal.pdf.

Von der Leyen, Ursula. « Discours sur l'état de l'Union de la présidente von der Leyen », *Commission de l'UE*, 2021. Consulté sur https://ec.europa.eu/commission/presscorner/detail/fr/SPEECH_21_4701.

« Why China's public procurement is an EU issue » *European Parliament*, 2016. Consulté sur https://www.europarl.europa.eu/RegData/etudes/ATAG/2016/593571/EPRS_ATA(2016)593571_EN.pdf.

➢ **Françaises**

Derez, Pauline. Blanc, François. « Les PME françaises en Chine », *Service économique régional de l'ambassade de France en Chine*, 2011, p. 32. Consulté sur https://cn.ambafrance.org/IMG/pdf/1-pmes.pdf.

« Entretien téléphonique avec Jens STOLTENBERG, Secrétaire général de l'OTAN », *Élysée*, 2022.

« La France peut-elle contribuer au réveil européen dans un XXIe siècle chinois ? », *Sénat français*, 2021. Consulté sur http://www.senat.fr/rap/r20-846/r20-8464.html.

« Les nouvelles routes de la soie », *Direction générale du Trésor français*, 2018, p. 2. Consulté sur https://www.tresor.economie.gouv.fr/Articles/1f64b246-7e41-4284-8de5-b079aecb5b7e/files/7fb43132-5583-4e63-917a-8e2a505c909a.

Tertrais, Bruno. « La Russie face à l'élargissement de l'OTAN », *Vie Publique*, 2022.

« Transcription du discours du Président de la République au palais de Daminggong », *Élysée*, 2018.

➢ **Russes**

« Press statements following Russian-Chinese talks », *Presidency of Russia*, 2015. Consulté sur https://web.archive.org/web/20220703132227/http://en.kremlin.ru/events/president/transcripts/49433.

➢ **Suédoises**

Uddenfeldt, Fredrik. Hallgren, David. « China's Belt & Road Initiative: What's in it for Swedish Companies? », *Business Sweden*, 2019, p. 7. Consulté sur https://www.business-sweden.com/globalassets/insights/reports/trade/chinas-belt-and-road-initiative.pdf.

MILITAIRES

« Forces alliées du Sud Europe (AFSOUTH) », *Manuel de l'OTAN*, 1998. Consulté sur https://www.nato.int/docu/manuel/1998/190.htm.

« Les Alliés renforcent leur soutien à l'Ukraine », *OTAN*, 2022. Consulté sur https://www.nato.int/cps/fr/natohq/news_192476.htm.

Financières

« Letter to the Speaker of the House and the President of the Senate on the Continuation of the National Emergency with Respect « Belt and Road: One Masterplan. Six Economic Corridors of Power », *Standard Chartered*, 2019. Consulté sur https://www.sc.com/en/feature/one-masterplan-six-corridors/.

« Members and Prospective of the Bank », *Site officiel de la BAII*. Consulté sur https://www.aiib.org/en/about-aiib/governance/members-of-bank/index.html.

Site officiel de la Banque de développement du Canada, https://www.bdc.ca/en/articles-tools/entrepreneur-toolkit/templates-business-guides/glossary/equity-financing.

PORTS, ENTREPRISES ET CABINETS DE CONSEIL

« CKYHE Alliance to Reorganize Europe Service Network », *COSCO Shipping*, 2016. Consulté sur https://lines.coscoshipping.com/home/News/detail/14581140477125900251/50000000000000231.

« Classement des principaux pays exportateurs dans le monde en 2020 », *Statista*, 2022. Consulté sur https://fr.statista.com/statistiques/662278/exportateurs-plus-importants-monde/.

« COSCO Shipping Lines Reaffirms Its Commitment to Valenciaport », *Port de Valence*, 2021. Consulté sur https://www.valenciaport.com/en/cosco-shipping-lines-reaffirms-its-commitment-to-valenciaport/.

« Koralmbahn », *ÖBB-Infrastruktur*. Consulté sur https://infrastruktur.oebb.at/de/projekte-fuer-oesterreich/bahnstrecken/suedstrecke-wien-villach/koralmbahn.

Roué, Jean-Marc (dir.) et al. « Rapport annuel 2018-2019 », *Armateurs de France*, 2019.

Site officiel de *Piraeus Container Terminal* (PCT), https://www.pct.com.gr/content.php?id=1.

« The Belt and Road Initiative: How European Businesses Can Benefit », *China Briefing*, 2018. Consulté sur https://www.china-briefing.com/news/belt-road-initiative-how-european-businesses-can-benefit/.

Vöpel, Henning. « « We're Shifting our Paradigms » », *Evonik*, 2017, pp. 46-47. Consulté sur https://corporate.evonik.com/downloads/publications/magazine/evonik-magazine-1-2017-en.pdf.

Wei, Zhe Tan. « Cosco Shipping signs $26bn One Belt, One Road finance deal », *Lloyd's Loading List*, 2017. Consulté sur https://www.lloydsloadinglist.com/freight-directory/news/Cosco-Shipping-signs-26bn-One-Belt-One-Road-finance-deal/68419.htm#.YlbZKOhBzb0.

Zhang, Ganyi. « Quelles leçons tirer des investissements chinois dans les ports européens ? », *Upply*, 2019. Consulté sur https://market-insights.upply.com/fr/quelles-lecons-tirer-des-investissements-chinois-dans-les-ports-europeens.

ORGANISATIONS INTERNATIONALES

« The 5th Digital Belt and Road Conference/Big Data for SDGs Sessions », *International Forum on Big Data for Sustainable Development Goals Website*, 2021. Consulté sur https://fbas2021.scimeeting.cn/en/web/index/11233_809514_29306_#:~:text=The%205th%20Digital%20Belt%20and%20Road%20Conference%20(DBAR%202021)%20will,UN%20SDGs%20in%20the%20region.

Haralambides, Hercules. Merk, Olaf. « The Belt and Road Initiative: Impacts on Global Maritime Trade Flows », *International Transport Forum Discussion Papers*, 2020, p. 10. Consulté sur https://www.itf-oecd.org/sites/default/files/docs/belt-road-initiative-maritime-trade-flows_1.pdf.

Vincenti, Giacomo. « The Port of Trieste into the Belt and Road: Results of an International Debate », *European Guanxi*, 2022. Consulté sur https://www.europeanguanxi.com/post/the-port-of-trieste-into-the-belt-and-road-results-of-an-international-debate.

MÉDIAS

Allemands

« Der neue Blick nach Europa – von Süden », *Deutsche Verkehrs-Zeitung (DVZ)*, 2019.

Giesen, Christoph. « Das Tor zur Welt – Vorübergehend geschlossen », *Süddeutsche Zeitung*, 2021. Consulté sur https://www.sueddeutsche.de/wirtschaft/logistik-das-tor-zur-welt-voruebergehend-geschlossen-1.5328921.

Américains

Courea, Eleni. « Boris Johnson's China Problem », *Politico*, 2022.

Curran, Enda. « China's Crackdown Hasn't Ended Its Giant Foreign Buying Spree », *Bloomberg News*, 2017.

« Directives from the Ministry of Truth Archives », *China Digital Times*. Consulté sur https://chinadigitaltimes.net/china/directives-from-the-ministry-of-truth/.

Goure, Daniel. « Souda Bay Base Anchors NATO Role In Eastern Med », *RealClear Defense*, 2015. Consulté sur http://www.realcleardefense.com/articles/2015/08/11/souda_bay_base_anchors_nato_role_in_eastern_med_108350.html.

Haddick, Robert. « Salami Slicing in the South China Sea », *Foreign Policy*, 2012. Consulté sur https://foreignpolicy.com/2012/08/03/salami-slicing-in-the-south-china-sea/.

« How Will China Respond When Low-Income Countries Can't Pay Their Debts? », *Washington Post*, 2020.

Konstandaras, Nikos. « Who Is Playing Politics With the Port of Piraeus? », *New York Times*, 2019.

Lau, Stuart. « Lithuania Pulls out of China's '17+1' Bloc in Eastern Europe », *Politico*, 2021.

Parker, George. Anderlini, Jamil. « Awkward moments for Xi in 'mother of parliaments' », *CNBC*, 2015.

AUSTRALIENS

Gady, Franz-Stefan. « China and Russia Conclude Naval Drill in Mediterranean », *The Diplomat*, 2015.

Ghiretti, Francesca. « Demystifying China's Role in Italy's Port of Trieste », *The Diplomat*, 2020. Consulté sur https://thediplomat.com/2020/10/demystifying-chinas-role-in-italys-port-of-trieste/.

Ghiretti, Francesca. « The Belt and Road in Italy: 2 Years Later », *The Diplomat*, 2021. Consulté sur https://thediplomat.com/2021/03/the-belt-and-road-in-italy-2-years-later/.

Le Corre, Philippe. « Face à l'offensive chinoise, l'Europe voit rouge », *The Conversation*, 2020.

AUTRICHIENS

« Hafen Triest auf Wachstumskurs: Neue Bahnverbindung nach Rostock », *Trend*, 2018. Consulté sur https://www.trend.at/newsticker/hafen-triest-auf-wachstumskurs--neue-bahnverbindung-nach-rostock-10415162.

BRITANNIQUES

« Exclusive: Facing U.S. Blowback, Beijing Softens « Made in China 2025 » Message », *Reuters*, 2018.

« His own words: The 14 principles of « Xi Jinping Thought » », *BBC Monitoring*, 2017.

Kuo, Lily. Kommenda, Niko. « What Is China's Belt and Road Initiative? », *The Guardian*, 2018.

Lennane, Alex. « Hewlett Packard-Cosco deal spurs optimism in Greek logistics », *The Loadstar*, 2013. Consulté sur https://theloadstar.com/hewlett-packard-cosco-deal-spurs-optimism-in-greek-logistics/.

« The meaning of the man behind China's ideology », *The Economist*, 2017.

Chinois, indépendants

« How Is Belt and Road Being Funded? », *Week In China*. Consulté sur https://www.weekinchina.com/?p=32849.

« Xu Lirong a dévoilé en exclusivité la stratégie de développement de China COSCO Shipping : De la confrontation passive à la participation active à la compétition internationale », *21st Century Business Herald*, 2016. Consulté sur https://web.archive.org/web/20200814050753/http:/epaper.21jingji.com/html/2016-02/29/content_33055.htm.

Chinois, partiellement ou complètement contrôlés par l'état

« Amis de toujours et partenaires sincères – Souvenez-vous du voyage du président chinois Xi Jinping en Afrique », *Quotidien du peuple*, 2013. Consulté sur http://cpc.people.com.cn/n/2013/0401/c64094-20980889.html

« B&R enhances win-win partnership between China, Europe against global uncertainties », *China Daily*, 2018. Consulté sur https://www.chinadaily.com.cn/a/201806/15/WS5b23791ea310010f8f59d37e.html.

« China boosts maritime co-op with southern Europe », *Xinhua*, 2018. Consulté le 4 août 2022 sur http://english.www.gov.cn/news/international_exchanges/2015/11/08/content_281475230596652.htm.

« China Focus: « Be ready to win wars », China's Xi orders reshaped PLA », *Xinhua*, 2017. Consulté sur https://web.archive.org/web/20210215225108/http:/www.xinhuanet.com/english/2017-08/01/c_136491455.htm.

« Full text of the Vision for Maritime Cooperation under the Belt and Road Initiative », *Xinhua*, 2017. Consulté sur https://urlz.fr/iOMh.

« Han Zheng a présidé la réunion du Groupe dirigeant pour promouvoir la construction de « la Ceinture et la Route » », *Xinhua*, 2018. Consulté sur http://www.gov.cn/guowuyuan/2018-05/25/content_5293741.htm.

« Interprétation du « Rapport d'activité du gouvernement 2016 » : « Trois stratégies » dirigent le nouveau modèle de développement régional », *Le Quotidien du Peuple*, 2016. Consulté sur http://www.gov.cn/xinwen/2016-03/16/content_5053966.htm.

« La première liste des dirigeants « un senior et quatre adjoints » de l'équipe de direction de la BRI est exposée », *Ifeng*, 2015. Consulté sur https://news.ifeng.com/a/20150405/43488218_0.shtml.

« Le XIXe Congrès national du Parti communiste chinois s'est ouvert à Pékin — Xi Jinping a fait un rapport au Congrès au nom du XVIIIe Comité central — Li Keqiang a présidé le Congrès – 2 338 délégués et délégués spécialement invités ont assisté au Congrès », *Xinhua*, 2017. Consulté sur http://www.xinhuanet.com//politics/19cpcnc/2017-10/18/c_1121822838.htm.

« Les pays riverains du Mékong s'engagent à travailler avec la Chine pour renforcer la coopération Lancang-Mékong », *Xinhua*, 2020. Consulté sur http://french.peopledaily.com.cn/Chine/n3/2020/0825/c31354-9738001.html.

« Médias de Hong Kong : les « Quatre Compréhensifs » mettent en lumière la conception de haut niveau de la stratégie globale de gouvernement du pays », *China News*, 2013. Consulté sur https://www.chinanews.com.cn/hb/2014/12-19/6893454.shtml.

Menzel, Verena. « Initiative des Nouvelles Routes de la Soie : des opportunités pour l'Europe », *China Today*, 2017. Consulté sur http://www.chinatoday.com.cn/french/Economie/article/2017-06/29/content_743220.htm.

New China TV. « Music Video: The Belt and Road, Sing Along 一带一路全球唱 », *YouTube*, 2017. Consulté sur https://youtu.be/98RNh7rwyf8.

« No evidence of China's engagement in « debt-trap diplomacy » », *Xinhua*, 2021. Consulté sur http://www.xinhuanet.com/english/asiapacific/2021-02/24/c_139764009.htm.

« Promote entrepreneurship and make greater contributions to the country », *International Union Construction Group*. Consulté sur http://www.guojianjituan.com/en/index.php/Index/News_details/1126.html.

« Texte intégral du rapport de Xi Jinping au XIXe Congrès national du PCC », *Xinhua*, 2017. Consulté sur http://french.xinhuanet.com/chine/2017-11/03/c_136726219.htm.

Wu, Jiao. Zhang, Yunbi. « Xi in call for building of new 'maritime silk road' », *China Daily*, 2013. Consulté sur http://usa.chinadaily.com.cn/china/2013-10/04/content_17008940.htm.

« Xi Jinping : tous à bord de l'express de l'Internet », *Xinhua*, 2017. Consulté sur https://urlz.fr/iONL.

« Xi Jinping présente un rapport au XIXe Congrès national du PCC », *China Today*, 2017. Consulté sur http://www.chinatoday.com.cn/french/spc/2017-10/18/content_748714.htm.

Européens

Tsimitakis, Matthaios. « China's Cosco under Fire after Fatal Accident in Piraeus Port », *Euractiv*, 2021.

Français

Andrade, Arjuna. « La Chine au secours de l'économie européenne », *France Culture*, 2019.

Apffel, Arnaud. « Quand la Chine redessine à elle seule le commerce maritime mondial », *LVSL*, 2019.

Boniface, Pascal. « La France face à la Chine, que faire ? (3/4) », *Mediapart*, 2019.

« Chine : un projet de « Nouvelle route de la soie » à 1000 milliards », *TV5MONDE*, 2017. Consulté sur https://information.tv5monde.com/info/chine-un-projet-de-nouvelle-route-de-la-soie-1000-milliards-169601.

Deiss, Hervé. « L'Ocean Alliance refond ses services pour une meilleure desserte portuaire », *Ports et corridors*, 2019. Consulté sur https://portsetcorridors.com/2019/locean-alliance-refond-ses-services-pour-une-meilleure-desserte-portuaire/.

Descamps, Adeline. « Conteneurs : nouveaux rapports de force dans le Top 5 », *Journal de la Marine Marchande*, 2022.

Descamps, Adeline. « MSC détrône Maersk de sa place de leader mondial », *Journal de la Marine Marchande*, 2022.

De Vergès, Marie. « L'offensive de charme de Pékin en Europe centrale et orientale », *Le Monde*, 2018.

Dufour, Jean-François. « Comment la Chine soutient ses armateurs », *La Tribune*, 2015.

Dufour, Jean-François. « La Chine est-elle (re)devenue la première puissance économique mondiale ? », *La Tribune*, 2022.

« Économie maritime : l'UE sans stratégie face à la Chine (experts) », *L'Express*, 2019.

Freyssenet, Elsa. « Pékin pousse ses pions en Europe centrale et tente de rassurer l'UE », *Les Échos*, 2019.

Gauquelin, Igor. « La Chine maritime et navale (4/7) : 70 ans et la marine enfin au cœur de la puissance », *Asialyst*, 2019. Consulté sur https://asialyst.com/fr/2019/10/05/chine-maritime-navale-4-7-70-ans-marine-enfin-coeur-puissance/.

« Grèce : le port du Pirée en plein boom grâce à la Chine », *Franceinfo*, 2019.

Grésillon, Gabriel. « Les Européens tentent de formaliser leur stratégie face à la Chine », *Les Échos*, 2021.

Hivert, Anne-Françoise. « Les Danois disent oui à l'Europe de la défense », *Le Monde*, 2022.

Kefalas, Alexia. « Comment Cosco bouscule Le Pirée et toute la Grèce », *Le Figaro*, 2011.

« L'accord stratégique entre la Chine et l'Iran entre en vigueur », *RFI*, 2022.

Laïdi, Zaki. « L'Union européenne doit acquérir « l'instinct de puissance » », *Le Monde*, 2018.

Lalanne, Charlotte. « Rapprochement Chine-talibans : « Pékin veut sécuriser ses intérêts dans la région » », *L'Express*, 2021.

Lemaître, Frédéric. « Édouard Philippe plaide la cause du multilatéralisme à Pékin », *Le Monde*, 2018.

« L'Italie serait « très heureuse » de soutenir l'adhésion de la Finlande et de la Suède à l'OTAN », *Le Monde*, 2022. Consulté sur https://www.lemonde.fr/international/live/2022/05/13/guerre-en-ukraine-en-direct-incomprehension-entre-zelensky-et-macron-kiev-va-recevoir-une-nouvelle-assistance-militaire-de-l-union-europeenne_6125909_3210.html.

Mahbubani, Kishore. « Doit-on avoir peur de la Chine ? », *Le Monde diplomatique*, 2019.

Malsang, Isabel. « Le port du Pirée attire les multinationales », *L'Antenne*, 2013. Consulté sur https://www.lantenne.com/Le-port-du-Piree-attire-les-multinationales_a9255.html.

« « Nouvelles routes de la soie » : en quoi consiste le titanesque projet chinois ? », *BFM Business*, 2019. Consulté sur https://www.bfmtv.com/economie/economie-social/monde/nouvelles-routes-de-la-soie-en-quoi-consiste-le-titanesque-projet-chinois_AV-201903250092.html.

Pedroletti, Brice. « Minorités en Chine : désirs d'indépendance sous surveillance », *Le Monde*, 2013.

Pedroletti, Brice. « Europe : « le casse-tête chinois des « nouvelles routes de la soie » » », *Le Monde*, 2018.

Pommiers, Eléa. « Pourquoi l'UE a du mal à rester unie face à la Chine », *L'Express*, 2019.

Rafenberg, Marina. « Au Pirée, la colère gronde pendant la visite du ministre des affaires étrangères chinois », *Le Monde*, 2021.

Rafenberg, Marina. « Pour Pékin, la « nouvelle route de la soie » passe par Athènes », *Le Monde*, 2017.

Rafenberg, Marina. « Vent de fronde antichinois au port du Pirée », *Le Monde*, 2021.

Seibt, Sébastian. « Quand le port de Yantian s'enraie, le commerce mondial déraille », *France 24*, 2021.

Seibt, Sébastian. « Xi Jinping à Athènes : pourquoi la Chine continue à cajoler la Grèce », *France 24*, 2019.

UN'ESSEC. « Les relations américano-russes, un siècle de théories géopolitiques au service du pouvoir », *L'Opinion*, 2016.

Vejux, Elie. « Heartland, Rimland : quelle théorie pour l'espace maritime contemporain ? », *Les Yeux du Monde*, 2015.

GRECS

« P&O Ferrymasters Launches New Intermodal Services Linking Turkey To Rotterdam And Zeebrugge Hubs Via Trieste », *Hellenic Shipping News Worldwide*, 2019. Consulté sur https://www.hellenicshippingnews.com/po-ferrymasters-launches-new-intermodal-services-linking-turkey-to-rotterdam-and-zeebrugge-hubs-via-trieste/.

« Turning Greece into Transit Trade Hub », *Greek News Agenda*, 2013. Consulté sur https://greeknewsagenda.gr/articles/archive/8-blogs/2541-turning-greece-into-transit-trade-hub.

MALTAIS

« Ambassador Invites Chinese Companies to Invest in Malta », *Malta Business*, 2020. Consulté sur
https://www.maltabusiness.it/en/ambassador-invites-chinese-companies-to-invest-in-malta/.

« Malta, China Sign MoU within One Belt One Road Initiative », *Times of Malta*, 2018. Consulté sur https://timesofmalta.com/articles/view/malta-china-sign-mou-within-one-belt-one-road-initiative.693602.

« Malta, China to Set up Inter-Governmental Structure to Promote Maritime Sector », *Malta Today*, 2015. Consulté sur http://www.maltatoday.com.mt/news/national/59095/malta_china_to_set_up_intergovernmental_structure_to_promote_maritime_sector.

SUISSES

Etwareea, Ram. « L'Europe orientale déroule le tapis rouge pour Li Keqiang », *Le Temps*, 2019.

BLOGS

« Gateways and Hubs », *The Geography of Transport Systems*, 2017. Consulté sur https://transportgeography.org/contents/chapter2/transport-and-spatial-organization/gateways-hubs/.

« China's Giant Huawei Invests in Greece's Piraeus Port », *MarineLink*, 2013. Consulté sur
http://www.marinelink.com/news/invests-greeces-piraeus361990.aspx.

Psaropoulos, John. « Greece's Pivot toward China », *The New Athenian*, 2017. Consulté sur http://www.thenewathenian.com/2017/07/greeces-pivot-toward-china.html.

Suokas, Janne. « Chinese investors cancel plans for massive deep-water port in Sweden », *Find China Info*, 2018. Consulté sur https://findchina.info/chinese-investors-cancel-plans-for-massive-deep-water-port-in-sweden.

DÉFINITIONS DE DICTIONNAIRE

« Arrière-pays et avant-pays (hinterland, foreland) », *Géoconfluences*, 2021. Consulté sur http://geoconfluences.ens-lyon.fr/glossaire/arriere-pays-et-avant-pays-hinterland-foreland.

GROUPES DE RÉFLEXION

« Comment la Chine relance la route de la soie en Méditerranée », *Observatoire Français des Nouvelles Routes de la Soie*, 2018. Consulté sur https://observatoirenrs.com/2018/12/14/comment-la-chine-relance-la-route-de-la-soie-en-achetant-des-ports-en-mediterranee/.

Duchâtel, Mathieu. Duplaix, Alexandre Sheldon. « Blue China: Navigating the Maritime Silk Road to Europe », *European Council on Foreign Relations*, 2018. Consulté sur
https://ecfr.eu/publication/blue_china_navigating_the_maritime_silk_road_to_europe/.

Garcia-Herrero, Alicia. « China Cannot Finance the Belt and Road Alone », *Thought Leadership Brief*, no. 17, HKUST, Institute for Emerging Market Studies, 2017. Consulté sur hkust-iems-tlb17-garcia-herrero.pdf.

Ghiasy, Richard. Zhou, Jiayi. « The Silk Road Economic Belt: Considering Security Implications and EU-China Cooperation Prospects », *Stockholm International Peace Research Institute (SIPRI)*, p. 3. Consulté sur https://www.sipri.org/sites/default/files/The-Silk-Road-Economic-Belt.pdf.

Hillman, Jennifer. Sacks, David. « How the U.S. Should Respond to China's Belt and Road », *Council on Foreign Relations*, 2021. Consulté sur https://www.cfr.org/report/chinas-belt-and-road-implications-for-the-united-states/.

Hurley, John. Morris, Scott. Portelance, Gailyn. « Examining the Debt Implications of the Belt and Road Initiative from a Policy Perspective », *Center for Global Development Policy Papers*, no. 121, 2018. Consulté sur https://www.cgdev.org/sites/default/files/examining-debt-implications-belt-and-road-initiative-policy-perspective.pdf.

Institut Montaigne. « Investissements portuaires, entre commerce et intérêts de puissance », *China Trends*, 2019, p. 1. Consulté sur https://www.institutmontaigne.org/documents/china-trends/China-trends-2-FR-web.pdf.

Kardon, Isaac. « China's Geopolitical Gambit in Gwadar », *Wilson Center*, 2020. Consulté sur https://www.wilsoncenter.org/blog-post/chinas-geopolitical-gambit-gwadar.

Kratz, Agatha. Zenglein, Max. Sebastian, Gregor. « Chinese FDI in Europe: 2020 Update », *Mercator Institute for China Studies (MERICS)*, 2021, p. 10. Consulté sur https://merics.org/en/report/chinese-fdi-europe-2020-update.

Li, Bin. « Les Nouvelles routes de la soie : un nouveau paysage pour cartographier l'évolution de la gouvernance mondiale », *Groupe d'études géopolitiques*, 2021, pp. 70-75. Consulté sur https://geopolitique.eu/articles/les-nouvelles-routes-de-la-soie-un-nouveau-paysage-pour-cartographier-levolution-de-la-gouvernance-mondiale/.

Müller-Markus, Christina. « China Moors in the Mediterranean: A Sea of Opportunities for Europe ? », *Barcelona Centre for International Affairs (CIDOB)*, 2016. Consulté sur http://www.cidob.org/en/publications/publication_series/notes_intern acionals/n1_156/china_moors_in_the_mediterranean_a_sea_of_opport unities_for_europe.

Muscat, Sabine. « In Xi's China, the party morphs into the state », *Mercator Institute for China Studies (MERICS)*, 2018. Consulté sur https://merics.org/en/analysis/xis-china-party-morphs-state.

Najah, Redouan. « La diplomatie des forums de la Chine en Afrique : le « Focac » 2021 apportera-il des surprises ? », *Policy Center For The New South*, 2021. Consulté sur https://www.policycenter.ma/sites/default/files/2022- 01/PB_47-21_Najah.pdf.

Russel, Daniel R. Berger, Blake H. « Weaponizing the Belt and Road Initiative », *Asia Society Policy Institute*, 2020, pp. 13-14. Consulté sur https://asiasociety.org/sites/default/files/2020- 09/Weaponizing%20the%20Belt%20and%20Road%20Initiative_0.pdf.

Tanchum, Michaël. « La COVID-19 et la ruée vers les corridors de transport commercial transméditerranéens : défis et opportunités », *Centre d'Études des Transports pour la Méditerranée Occidentale (CETMO)*, 2020, p. 3. Consulté sur https://www.cetmo.org/wp-content/uploads/2021/09/CETMO_COVID-19Tend_MTanchum_FR.pdf.

Van der Putten, Frans-Paul. « Chinese Investment in the Port of Piraeus, Greece: The Relevance for the EU and the Netherlands », *Clingendael – Netherlands Institute of International Relations*, 2014, pp. 16-17. Consulté sur https://www.clingendael.org/sites/default/files/pdfs/2014%20- %20Chinese%20investment%20in%20Piraeus%20- %20Clingendael%20Report.pdf.

Van der Putten, Frans-Paul. « European seaports and Chinese strategic influence: The relevance of the Maritime Silk Road for the Netherlands », *Clingendael — Netherlands Institute of International Relations*, 2019, pp. 23-26. Consulté sur https://www.clingendael.org/sites/default/files/2019- 12/Report_European_ports_and_Chinese_influence_December_2019.pdf.

Zhang, Denghua. Yin, Jianwen. « China's Belt and Road Initiative, from the inside looking *out* », *Lowy Institute*, 2019. Consulté sur https://web.archive.org/web/20210422150625/https://www.lowyinstitut e.org/the-interpreter/china-s-belt-and-road-initiative-inside-looking-out.

Bibliographie

OUVRAGES

DE RÉFÉRENCE SUR LES POLITIQUES MARITIMES ET NAVALES MODERNES

Brézet, François-Emmanuel. *La traque du Bismarck*, Perrin, 2019.

Corbett, Julian. *Some Principles of Maritime Strategy*, 1918. Edition de 2009, Naval & Military Press Ltd.

Mahan, Alfred. *The Influence of Sea Power upon History, 1660-1783*, 1890.

SUR LA PUISSANCE ÉCONOMIQUE CHINOISE

Zhang, Wenxian. Alon, Ilan. *A Guide to the Top 100 Companies in China*, 2010, pp. 106-109.

SUR LE FORMAT 16+1 ET LA « DIPLOMATIE DES FORUMS »

Huang, Ping. Liu, Zuokui. *How the 16+1 Cooperation Promotes the Belt and Road Initiative*, 2018. Consulté sur https://sha.static.vipsite.cn/media/thinktank/attachments/0127811c10d2e4b9c9090b6240f73362.pdf.

SUR LES ANCIENNES ET NOUVELLES ROUTES DE LA SOIE

Frankopan, Peter. *Les nouvelles routes de la soie : L'émergence d'un nouveau monde*, 2018.

Frankopan, Peter. *Les routes de la soie : L'histoire du cœur du monde*, 2015.

SUR L'HISTOIRE MODERNE DE LA CHINE ET DES DÉFIS À VENIR

Renard, Mary-Françoise. *L'économie de la Chine*, La Découverte, 2018, pp. 87-110.

Sur l'organisation politique de la RPC et ses faiblesses

Brødsgaard, Kjeld Erik. *Chinese Politics as Fragmented Authoritarianism: Earthquakes, Energy and Environment*, Routledge, 2017.

Shirk, Susan. *China: How China's Internal Politics Could Derail Its Peaceful Rise*, 2007, pp. 30-31.

Sur l'orientation des investissements chinois

Godement, François. Vasselier, Abigaël. *La Chine à nos portes. Une stratégie pour l'Europe*, 2018.

Mayer, Maximilian. *Rethinking the Silk Road. China's Belt and Road Initiative and Emerging Eurasian Relations*, 2018.

REVUES

Générales

Theuret, Patrick. « Les voies de la Chine et l'humanité au XXIe siècle », *La Pensée*, vol. 373, no. 1, 2013, pp. 77-92.

Spécialisées par Thèmes

> ➢ **Dans les questions administratives et de politiques publiques**

Ekman, Alice. « Les nouveaux enjeux institutionnels de la politique étrangère chinoise », *Revue française d'administration publique*, vol. 150, no. 2, 2014, pp. 511-525.

> ➢ **Dans les questions culturelles**

Fabre, Guilhem. « Les nouvelles routes de la soie et la Grèce, tête de pont de la présence chinoise en Europe », *Revue de l'Institut des langues et cultures d'Europe, Amérique, Afrique, Asie et Australie (ILCEA)*, no. 37, 2019. Consulté sur https://doi.org/10.4000/ilcea.7492.

> **Dans les questions de développement économique**

He, Alex. « The Belt and Road Initiative: Motivations, Financing, Expansion and Challenges of Xi's Ever-Expanding Strategy », *Journal of Infrastructure, Policy and Development*, vol. 4, no. 1, 2020, p. 5. Consulté sur https://www.cigionline.org/static/documents/documents/no.225%20web.pdf.

Qianqian, Liu. Davarinou, Polyxeni. « Sino-Greek Economic Cooperation: COSCO's Investment in the Port of Piraeus », *IDS Bulletin*, vol. 50, no. 4, 2019. Consulté sur https://bulletin.ids.ac.uk/index.php/idsbo/article/view/3065/3045.

> **Dans les questions de ressources foncières et la science du sol**

Chapapría, Vicent Esteban. Peris, José Serra. « Vulnerability of Coastal Areas Due to Infrastructure: The Case of Valencia Port (Spain) », *Land*, vol. 1344, no. 10, 2021, p. 6.

> **Dans les questions militaires et de défense**

Castets, Rémi. « Stratégies chinoises sur les rives Nord de la Méditerranée », *Revue Défense Nationale*, vol. 822, no. 7, 2019, pp. 126-129.

De Gliniasty, Jean. « L'Europe victime collatérale de l'invasion de l'Ukraine par la Russie ? », *Revue Défense Nationale*, vol. 850, no. 5, 2022, pp. 14-20.

Eudeline, Hugues. « La nouvelle puissance maritime de la Chine et ses conséquences », *Stratégique*, vol. 109, no. 2, 2015, pp. 169-196.

Jeangène Vilmer, Jean-Baptiste. « Vers une bipolarité fluide États-Unis/Chine ? », *Revue Défense Nationale*, vol. 781, no. 6, 2015, pp. 58-63.

O'Dea, Christopher R. « Ships or State? », *Naval War College Review*, vol. 72, no. 1, 2019, pp. 56-88. Consulté sur https://www.jstor.org/stable/10.2307/26607111.

Péron-Doise, Marianne. « La nouvelle visibilité de la présence maritime chinoise en Méditerranée », *Revue Défense Nationale*, vol. 822, no. 7, 2019, pp. 120-125.

Torrès, François. « La Chine et le « dilemme de Malacca » : la tentation militariste », *Revue Défense Nationale*, no. 749, 2012, pp. 111-116. Consulté sur https://www.defnat.com/e-RDN/vue-article.php?carticle=9820.

> **Dans les questions portuaires**

Misztal, K. Zurek, J. « The privatization of Polish ports-the situation and outlook for the future », *Maritime Policy and Management*, vol. 24, no. 3, 1997, pp. 291-297.

Psaraftis, Charilaos. Pallis, Athanasios. « Concession of the Piraeus container terminal: turbulent times and the quest for competitiveness », *Maritime Policy and Management, vol. 39, no.* 1, 2012, pp. 42-43. Consulté sur http://martrans.org/documents/2012/prt/MPM2012-Psaraftis.pdf.

> **En économie**

Catin, Maurice. Van Huffel, Christophe. « Ouverture économique et inégalités régionales de développement en Chine : le rôle des institutions », *Mondes en développement*, vol. 128, no. 4, 2004, pp. 7-23.

Chaisse, Julien. Matsushita, Mitsuo. « China's 'Belt and Road' Initiative. Mapping the World's Normative and Strategic Implications », *Journal of World Trade*, Issue 1, 2018, pp. 163-185. Consulté sur https://papers.ssrn.com/sol3/papers.cfm?abstract_id=3134429.

Courmont, Barthélemy. « Quand la Chine investit dans les infrastructures », *Géoéconomie*, vol. 81, no. 4, 2016, pp. 159-175.

Limão, Nuno. Venables, Anthony. « Infrastructure, Geographical Disadvantage, Transport Costs and Trade », *The World Bank Economic Review*, vol. 15, no. 3, 2001, pp. 451-479. Consulté sur http://hdl.handle.net/10986/17438.

> **En géographie et géopolitique**

Dollfus, Olivier. « Système Monde et système Terre », *Espace géographique*, vol. 21, no. 3, 1992. pp. 223-229.

Duchâtel, Mathieu. « La politique étrangère de la Chine sous Xi Jinping », *Hérodote*, vol. 150, no. 3, 2013, pp. 172-190.

Merk, Olaf. « China's Participation in European Container Ports: Drivers and Possible Future Scenarios », *Revue internationale et stratégique*, vol. 117, no. 1, 2020, pp. 41-53.

Sun, Yi. « Song, W. (Ed.). China's Relations with Central and Eastern Europe: From « Old Comrades » to New Partners New York: Routledge, 2017. », *Journal of International and Global Studies*, vol. 9, no. 2, 2018. Consulté sur https://digitalcommons.lindenwood.edu/cgi/viewcontent.cgi?article=1420&context=jigs.

> **En politique**

Venizélos, Evángelos. « Crise grecque et zone euro », *Commentaire*, vol. 159, no. 3, 2017, pp. 555-564.

> **En sciences humaines et sociales**

Boniface, Pascal. « Vers un monde multipolaire », *Sciences humaines*, no. 332, 2021, pp. 8-9.

Manhas, Neeraj. « China's Policy of « String of Pearls » », *International Journal of Social Impact*, 2020. Consulté sur https://www.researchgate.net/publication/344045564_China's_Policy_of_'String_of_Pearls'.

Takeuchi, Hiroki. « The Belt Road and Beyond: State-Mobilized Globalization in China: 1998-2018 by Min Ye, New York, Cambridge University Press, 2020 », *The Developing Economies*, Wiley Online Library, vol. 58, no. 3, 2020, pp. 248-250. Consulté sur https://doi.org/10.1111/deve.12236.

> **En transport et logistique**

Bourdin, Sébastien. Cornier, Thomas. « De la polarisation du trafic de conteneurs à la concentration spatiale : l'exemple des ports d'Europe et de la Méditerranée », *Les Cahiers scientifiques du transport*, 2015, pp. 27-56. Consulté sur https://hal.archives-ouvertes.fr/hal-01473935/document.

Castillo-Manzano, José I. Lopez-Valpuesta, Lourdes. Pérez, Javier J. « Economic analysis of the Spanish port sector reform during the 1990s », *Transportation Research Part A*, vol. 42, no. 8, 2008, pp. 1056-1063.

Consulté sur https://ideas.repec.org/a/eee/transa/v42y2008i8p1056-1063.html.

Goulielmos, Alexandros M. « Deregulation in major Greek ports: the way it has to be done », *International Journal of Transport Economics*, vol. 26, no. 1, 1999, pp. 121-149.

Gouvernal, Elisabeth., Daydou, Julien. « Container railfreight services in north-west Europe: diversity of organizational forms in a liberalizing environment », *Transport Reviews*, vol. 25, no. 5, 2007, pp. 557-571.

Notteboom, Theo. « Concentration and the Formation of Multi-Port Gateway Regions in the European Container Port System: An Update », *Journal of Transport Geography*, vol. 18, no. 4, 2010, pp. 567-583. Consulté sur http://projects.mcrit.com/foresightlibrary/attachments/Multiport_gate way_regions_Eur.pdf.

Strandenes, Siri. Marlow, Peter. « Port pricing and competitiveness in short sea shipping », *International Journal of Transport Economics*, vol. 27, no. 3, 2000, pp. 315-335.

Verny, Jérôme. Oulmakki, Ouail. Blayac, Thierry. « Positionnement stratégique de la Chine en Méditerranée : le projet « Belt and Road Initiative » », *Les Cahiers Scientifiques du Transport*, no. 75, 2019, pp. 63-79. Consulté sur https://afitl.msh-lse.fr/tl_files/documents/CST/N75/Oulmakki75.pdf.

> **En urbanisme**

Olivier, Daniel. Slack, Brian. « Rethinking the port », *Environment and Planning A: Economy and Space*, vol. 38, no. 8, 2006, pp. 1409-1427. Consulté sur https://doi.org/10.1068/a37421.

SPÉCIALISÉES PAR AIRES

> **Afrique**

Listre, Jean-Pierre. « Sonia Le Gouriellec. Djibouti. La diplomatie de géant d'un petit État », *Afrique contemporaine*, vol. 271-272, no. 1-2, 2020, pp. 327-331.

> **Asie et Pacifique**

Li, Xiajun. Zeng, Ka. « To Join or Not to Join? State Ownership, Commercial Interests, and China's Belt and Road Initiative », *Pacific Affairs*, vol. 92, no. 1, 2019. Consulté sur https://www.academia.edu/35054271/To_Join_or_Not_To_Join_How _Chinese_Firms_View_the_Belt_and_Road_Initiative.

> **Europe**

Meunier, Sophie. « Divide and conquer? China and the cacophony of foreign investment rules in the EU », *Journal of European Public Policy*, vol. 21, no. 7, 2014, pp. 996-1016.

ECOLES ET INSTITUTS DE RECHERCHE SPÉCIALISÉS

DANS L'ÉTUDE DES RELATIONS INTERNATIONALES

Ekman, Alice (dir.) et al. « La France face aux nouvelles routes de la soie chinoises », *Institut français des relations internationales (IFRI), Centre Asie*, 2018, p. 20. Consulté sur https://www.ifri.org/sites/default/files/atoms/files/ekman_ifri_france _routes_soie_2018.pdf.

Ekman, Alice. « La Chine en Méditerranée : un nouvel activisme », *Politique étrangère*, 2016, pp. 73-84.

Ekman, Alice. « La Chine en Méditerranée : une présence émergente », *Institut français des relations internationales (IFRI)*, 2018. Consulté sur https://www.ifri.org/sites/default/files/atoms/files/ekman_chine_med iterranee_2018.pdf, pp. 8-9.

Lafargue, François. « Zheng He : Le Nouvel étendard de la diplomatie chinoise », *Institut Libre des Relations Internationales et des Sciences Politiques (ILERI)*, 2019. Consulté sur https://www.ileri.fr/zheng-he-etendard-diplomatie-chinoise/.

DANS LES QUESTIONS MILITAIRES ET DE DÉFENSE

Charon, Paul. Jeangène Vilmer, Jean-Baptiste. « Les opérations d'influence chinoises. Un moment machiavélien », *Institut de recherche stratégique de l'École militaire (IRSEM)*, 2021. Consulté sur https://www.irsem.fr/rapport.html.

De Ricqlès, Robin. « Les nouvelles routes de la soie chinoises au prisme des théories du Heartland/Rimland », *École de guerre économique (EGE)*, 2020.

Julienne, Marc. « À la conquête des océans et des marchés, les ambitions de la marine et de l'industrie navale chinoise », *Défense & Industries*, no. 12, Fondation pour la Recherche Stratégique (FRS), 2018, pp. 31-37. Consulté sur
https://www.frstrategie.org/publications/defense-et-industries/conquete-oceans-marches-ambitions-marine-industrie-navale-chinoise-2018.

Nicolas, Françoise. « Commerce mondial : les nouvelles routes maritimes », *Institut français des relations internationales (IFRI) et Dessous des cartes*, 2020. Consulté sur
https://storymaps.arcgis.com/stories/7d3a7a1492564cb2aabea79287566745.

Nicolas, Françoise. « France and China's Belt and Road Initiative », *Institut français des relations internationales (IFRI)*, 2019. Consulté sur https://www.ifri.org/en/publications/publications-ifri/articles-ifri/france-and-chinas-belt-and-road-initiative.

DANS LES QUESTIONS ÉCONOMIQUES MARITIMES OU GLOBALES

Dedousis, Apostolos. « The impact of Piraeus' port privatization on port performance and port competition in the Mediterranean Sea », *Erasmus Center for Maritime Economics & Logistics*, 2016.

Martinez-Zarzoso, Inmaculada (dir.) et al. « Impact of Transport Costs on International Trade: The Case of Spanish Ceramic Exports », *Erasmus Center for Maritime Economics & Logistics*, vol. 5, 2003, pp. 179-198. Consulté sur https://ideas.repec.org/a/pal/marecl/v5y2003i2p179-198.html.

Notteboom, Theo. Winkelmans, Willy. « Reassessing public sector involvement in European seaports », *Erasmus Center for Maritime Economics & Logistics*, vol. 3, no. 2, 2001, pp. 242-259. Consulté sur https://doi.org/10.1057/palgrave.ijme.9100008.

Pallis, Athanasios. Notteboom, Theo. De Langen, Peter. « Concession agreements and market entry in the container terminal industry », *Erasmus Center for Maritime Economics & Logistics*, vol. 10, no. 3, 2008, pp. 209-228. Consulté sur https://doi.org/10.1057/mel.2008.1.

Serry, Arnaud. Kerbiriou, Ronan. « Spanish Container Ports Integration in the Maritime Network », *Journal of Maritime Research*, vol. 17, no. 3, 2020, pp. 6-7. Consulté sur https://upcommons.upc.edu/bitstream/handle/2117/329684/02_Serry.pdf.

Tonchev, Plamen. Davarinou, Polyxeni. « Chinese Investment in Greece and the Big Picture of Sino-Greek Relations », *Institute of International Economic Relations*, 2017, p. 74. Consulté sur https://idos.gr/wp-content/uploads/2017/12/Chinese-Investment-in-Greece_4-12-2017.pdf.

Wilmsmeier, Gordon. Hoffmann, Jan. « Liner Shipping Connectivity and Port Infrastructure as Determinants of Freight Rates in the Caribbean », *Erasmus Center for Maritime Economics & Logistics*, vol. 10, 2008, pp. 130-151. Consulté sur https://doi.org/10.1057/palgrave.mel.9100195.

ÉTUDES INDÉPENDANTES

Haralambides, Hercules. Merk, Olaf. « China's « Belt and Road Initiative » and Global Maritime Trade Flows », 2020. Consulté sur https://doi.org/10.13140/RG.2.2.15591.80809.

MÉMOIRES D'ÉTUDE

Bacchi, Clément. *Contrôle des investissements chinois dans l'Union européenne. La fin de la naïveté, ou comment a émergé un mécanisme européen de filtrage des investissements directs étrangers*, Sciences Po, 2021. Consulté sur https://www.sciencespo.fr/public/sites/sciencespo.fr.public/files/BACCHI%20Clement.pdf.

Martin, Valentin. *Entre émerveillement et appréhension : (Dès) Union européenne face aux Nouvelles Routes de la Soie*, 2019. Consulté sur https://dumas.ccsd.cnrs.fr/dumas-02280869/.

Vanderpotte, Alicia. *Alliances maritimes et autres formes de coopérations stratégiques entre les compagnies maritimes (évolution et avenir)*, 2015. Consulté sur https://pole-transports-facdedroit.univ-amu.fr/sites/pole-transports-facdedroit.univ-amu.fr/files/public/vanderpotte_alicia_-_alliances_maritimes_et_autres_formes_de_cooperations_strategiques_entre_les_compagnies_maritimes_-_2015.pdf

Wang, Jinghao. *Impact of the Belt and Road Initiative on Port the Route*, World Maritime University in the PRC, 2020. Consulté sur https://commons.wmu.se/cgi/viewcontent.cgi?article=1277&context=msem_dissertations.

COURS MAGISTRAUX UNIVERSITAIRES

Cours de Conflits et défis des relations internationales, dispensé d'octobre à novembre 2021 par Monsieur le professeur Nicolas BADALASSI, maître de conférences en Histoire contemporaine à l'Institut d'études politiques d'Aix-en-Provence et co-responsable du master Géostratégie, Défense et Sécurité Internationale.

Cours de Géopolitique navale, dispensé de septembre à novembre 2021 par Monsieur le professeur Benoît POUGET, maître de conférences en Histoire contemporaine à Aix-Marseille Université, en délégation à l'Institut d'études politiques d'Aix-en-Provence.

Cours sur la Chine contemporaine, dispensé de février à avril 2020 par Monsieur le professeur Banggui JIN, professeur à l'Institut d'études politiques d'Aix-en-Provence et membre de l'Institut de Recherches Europe-Asie de la faculté de droit de l'université Aix-Marseille.

TABLE DES MATIÈRES

REMERCIEMENTS 9
TABLE DES SIGLES ET ABRÉVIATIONS CLEFS 11
PRÉFACE 13
AVANT-PROPOS 17
INTRODUCTION 19
PARTIE I Une visibilité croissante de la présence chinoise dans les ports euroméditerranéens 37
Chapitre 1 : L'intérêt économique du réseau portuaire euroméditerranéen pour les entreprises chinoises 39

   1. Entreprises chinoises : une sortie réfléchie de l'espace traditionnel chinois vers des ports euroméditerranéens en profonde mutation *39*

      1.1. Investir dans les ports mondiaux pour réduire les coûts d'expédition des exportations 39

      1.2. Pourquoi l'Euroméditerranée ? Étude des mutations de l'espace portuaire européen pour comprendre l'intérêt chinois de s'y déployer 42

   2. L'Euroméditerranée et son hinterland : un eldorado économique motivant les investissements chinois *45*

      2.1. Une hausse des investissements chinois dans les ports sud-européens de type *gateway* 45

      2.2. Des entreprises chinoises qui projettent leur regard au-delà des infrastructures portuaires 50

Chapitre 2 : Le port du Pirée, « tête du dragon » de la stratégie chinoise en Euroméditerranée 53

   1. Une vitrine alléchante quoiqu'imparfaite du savoir-faire des entreprises d'État chinoises *53*

      1.1. La concession du port autonome du Pirée au Chinois COSCO : historique d'une privatisation réussie 53

      1.2. Un succès économique en demi-teinte, à relativiser au regard des critiques socio-environnementales et des faibles retombées locales. 56

   2. Un effet COSCO-Pirée qui séduit et se répand *58*

      2.1. Les alliances de transporteurs maritimes comme caisses de résonnance pour Le Pirée 58

2.2. Un effet catalysé par la porosité des secteurs investis par les entreprises chinoises 62

Chapitre 3 : Concurrencer la *Northern Range* en cherchant à déplacer le cœur des échanges maritimes en Europe 65

1. Trieste et Valence : étapes d'une constellation portuaire chinoise en Méditerranée ? 65

1.1. L'intérêt croissant du nord de l'Italie et des trois « bananes » économiques 65

1.2. Le port de Valence : l'ambition de bâtir un Pirée 2.0 ? 68

2. Un dispositif chinois en Euroméditerranée centré sur un Pirée aux nombreuses limites 71

2.1. Des ports « imposants mais faibles » face à la concentration des activités autour du Pirée 71

2.2. La question de la soutenabilité de la position du Pirée 75

PARTIE II L'espace portuaire sud-européen : conclusion géographique d'une BRI accueillie différemment en Europe 77

Chapitre 1 : L'installation dans les ports euroméditerranéens comme composante d'un ambitieux projet politique : la BRI 79

1. Réactualiser l'esprit des routes de la soie à l'initiative de l'exécutif chinois 79

1.1. Définition d'un projet géopolitique pensé et impulsé par le gouvernement chinois 79

1.2. Flous et limites d'un caméléon géopolitique 82

2. Concrétiser le volet maritime de la BRI via des entreprises d'État massivement soutenues 85

2.1. L'architecture financière soutenant la BRI 85

2.2. Des moyens conditionnés par le politique avant d'être alloués à COSCO et CMG 88

Chapitre 2 : Une BRI maritime européenne perçue par certains comme une panacée économique… 93

1. Le secteur privé européen, ou la course à l'attractivité des capitaux chinois 93

1.1. L'importance de l'alternative chinoise depuis la crise des dettes souveraines 93

1.2. Les atouts des IDE chinois pour certaines entreprises européennes ... 95

2. États méridionaux et PECO : cette « autre Europe » séduite par la voie chinoise..................97

    2.1. La prépondérance de la coopération bilatérale : l'importance du mémorandum d'entente..................97

    2.2. Jouer le jeu du multilatéralisme : la « diplomatie des forums » impulsée par la RPC..................100

Chapitre 3 : ... Et par d'autres, comme l'ouverture de la boîte politique de Pandore..................**107**

1. Des États européens mitigés face à une potentielle menace chinoise ...107

    1.1. Des discours officiels à la recherche de réciprocité, par peur d'un nouveau « péril jaune »..................107

    1.2. Un regard oscillant entre coopération de projets à projets et ambiguïté à l'égard de la BRI..................110

2. Une UE en tenaille : entre philosophie néolibérale et devoir de protection des Européens..................*112*

    2.1. La tardive et timide réaction européenne face à des menaces chinoises mieux comprises..................112

    2.2. En dépit des menaces, un partenariat fructueux que l'UE pourrait habilement européaniser..................114

PARTIE III L'Euroméditerranée, région de second rang au regard des ambitions de grande puissance de la Chine continentale..................**117**

Chapitre 1 : L'Euroméditerranée, espace symbolique de contestation de l'allié-protecteur américain ?..................**119**

1. La RPC dans le lac de l'OTAN : une anomalie historique au vu des liens entre l'Ancien et le Nouveau Monde ?..................*120*

    1.1. Des bases navales sud-européennes mises à la disposition de l'OTAN..................120

    1.2. Une Europe en quête de plus d'atlantisme : l'impact du conflit russo-ukrainien de 2022..................122

2. La crainte d'une influence économique chinoise annonciatrice d'une militarisation des ports..................*123*

    2.1. Les ports de la BRI dans l'océan Indien : un dispositif chinois économico-militaire visible et adapté au « dilemme de Malacca » ... 123

    2.2. Les ports de la BRI dans la Méditerranée : pour l'heure, un dispositif chinois timide à s'afficher militairement..................127

Chapitre 2 : Un gouvernement désireux de hisser la RPC au rang des grandes puissances amphibies du XXIe siècle 131

1. La BRI maritime, un Rimland à la chinoise pour atteindre le « rêve chinois » ? *131*

1.1. La mer, espace désormais privilégié pour appliquer la politique étrangère de la « Pensée de Xi » 131

1.2. Une BRI maritime qui épouse les contours géographiques du Rimland 134

2. Le transport maritime, un enjeu chinois de souveraineté qui bouscule les armateurs européens *137*

2.1. Une RPC consubstantielle à la gestion du transport maritime mondial, l'autre face du déploiement portuaire 137

2.2. Une concurrence féroce livrée aux principaux opérateurs maritimes mondiaux 138

Chapitre 3 : L'expansionnisme comme moyen, le sinocentrisme d'inspiration confucéenne comme fin 143

1. La RPC, une nouvelle URSS à l'initiative d'un contre-modèle idéologique ? *143*

1.1. Le sensationnalisme spéculatif : un état du traitement du sujet, entre logiques occidentales de l'information et opacité du PCC 143

1.2. Une quête à l'hégémonie dénuée d'universalisme et principalement portée sur l'Asie orientale et centrale 147

2. Agir sur l'extérieur pour prioritairement sécuriser l'intérieur *150*

2.1. Forger ses propres canaux de la mondialisation des biens : une hégémonie restreinte au contrôle des ressources 150

2.2. S'imposer en Euroméditerranée pour rééquilibrer le contraste entre terres intérieures et littoraux 152

CONCLUSION 157

TABLE DES ILLUSTRATIONS 163

TABLE DES ANNEXES 165

ANNEXES 167

ÉTAT DES SOURCES ET BIBLIOGRAPHIE 177

État des sources *177*

Bibliographie *194*

Structures éditoriales du groupe L'Harmattan

L'Harmattan Italie
Via degli Artisti, 15
10124 Torino
harmattan.italia@gmail.com

L'Harmattan Hongrie
Kossuth l. u. 14-16.
1053 Budapest
harmattan@harmattan.hu

L'Harmattan Sénégal
10 VDN en face Mermoz
BP 45034 Dakar-Fann
senharmattan@gmail.com

L'Harmattan Congo
219, avenue Nelson Mandela
BP 2874 Brazzaville
harmattan.congo@yahoo.fr

L'Harmattan Cameroun
TSINGA/FECAFOOT
BP 11486 Yaoundé
inkoukam@gmail.com

L'Harmattan Mali
ACI 2000 - Immeuble Mgr Jean Marie Cisse
Bureau 10
BP 145 Bamako-Mali
mali@harmattan.fr

L'Harmattan Burkina Faso
Achille Somé – tengnule@hotmail.fr

L'Harmattan Togo
Djidjole – Lomé
Maison Amela
face EPP BATOME
ddamela@aol.com

L'Harmattan Guinée
Almamya, rue KA 028 OKB Agency
BP 3470 Conakry
harmattanguinee@yahoo.fr

L'Harmattan Côte d'Ivoire
Résidence Karl – Cité des Arts
Abidjan-Cocody
03 BP 1588 Abidjan
espace_harmattan.ci@hotmail.fr

L'Harmattan RDC
185, avenue Nyangwe
Commune de Lingwala – Kinshasa
matangilamusadila@yahoo.fr

Nos librairies en France

Librairie internationale
16, rue des Écoles
75005 Paris
librairie.internationale@harmattan.fr
01 40 46 79 11
www.librairieharmattan.com

Librairie des savoirs
21, rue des Écoles
75005 Paris
librairie.sh@harmattan.fr
01 46 34 13 71
www.librairieharmattansh.com

Librairie Le Lucernaire
53, rue Notre-Dame-des-Champs
75006 Paris
librairie@lucernaire.fr
01 42 22 67 13

www.ingramcontent.com/pod-product-compliance
Lightning Source LLC
Chambersburg PA
CBHW082326220526
45470CB00008B/2417